本书出版得到北京大学首都发展研究院的资助

北京近代历史地理研究系列
唐晓峰 主编

老北大校园简史
—— 现代校园空间的拓建

鲍宁 李丰耀 李辰 著

学苑出版社

图书在版编目（CIP）数据

老北大校园简史：现代校园空间的拓建 / 鲍宁，李丰耀，李辰著 . — 北京：学苑出版社，2023.4
（北京近代历史地理研究系列 / 唐晓峰主编）
ISBN 978-7-5077-6618-9

Ⅰ.①老… Ⅱ.①鲍… ②李… ③李… Ⅲ.①北京大学—校史—近代 Ⅳ.① G649.281

中国国家版本馆 CIP 数据核字（2023）第 054080 号

责任编辑：杨　雷
出版发行：学苑出版社
社　　址：北京市丰台区南方庄 2 号院 1 号楼
邮政编码：100079
网　　址：www.book001.com
电子信箱：xueyuanpress@163.com
联系电话：010-67601101（销售部）、010-67603091（总编室）
印　刷　厂：北京赛文印刷有限公司
开本尺寸：710×1000　1/16
印　　张：23.75
字　　数：307 千字
版　　次：2023 年 6 月第 1 版
印　　次：2023 年 6 月第 1 次印刷
定　　价：98.00 元

前　言

北京大学是当今中国著名的高等学府，在近代史上，她也是古老的北京城中最早设立的新式大学。今人常言"老北大"，是与1952年搬到燕园的"新北大"相对而言，"老北大"一般包括创立于1898年的京师大学堂，以及1912年更名后的国立北京大学。1950年，去掉"国立"二字的北大事实上已处于由"老"到"新"的过渡时期。自清末建校至新中国成立后迁往郊外，老北大在半个多世纪中先后经历了建校、停办、复校、迁徙合校、真伪并立等变迁过程。在几十年的动荡变迁中，其校园主体一直位于帝都古城之中，而校园的构成和形态同样经历了数十年的变化与发展。

与今天的大学校园建设，甚至同时期城外燕京大学的校园建设不同，老北大的校园并非一次规划建设成形，反而可以说是在老城内一步一步"拱"出来的一片新式校园。清朝末年，京师大学堂作为戊戌变法的重要改革内容而设立，并侥幸成为少数得以保留下来的改革成果之一。作为北京城内最早设立的大学兼全国教育行政的管理机构，京师大学堂虽号称近代教育改革的表率，但方方面面仍体现出一所国字号大学堂与权力核心以及传统因素的联系，而一座毗邻紫禁城的校园便成为这种联系落实在空间实体层面最直观的表现。老北大最初的校园由清廷划拨乾隆四女和嘉公主的府邸改建，划拨时公主府已废弃多年，计划作为大学堂临时开办的场所先行借用，开学后待觅得宽敞适宜的校址再进行建设和迁移。划拨公主府成为清末大学堂校园建设中里程碑式的事件，由此拉开了老北大校园建设的序幕，谁想原本只作临时的校址一用便是几十年，成为老北大校园最重要的组成部分之一。

大学堂获拨公主府后，一方面依公主府原有格局对老建筑进行改造，将正殿、寝殿、梳妆楼等核心建筑改造为教室、藏书楼等新式校园功能建筑；同时购买附近民房改造斋舍。经过初步改造的公主府校园打开校门，迎来了历史上的首批学生，直至庚子事变停课中断。1902年，大学堂复校，仍依据公主府空间对校园进行整理与拓展，除整修损毁建筑外，另对校园格局进行了更大程度的改造，并进一步对公主府周边空间进行开拓。通过新建房舍和收买民房添建了最早的宿舍，通过划拨沙滩汉花园空地建成了宿舍与操场。公主府校园由此初步具备了一所新式大学应有的空间要素，其景观面貌呈现出中西杂糅的特点，计划临时使用的场所在事实层面上成为清末大学堂校园建设中最显著的成果。

除公主府校园外，清末大学堂还有一些校舍和机构分散在内外城中，如医学馆、译学馆、进士馆等。这些机构所在地虽然规模较公主府主校园更小，但建筑方式大体相似，或由朝廷划拨闲置的官产，或收买租用民房临时设置，并在清末民初之际陆续脱离大学堂而独立设置，只有少数为老北大所沿用。这种分散分布的校园格局虽延续不长，但体现了以京师大学堂为中心的清末新式大学建设成果以及大学堂在其中的领导地位，是近代教育改革落实在古城传统空间中所呈现的独特面貌。

然而，分散的校园并非大学堂校者所愿。自首任管学大臣孙家鼐以来，清末大学堂的几任"校长"一直强调近代大学应具备完备且完整的校园，同时应具备可资开拓的空间。为了这一理想，大学堂先后多次申请在城外划拨或购买官地与农田，努力开展校园的规划与建设。然而，限于动荡的时局和复杂的势力关系，大学堂所属城外地产的开发及建设程度有限，最后随着清王朝的结束一并画上了遗憾的句点。

1912年，京师大学堂更名为国立北京大学，开启了民国时期新的发展篇章。而大学堂的老校园经过继承与整理，也迎来了其空间建设的新阶段。因城外地产接收失败，老北大无奈只有继续在老城中开拓发展。红楼的建设成为民国以来老北大校园建设中又一个标志事件，其初衷在于缓解老北大住宿方面的压力。红楼的建筑经费通过向比利时仪器公司借款获得，以沙滩汉花园地皮作为担保，并计划以学生每年住宿费进行偿还。这种建设模式在当时具有创新性，建筑成果也十分显著，以至于红楼建成后原计划作为宿舍的建筑被改作教学楼和图书馆使用，甚至取代公主府成为老北大校园新的核心。20世纪20年代，以红楼为中心的沙滩校区被命名为"国立北京大学第一院"，公主府和北河沿校区（原译学馆所在地）则分别称作"第二院"和"第三院"。除建设红楼外，这一时期老北大也对二院、三院校园进行了改造，添建了一批新的建筑，三处校园均具备了较完备的格局形态。改造校园的同时，老北大还对原有的宿舍布局进行了调整，添建部分宿舍区。至此，老北大城内校园"三院五斋"的格局初具规模，其建设与规划的重心从谋求向城外开拓转为收回到城内。

时至今日，人们提及老北大的校园，第一反应多是红楼。这样一座对于校史具有重要意义且在北京城乃至全国范围内影响广泛的校园建筑，其建设初衷本是作为宿舍楼使用。与此相似，约十年后老北大的另一栋建筑灰楼宿舍落成。住宿问题在老北大的校园建设中可以说占据着重要的位置，宿舍楼甚至成为校园的代表景观之一，这种现象具有一定的时代特色，同时反映了在拥挤的老城中建设大学校园所面临的问题与矛盾。现有的宿舍无法满足不断增长的学生人数对于住宿的需求，20年代以来在老北大校园周边还出现了一批功能介于旅店和宿舍之间、由商家出租民房供北大学生长住的校外寄宿舍，成为校园周边一种独特的空间存在。伴随红楼的建设，这一时期老北大虽不再像清末一样执着于郊外完整校园的建设计划，但在城内的校园附近，校方仍重视并不断加强对于周边区域的控制。这一时期，老北大以整顿校外寄宿舍为名进一步提出建设大学区域，要求计划中"北京大学区"内的校外寄宿舍统一接受校方管理，区内民房优先供给大学租用。"北京大学区"计划最终虽未能有效推进和落实，但从中可以看出校方通过与周边区域的竞争与共存，一步步实践着另一种替代形式的完整校区的建设。

除城内各种不同程度的建设外，在二三十年代，老北大校方及师生对于理想校园之建设仍抱有诸多想法，陆续有人提出城外建校或接收景山、天坛等地的构想，只是成效较之清末的城外建设已微乎其微。有一件鲜为人知的旧事，即20年代初，胡适曾建议蔡元培校长聘请亨利·墨菲为北大规划设计校园，并提出了在西山建设60英亩新校园的计划。虽然该计划同样未能实现，但后来墨菲被聘请为燕京大学设计校园，几十年后，北大迁至西山脚下的燕园，也许是冥冥之中的一种缘分。

如果说哪些因素对于老北大的校园建设产生了关键性影响，校长必然榜上有名。在蔡元培之后，由蒋梦麟出任北大校长，带动了30年代初至全面抗战爆发以前老北大校园的又一次大规模建设，图书馆、地质馆、灰楼宿舍等三大建筑的落成便是这一阶段老北大校园最重要的建设成果。蒋梦麟在蔡元培校长时代便曾三度代理北大校长，是蔡校长的得力干将。正式长校后，蒋校长首先推动购买了自清末便开始租用的松公府，使得大操场以北的广大区域完全归为北大所使用。在胡适等人的努力下，北大又获得了中华教育文化基金会的资助，以此为基础开展了三大建筑的建设工程。其中，图书馆、宿舍楼均为民国以来老北大师生诉求最大、呼声最高的建筑类型，地质馆的落成也有效地缓解了二院内理科教学楼的使用压力。地质馆和灰楼宿舍均由梁思成、林徽因设计，是当时现代主义建筑思潮的代表成果。三大建筑的落成不仅满足了老北大师生对于校园重要建筑的夙愿，也有效地推动了沙滩校区的拓展和公主府、北河沿校区的调整，使得"三院五斋"的校园布局更趋完善。

伴随主校区建设的发展，老北大对周边区域的控制也不断深入。30年代，老北大进一步对校园周边道路进行规划与整修，首先于1932年展宽景山东街、沙滩两条重要道路,其后于1934年提出"北大路"修筑工程。通过展宽与修建关键道路,使得校园各处的连结性进一步增强;在整修道路的同时,对沿路铺户进行收购和腾退。经过此番整顿,校方对于周边空间的控制进一步扩大,校园景观进一步取代了景山东侧的传统景观。至此,蒋校长对于老北大校园的整理基本完成,其建设成果也达到了校史上一个新的高峰。据史料记载,蒋校长还计划为北大继续添建礼堂、体育馆等其他必需的功能建筑,并为此开展了一些募捐活动,但终为时局所限。老北大的校园拓建因为抗战的全面爆发再次被迫中断。

至全面抗战爆发以前,老北大校园的主体建设可以说基本已经完成,"三院五斋"布局稳定,主校区之间及周边区域联系密切。北平沦陷时期,日方控制下的老北大校舍一部分变成了军事营地和办事处,另一部分供"伪北京大学"使用。校园内除建筑用途的调整外,最重要的变化即由伪北大文学院新建了一座三层教学楼——北楼。抗战胜利后,新建的北楼及老北大原有校产基本得以保留,同时,在代理校长傅斯年和秘书长郑天挺的努力下,老北大借复员之机大量扩充校舍,在原有文、理、法学院的基础上增设了农、医、工三个新的学院。三个新学院都要在城内另择校址建设,多为对划拨的其他建筑旧址进行改造,其校区距离北大主校区较远。几处新院址设置时间不长,后随着新中国成立北大迁往燕园而脱离北大。北大在此期间这种对旧建筑进行功能改造,将院系分散设置的建设方式,与清末大学堂时期颇为相似,从某种程度上形成一种轮回,实则体现了过渡时期高等教育机构在城内布局的一种常见形式。1946年,胡适正式出任北大校长,提出希望效仿前任蔡元培、蒋梦麟,为北大修建一座像红楼与图书馆一样的"值得永久纪念的建筑物"。迫于时局所限,胡适校长所构想的大礼堂建设最终未及实施。1952年,全国高校开展院系大调整,北大自城内迁往西郊燕园,承载着老北大辉煌历史及师生情感的城内老校园也终于完成了其历史使命。

自清末至民国再到中华人民共和国初期，老北大校园在古老的帝都内不断生长，其分散的校园格局、中西合璧且风格杂糅的建筑，构成了独特的城市景观，承载着一代代北大人独有的校园生活记忆。除校园外，北大人的日常活动还遍及诸多周边的传统文化空间，故宫、景山、北平图书馆、旧书市、大小饭馆、剧院……诚如老校友所言："我们北大虽然没有划定区域，但南至东安门，北达三道桥，西迄景山，谁也不能不承认这是我们北大的势力范围矩。"这是属于那个时代老北大人的精神财富与文化空间。

在今天，有关新老北大的精神与文化仍是人们津津乐道的话题之一，然而，与红楼、燕园这样的标志性景观相比，老北大在城内的校园却已渐渐被遗忘。对于近代化转型过程中的北京城而言，老北大可称得上是一座古都内的新式大学，这种新鲜的校园形式及其建设过程对于城市地理和社会曾产生过深刻的影响，对于高等教育史、大学校史而言亦具有独特的意义。部分得以保留的老校区和旧建筑对于今天的城市而言，是具有重要价值的物质文化遗产。然而，由于1952年北大迁往西郊燕园，人们的注意力和回忆的焦点也随之转移。在燕园中，新的校园生活、校园故事日复一日地更新着，而老北大的校园却逐渐被侵占，一些建筑日益破损，老校园及其历史记忆日渐黯淡。今天人们写了很多关于老北大校史的文章、著作，而有关老北大校园发展的记录却尚显单薄。希望本书对于老北大校园建设的讲述可唤起一些校园记忆、城市记忆，为保护这份珍贵的历史文化遗产贡献绵薄之力。

如前所述，在不同的发展阶段，伴随校园整体格局的变化，老北大几处主要校址的名称多有更迭，同时存在着官方名称与师生用法、民间称呼不一致的情形。为避免读者混淆，此处对老北大"三院"的主要曾用名及其在本书中名称使用的对应关系作一简要说明：

公主府校园：马神庙，京师大学堂（清末）、北大二院、理学院。

沙滩校园：汉花园，操场及宿舍区（清末）、北大一院、文学院，北大红楼所在地，30年代购入松公府（也称嵩公府）。

北河沿校园：译学馆（清末）、预科、法科、北大三院。

另，本书各章分工如下：

前言，上篇第一章、第二章由鲍宁执笔；下篇第一章第一、二节由鲍宁、李辰执笔。上篇第三、四章，下篇第一章第三节、第二章及结语由李丰耀执笔。书中有些内容有所交叉，三位作者均通读全稿，讨论、提出修改意见等，最后由鲍宁绘图并统稿。

鲍 宁

2022年11月27日

目 录

上 篇　校园空间发展过程　001

第一章　校园雏形——京师大学堂　002
第一节　校园空间的获取　004
第二节　新式校园的初步改造　012
第三节　大学堂的城外地产　042

第二章　格局初显——红楼与老北大　051
第一节　校园空间的继承与改造　052
第二节　校园改造与校园格局　072
第三节　西山新校园设计　087

第三章　校园拓建——30年代主校区的发展　090
第一节　三大建筑的建设　091

第二节　主校区的调整　**131**

第三节　蒋梦麟校长的未竟之志　**143**

第四章　战时及战后的校园变化　**146**

第一节　全面抗战期间校园的变化　**147**

第二节　战后校产的拓展　**159**

第三节　胡适校长任上的建设计划　**173**

尾　声　**185**

下　篇　校园生活与文化空间　**189**

第一章　校园记忆　**190**

第一节　校园风貌　**190**

第二节　校园生活　**205**

第三节　北大师生对校园的评价　**238**

第二章　校园周边　**249**

第一节　接收景山与蒋梦麟校长的危机　**249**

第二节　大学周边的文化空间　**273**

第三节　校园及周边胡同作为革命空间　**295**

目 录

结　语　*303*

附　录　老北大校友访谈　*309*

　　殷洪元老师访谈记录　*310*

　　李仰松老师访谈记录　*320*

　　邓可因老师访谈记录　*328*

　　周清澍：沙滩北大二年（节选）　*343*

致　谢　*365*

上 篇

校园空间发展过程

第一章　校园雏形——京师大学堂

老北大的历史可上溯至清末的京师大学堂。伴随戊戌年间的变法改革，在古老的帝都城内，一所以公主府改建的新式大学悄然出现。作为帝国的最高学府和中央教育行政机关，京师大学堂虽在某些方面表现出封建、保守的特点，但作为一所早期的新式大学，其校园已具备了一定规模，并呈现出一些新鲜的景观特征。

清末大学堂的校园建设可以说在北京城内与城外双线进行。在理想层面上，大学主事者从一开始便规划了规模完备、结构完整，并可以留待日后进一步拓展的校园空间。为了这一目标，历任长校者不断地寻找、购买并尝试建设完整的校园；在现实层面上，或由于客观条件的限制，或由于深层因素的羁绊，大学堂的主体校园一直囿于城内，并始终面临着空间不敷使用的困扰，古城内的首座新式大学不得不以零散的形态分布直至王朝结束。

划拨公主府以及对其空间的改造利用，是清末大学堂校园建设中具有里程碑意义的事件。公主府闲置已久、空间宽广，其客观条件支撑了大学堂校园建设的发端，而其毗邻皇城的位置特点，也成为以往学者们解读大学堂早期发展的关键信息。由于时政的影响，对公主府的改造在庚子前后分次展开，除依府内老建筑改建教学楼、藏书楼等校园功能建筑外，还通过获取周边民房、公地而添建了宿舍、操场等新的校园要素，大学堂的校园生活也因此呈现出一些崭新的样貌。然而，空间不足的问题始终困扰着大学堂，清末高等教育施行分科制度，除公主府主校区的师范、仕学两科外，进士馆、医科、农科等分科机构在北京城内分散设置。

在大学堂开办之初,曾明确指出公主府仅为临时开办场所,日后要继续寻觅并建设完整的校园,清末长校者也一直进行着这样的尝试。对多处城外地产的购买与建设,成为清末大学堂校园建设中特色性的事件,体现了主事者校园建设的理想。然而,作为清末第一所官办新式大学,大学堂的城外校园发展并不顺利,其进展迟缓,成果有限。

清末大学堂的校园是特殊时代的产物,在改革与尝试的过程中,曾有苦心的筹划,亦有诸多无奈与反复。经过这一时期的建设,老北大的校园雏形得以形成,虽并非完全理想,但构成了此时及以后几十年中老北大校园发展的重要基础,学子们丰富而新鲜的校园生活也由此拉开了序幕。今天,在景山东门对面的胡同里,京师大学堂的许多重要建筑——二院、西斋宿舍,以及大学夹道的老墙仍屹立如故,承载着老校区逝去的记忆,引领着我们回到这片皇城根下老北大梦开始的地方。

图1-1 大学夹道的老墙(位于东城区大学夹道路公主府遗址东墙)

第一节　校园空间的获取

京师大学堂的筹建始自清末戊戌变法时期，是戊戌变法运动得以保留下来的少数成果之一。光绪二十四年（1898）四月，清廷颁布《定国是诏》，宣布设立京师大学堂，同时作为高等学堂、中央教育管理机关及全国兴学的表率。[1]自光绪二十二年（1896）筹办，至清王朝统治结束（1911），京师大学堂在北京城内经历了戊戌时期初设和壬寅年（1902）重开两个主要阶段。据粗略统计，在此十余年间，北京城内先后隶属于大学堂的校舍房屋共计20余处，此外在北京城内及郊外，还有部分房舍和土地虽已划拨作大学堂建设之用，但未能完成最终的校园改造。提起老北大的历史，人人皆知京师大学堂，对校史稍有了解的人，可能会仅以景山东街马神庙公主府来回味大学堂。其实，进一步细数，上述校产实则遍布老城各处，乃是一座颇为分散的"校园"，与一般人的想象大有出入，因为在已经拥挤不堪的古老帝都中挤出一大块地方，建立面积可观的现代校园，谈何容易。

当然，公主府是清末京师大学堂校园的核心。大学堂最初的校园，一部分来自对公主府传统空间的改造，另一部分则是添建的各类新式建筑。本节将首先对大学堂开办初期的相关状况做一梳理，自此，古都内的第一所新式大学正式设立，其校园建设由此开启。

一、筹设京师大学堂

就目前所知，京师大学堂规划与建设的起点大抵可追溯至戊戌变法时期。在那个对于大学、大学教育为何物均罕有认知的年代里，居然已对大学堂的校园设置和面貌进行了一番筹划。

---

[1] 丁致聘编：《中国近七十年来教育记事》，台北：台湾商务印书馆，1970年，第7页。

京师大学堂的前身可追溯至清末的官书局。据记载,光绪二十一年(1895)十月,康有为等人在北京组织强学会,"购置图书资人观览,讲学而外兼以议政"。不久,强学会被御史杨崇伊奏准封闭,后经御史胡孚宸奏准,于次年正月以强学会改设官书局,派遣孙家鼐管理,"延聘外国教习,选译书籍报纸,并指授各种西学"[1]。光绪二十二年

图1-2　孙家鼐
(1827—1909)

(1896)五月,刑部左侍郎李端棻疏请于京师设立大学堂,七月总理衙门议复,命管理官书局大臣妥筹办理相关事宜。

在设立大学堂以前上呈的众多奏折奏议中,无不强调其意义重大。如著名传教士狄考文(Calvin Wilson Mateer,1836—1908)指出,兴办大学堂将影响全国范围的新学建设与教育改革:

> 总学堂为通国之表率,京都既建总学堂,外省各府厅州县不能不建蒙学堂中学堂暨大学堂专门学堂。京师之总学堂,又为通国之归宿。凡通国造就之人才,皆得升进观摩于其中。[2]

光绪二十三年(1897),孙家鼐上呈《官书局议覆开办大学堂折》,首先指出大学堂建设事关重要,应谨慎办理:

> 臣与在局诸臣悉心筹议,深知此事定制之难,创始之不易。且中国堂堂大国,立学京师,尤四海观瞻之所系,一或不慎,则

---

[1]《国立北京大学廿周年纪念册》,北京:北京大学廿周年纪念册编辑处,1917年,第73页。

[2] 舒新城主编:《近代中国教育史料》(第一册),上海:社会科学技术文献出版社,2015年,第124页。

徒招讥议，无补时艰，反不如不办之为愈矣。刻仍内外函商，周咨博访，务求悉臻美善，以期仰副圣明。

其后，孙家鼐将大学堂办理事宜总结为六项要点，一一进行了陈述。在第二点中，他重点提出"学堂宜造"，并就大学堂的空间建设方法进行了安排：

书局初开，为节省经费起见，暂赁民房，一切已多不便。今学堂将建，则讲堂斋舍，必须爽垲宜人，仪器图书，亦必庋藏合度。泰西各国使署密迩，闻中国创立学校，亦将相率来游，若湫隘不堪，适贻外人笑柄。拟于京师适中之地，择觅旷地，或购民房，创建学堂，以崇体制。先建大学堂一区，容大学生百人，四围分建小学堂四所，每学容小学生三十人。堂之四周，仍多留隙地，种树莳花，以备日后扩充，建设藏书楼、博物院之用。[1]

大学堂的校园建设就是在这般大规模的讨论与规划的基础上拉开序幕，成为清末北京城近代化建设中影响最大的官办工程之一。然而，其实际的建设与发展过程要远比上述理想规划更为曲折和复杂。

二、划拨公主府

作为帝国大学，有关大学堂的规划可以说相当不错，既有合理的安排，也为日后扩充留足了空间。实际建设启动后，几任主事者也曾遵循初心，尝试寻找合适的区域，或于城内或于郊外，试图为大学堂选造一

---

[1] 《官书局议覆开办京师大学堂折》，《时务报》1897年第20期，第6页。

处完备的校园。然而，几番阴差阳错之后，大学堂却是选在景山东侧，借着紫禁城脚下一所废旧的公主府而起家。

如前所述，光绪二十四年（1898）四月，光绪帝下诏宣布正式成立大学堂。事实上，截至诏书昭告天下之时，作为全国兴学表率的大学堂还没有找到一处合适的开办场所。背负着开办学堂的紧迫压力，总理衙门于五月上奏，请求朝廷划拨官房先将大学堂办起来，日后再寻觅合适的场所从容建设完备的校舍。其奏折相关内容如下：

> 现在开办经费内，仰蒙圣恩拨给官地，亦可稍从节省。然黉舍未具，尚须兴筑。臣等窃思时事日殷，需才孔亟，若从容筑室，又当迟以岁月。查日本开学之先，皆权假邸舍，以集生徒，今事当速举，似可权宜。伏乞皇上先行拨给公中广大房室一所，暂充学舍。命官选士，克日兴办。其大学堂仍应别拨公地，另行构建，则规范既宏，而举事不滞。[1]

此议生效，朝廷指派庆亲王奕劻、礼部尚书许应骙负责专办大学堂工程事务。在清末的改革过程中，效仿日本是一种常见的办法，大学堂的主事者们同样计划从日本取经，请驻日大使裕庚帮忙收集资料。但因时间紧迫，他们已等不及从日本寄回来的详细基建图样，便于六月上奏朝廷，称已觅得合适房舍并有了建设的打算：

> 臣等查地安门内马神庙地方，有空闲府第一所，房间尚属整齐，院落亦甚宽敞，略加修葺，即可作为大学堂临时开办

---

[1] 《遵筹开办京师大学堂折附章程清单》，选自舒新城主编：《中国近代教育史料》（第一册），上海：社会科学技术文献出版社，2015年，第134页。

之所。[1]

这一上奏很快得到朝廷批复:"著总管内务府大臣量为修葺拨用。"[2]经此批复,大学堂的实际建设工程正式启动。只是此时的诸人恐怕还未想到,这一"临时",便是50年有余。

图1-3 爱新觉罗·奕劻
(1838—1917)

图1-4 许应骙
(1832—1903)

此处"空闲府第",原属乾隆皇帝的四女儿和嘉公主,人们亲切地称其为"四公主府"。公主府设于景山东部马神庙街,原为乾隆二十五年(1760)公主下嫁大学士傅恒之子福隆安时赐建的府邸。可怜公主寿数不永,23岁便撒手人寰,府邸也被内务府收回。后来又分给了道光皇帝的八女儿寿禧和硕公主,岂料这位公主也仅在此居住了三年便不幸去世。在大学堂成立以前,此处公主府已然闲置30余年,情况确如奕劻和许应骙所奏报的那样。由于建造时规格不低,公主府规模宽敞,原有建筑十分气派,改造工程相对简便,加之毗邻皇城的位置,这处闲置官产

---

[1] 《庆亲王亦劻等请拨马神庙官房作为大学堂开办之所折》,选自北京大学、中国第一历史档案馆编:《京师大学堂档案选编》,北京:北京大学出版社,2001年,第48页。
[2] 《著内务府将马神庙空房修葺拨用谕旨》,选自北京大学、中国第一历史档案馆编:《京师大学堂档案选编》,北京:北京大学出版社,2001年,第49页。

便成为清末大学堂的第一处校址。

从1935年刊发的一张题为《马神庙公主府图》的平面图（图1-5）中可以清楚地辨明公主府内原有各部分房屋的名称和功能。另有学者对公主府的空间结构和改造情况进行研究，如姚伯岳介绍其原始建筑格局如下：

> 和嘉公主府为并列三轴线院落组合：西路是额驸院，为五进四合院。中路、东路分内外院。进入公主府大门为外院，系车马夫、杂役所居。进入二门为内院，左侧为中路，为三进院落：第一进院落正面为称作迎安殿的正殿五间，另有东殿五间，西殿五间；第二进院落正面为公主寝殿五间及东西耳殿六间，寝殿前是一宽阔的月台，另有东殿五间及耳殿四间，西殿五间及耳殿四间；第三进院落正面为上下二层的后罩楼，俗称公主梳妆楼，有东西耳房各一间。东路海棠院是花园，最初也有公主大殿和寝殿，后皆不存。[1]

其中最重要的三处建筑是中路第一进的正殿银安殿、第二进的公主寝殿、第三进的后罩楼即公主梳妆楼。从图1-5中可以看到，它们分别被标记为"正殿"、"中殿"和"仙楼"。

伴随公主府的划拨，大学堂的校园改造工程也正式拉开了序幕。

---

[1] 姚伯岳：《京师大学堂第一座藏书楼原址小考》，《大学图书馆学报》2018年第1期，第93页。

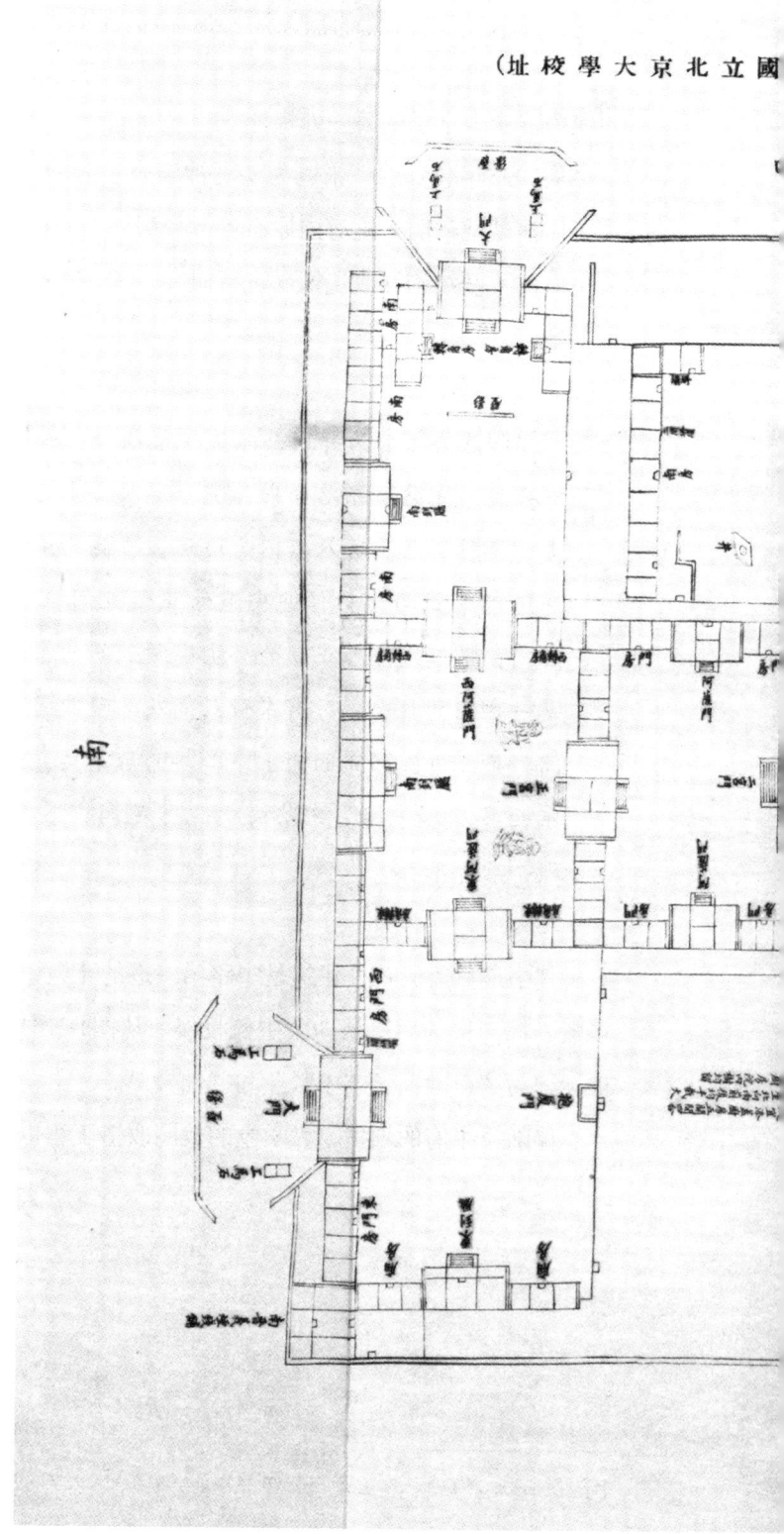

图1-5 马神庙公主府图

（图片来源：故宫博物院编：《文献丛编》第25期，1935年，第1页）

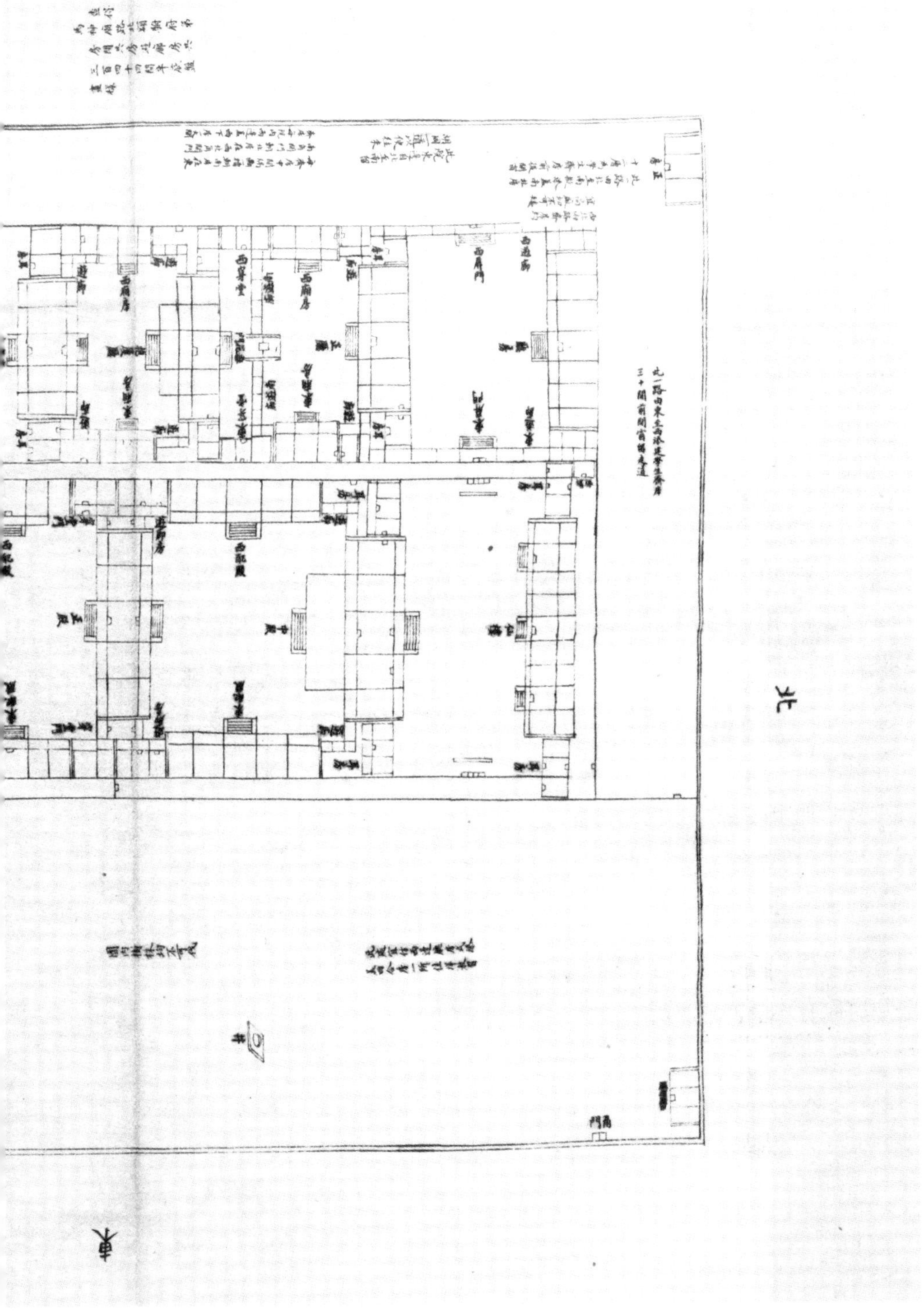

第二节　新式校园的初步改造

一、改建公主府

划拨公主府为大学堂的校园建设提供了物质基础。这座公主府虽然"看上去很美",但现实中因长年废弃,无人使用,房屋多已破旧,还需重修和添建部分房屋才足够一所新式大学使用。上谕颁布后,内务府随即派人对公主府的实际建筑情形进行了勘察,并于光绪二十四年(1898)八月上呈奏折,对勘察情况和工程计划进行了汇报:

> 窃查此项房间,业经臣衙门派员前往查勘,共计三百四十余间。因年久失修,情形甚重。其学堂规模应为何修葺之处,当经咨行管理大学堂事务大臣派员合同查看,俟指明办法即行开工。旋于二十八日经管理大学堂事务大臣孙家鼐同总教习丁韪良及司员等前往查看,随将房间图量持去,俟该管大臣粘签贴说声复到日,即由臣衙门赶紧饬匠兴修。[1]

管学大臣孙家鼐与总教习丁韪良于六、七月两次共同前往公主府亲自查看,在其后送交内务府的公文中,汇报了校方的建设计划——暂就公主府原有建筑样式改建大学堂,其建议如下:

> 公所系属借拨暂用,应仍照原房规制修理,不改样式,坍倒者补行修盖,渗漏者分别勾抹,墙垣倒塌者补砌,门窗残缺者修

---

[1] 《内务府奏复将马神庙空闲官房为大学堂暂时开办之所量为修葺折》,选自北京大学、中国第一历史档案馆编:《京师大学堂档案选编》,北京:北京大学出版社,2001年,第88页。

补，积土刨除，即可移交本学堂接收。[1]

可以看出，此时的公主府在校方和官方眼中还是一处临时校址，计划是简单收拾一下，尽早开学。从后来内务府与大学堂移交房屋的公文中可以看出，实际工程也按照如上计划，以足够开学为目标。初期公主府改造工程主要分为两个部分：在正院、西院以修葺旧有房屋为主，于9月完工；东院则为督饬厂商添建房间为主的新建部分，于11月完工。最终在公主府原有340余间房屋基础上，经改建、添建，共建成房屋507间半，分两次移交大学堂使用。[2]

一些学者对公主府的建筑功能改造进行过具体研究。据姚伯岳考证，大学堂时期，寝殿首先于戊戌年改作藏书楼使用，此乃后来北大图书馆的前身。[3]至于梳妆楼，在许多文献里都认为是藏书楼最早的栖身之所，但实际上，直到1902年重修大学堂校舍时，它才承担了此项功能。戊戌初办时，梳妆楼仅放置部分外文图书和物理、化学实验仪器。另外一座重要建筑即银安殿正殿，虽在后来的校史中占据了一席之地（后来成为大礼堂），然而，在大学堂时期还仅作为上课的教室使用。大学堂最初的建筑功能调整情况，参见表1：

表1　戊戌年公主府建筑功能调整

原有建筑	位置	改造后功能
正殿（银安殿）	中路第一进	教室
公主寝殿	中路第二进	藏书楼
梳妆楼	第三进后罩楼	外文图书和仪器存放处

[1]《总管内务府为照图修造大学堂工程折》，选自北京大学、中国第一历史档案馆编：《京师大学堂档案选编》，北京：北京大学出版社，2001年，第2页。
[2]"内务府与大学堂关于接收马神庙房屋的咨文"（1898），北京大学档案馆档案，卷宗号JS 0000006；"学堂与内务府关于移交房屋的咨文"，北京大学档案馆档案，卷宗号JS 0000009。
[3] 姚伯岳：《在古籍编目中发现京师大学堂藏书楼的源头》，《大学图书馆学报》2013年第6期，第102—108页。本文经过详尽的史料和充分的论证，将京师大学堂藏书楼最早设立的年份确定为1898年，北大图书馆的馆史也因此由原先公认的1902年上溯至1898年。

初期大学堂对公主府原有建筑格局调整幅度很小。进入公主府大门后，尚需左转，连过两道旧宫门，方才抵达学堂的核心区域。可以想见，当时的大学堂真可谓一座藏在公主府里的皇家学馆。

另据档案记载，初期大学堂还曾尝试购买公主府附近的一些旗人私宅，以扩充规模或充作斋舍使用，但由于收买"实属不易"而暂时搁置。[1]

图1-6　1898年大学堂教习及管理员在梳妆楼前合影

接收公主府房屋后，大学堂随即张榜招生。八月，戊戌政变发生，各项变法成果被一应废除，"惟大学以萌芽早，得不废"[2]。光绪二十六年（1900），义和团运动爆发，随后八国联军进入北京城，当时接任孙家鼐的第二任管学大臣许景澄向朝廷上奏，暂时停办大学堂，并将现有房屋器具情况造册，移交内务府接管。[3]大学堂第一阶段的发展至此中断。

在大学堂初创时期，管学大臣充当着至关重要的角色。首任管学大

---

[1] "内务府与大学堂关于接收马神庙房屋的咨文"（1898），北京大学档案馆档案，卷宗号JS 0000006。

[2] 罗惇曧：《京师大学堂成立记》，舒新城编：《中国近代教育史料》（第一册），上海：社会科学技术文献出版社，2015年，第158页。

[3] "大学堂与内务府关于移交房屋的咨文"（1900），北京大学档案馆档案，卷宗号JS 0000009。

臣孙家鼐创办大学堂，为其建设进行了长远而细致的规划，其功绩常见载于校史当中。第二任管学大臣许景澄长校时间很短，庚子事变时，他以吏部右侍郎暂管京师大学堂事务。大学堂停办不久，六月二十七日，许氏因上奏吁请保护使馆并严惩祸首毓贤等，与袁昶同时被西太后赐死。六月二十九日，许氏将前述大学堂房屋器具清册移交内务府，三天后就刑。[1]据陈平原考证，后人文献中曾对许氏临刑前的情形有所描绘，甚至包括对大学堂事务进行交代的情节，如连梦青《邻女语》中描述许氏吩咐监斩大臣徐承煜：

> 我是身受殊恩的大臣，今日国事败坏，不能补救，死了便卸了我的责任，倒也干净。只是我身边尚有一个大学堂存款折子，现存在道胜银行，实银四十万两，烦你代奏，不可便宜了外人。[2]

大学堂教员林纾也以小说形式描写了管学大臣之慷慨就义。这些描述可能与史实有所出入，但创办初期，管学大臣们对于大学堂发展的思虑仍可窥一二。

乱后"壬寅大学"的校园建设

庚子之乱平息后，清廷于光绪二十七年（1901）十二月任命张百熙为管学大臣，负责重新开办京师大学堂，大学堂的校园建设由此进入了艰难扩张的新阶段。

京师大学堂建在拥挤的北京内城，又是毗邻皇城的天子脚下，可以说从建校伊始，便时刻面临着空间压力。公主府作为临时开

图1-7　许景澄
（1845—1900）

---

[1] 陈平原、夏晓虹编：《北大旧事》，北京：北京大学出版社，2009年，第24页。
[2] 忧患余生：《邻女语》，上海：上海文化出版社，1957年，第78页。

办之所，本就不大，与积极报名入校的学子数目很不相称。早在戊戌年十二月大学堂刚刚开办的时候，首任管学大臣孙家鼐便曾上奏反映公主府空间不足的情况："现在斋舍仅能容住二百余人，而报名者已一千有零。"[1]次年《申报》再次报道，大学堂原计划招生二百人，"嗣以斋舍不敷，先传到一百六十名"[2]。庚子之乱中，内务府尚未接管大学堂房舍，洋兵便攻入城中，占据并损毁了大学堂的已有房舍，据档案记载："所有书籍仪器家具案卷等项，一概无存，房屋亦被匪拆毁，情形甚重。"[3]

图1-8　张百熙
（1847—1907）

张百熙上任后，于光绪二十八年（1902）正月奏报重修及扩建大学堂事宜，建议一方面由朝廷划拨空地，新建规模完备的校园；另一方面重修并扩建现有学堂："仍旧基修葺，并将附近地面增拓办理"，奏折中还列举了一些可能进一步增拓的区域：

> 现勘得学堂东、西、南三面，皆可拓开数十丈。其地面所有房屋，多系破旧民房。若公平估价，购买入官，所费当不甚巨。此项新拓地面，即作为增建校舍之需。[4]

张百熙的奏折将此前被搁置的在大学堂附近购买旗人房屋的计划再次提上日程。但两个月后，经过一番实地勘察，他在奏折中表达了对于开展此项计划的担忧，转而强调城外建校的优势：

---

[1] 王学珍等主编：《北京大学纪事 1898—1997》，北京：北京大学出版社，1998年，第4页。
[2] 《学堂纪事》，《申报》1899年1月17日，第1版。
[3] "外务部丁韪良与大学堂关于官书局医学院的损失和洋教习的薪津应照发及大学堂与各处关于处理此事的来往咨文禀呈"（1900），北京大学档案馆档案，卷宗号JS 0000013。
[4] 张百熙：《奏办京师大学堂》，选自舒新城编：《近代中国教育史料》（第一册），上海：社会科学技术文献出版社，2015年，第126—132页。

  臣前奏请就地开拓，当向附近四面查明。东面多系世居，安土重迁，人情不免，一时收买甚难。南北二面阻于街衢，惟西面可以开拓，而地址不甚宽展。且学堂原屋残破，修补之费亦已不赀，加以收买添造，复须十余万金，与另行拨地建造所费不相上下。臣原奏本有另行拨地一层，目下体察情形，开拓办理与新造之费不甚相远，且收买费手，深恐旷误时日。查古制大学在郊，原不必拘定城内，盖聚学生数百人之多，功课余闲不能无外出游息之事。人家稠密之处约束恐或有难周，若于附郭等处地面，指拨一方或由学堂自行收买空地，一经定局即可动工，且有诸多利便之处。[1]

据档案记载，光绪二十七年（1901）至二十九年（1903）间，大学堂于丰台瓦窑郭家庄一带陆续购买民田1300余亩，预备作为新建校舍的基址。但由于朝中反对势力强大，此项工程终因经费支绌、管理困难等原因而暂时作罢。[2]在对城外建校进行争论的过程中，曾有朝臣提议划拨西城地区在庚子之乱中损毁的端王府府邸，改建后可作为大学堂的新建场所，但因空间有限、拓展困难而未被采纳。该府邸后来被作为京师高等实业学堂校址，民初改为北京工业专门学校，抗战胜利后才归入北大作为工学院校址。[3]光绪二十八年（1902）底，经过几轮失败的尝试后，大学堂将目光转回城内原址，通过整修公主府旧有房屋，以及新建房屋120间，终于将公主府校园整理一新并重新开学，分设师范、仕学两馆。[4]

---

[1]《管学大臣张百熙请于附郭拨地建造校舍片》，选自北京大学、中国第一历史档案馆编：《京师大学堂档案选编》，北京：北京大学出版社，2001年，第130页。

[2] 北京大学校史研究室编：《北京大学史料》（第一卷 1898—1911），北京：北京大学出版社，1993年，第559—562页。

[3] 吴廷燮总纂，于杰等点校：《北京市志稿》卷四《文教志上》，北京：北京燕山出版社，1998年，第392页。

[4] 罗惇曧：《京师大学堂成立记》，选自舒新城编：《近代中国教育史料》（第一册），上海：社会科学技术文献出版社，2015年，第160页。

图1-9　1902年12月17日大学堂开学合影

整修后的公主府校园中，建筑功能及空间结构均有所调整。据姚伯岳研究："当年戊戌大学堂用作藏书楼的公主寝殿只有一层五间，不能满足图书典藏和师生阅览的需求，所以壬寅大学堂将藏书楼迁到公主寝殿后面的后罩楼亦即俗称的公主梳妆楼。后罩楼为二层结构，一层划分为五大间，用作阅览室；二层九小间，用作书库。面积比在公主寝殿时扩大了一倍有余。"光绪三十年（1904），藏书楼更名为图书馆，图书馆以原有的梳妆楼为家，直至1918年沙滩红楼建成才停用。[1]原来的藏书楼所在地即公主寝殿则被改为祭祀孔夫子的地方。老北大化学系教授、大学堂师范馆头班生俞同奎曾回忆当时的情形：

> 马神庙的公主府，现在变动很多。当年形状，不妨一述。现在化学实验室，从前是两层过厅，为职员办事处。大礼堂和后面一层大殿的东西屋，都作教室。后面大殿，旧称公主寝宫。寝宫的中厅，祀至圣先师孔子神位。因为我们这班学生，在那时代的眼光，都是外来的邪魔恶道，必须请孔老夫子出来镇压镇压，所以只好请他老人家暂时屈尊，替公主把守寝室。朔望并在这一间厅里面，宣传"圣谕广训"。寝宫的后边有两屋平房，作仕学馆

---

[1]　姚伯岳：《京师大学堂藏书楼（图书馆）记略》，《图书馆》2018年第12期，第48页。

图1-10　壬寅年大学堂重建后作为图书馆的梳妆楼

学生的宿舍。再后面的楼房，相传为公主梳妆楼，大约因为是公主，必须有这样的设备，一半出于想象的。当时图书馆就设在梳妆楼里面。[1]

据李向群考证，大学堂的正门并非公主府原有的正门，很可能是在1902年张百熙主持校务时向东、西、南三面扩展新建的。[2]（图1-12）而公主府原有之"正门、垂花门等建筑都在清末民初全部拆除"[3]。另据董伯儒对大学堂师范馆头班生孙昌烜手绘《大学堂讲舍图说》及老照片的分析，大学堂的正门为东南角之东宫门，"为三开一启式朱漆宫门，风格古朴、庄严典雅，门簪上高悬'大学堂'额匾。门两侧为八字门墙，宫门对面设有八字影壁一座"。而"我们常见的悬挂国立北京大学匾额的五开门校门（图1-14），是1916年改建的，位置位于东宫门以西。而后者也拆毁于20世纪70年代"[4]。

---

[1] 俞同奎：《四十六年前我考进母校的经验》，选自陈平原、夏晓虹编：《北大旧事》，北京：北京大学出版社，2009年，第19页。
[2] 李向群：《老北大校园变迁回顾》，《北京大学教育评论》2005年S1期，第66页。
[3] 李向群：《京师大学堂的大门与"二门"》，《北京大学校报》第1165期，第4版。
[4] 董伯儒相关分析参见《师大春秋》公众号系列文章：《京师黌宇丨京师大学堂校址》。

图1-11　京师大学堂竖匾

图1-12　大学堂东宫门（依公主府正门改建）

图1-13　公主府垂花门

图1-14　民国时期改建后的五开间校门

除新设的大门之外，重建校园时，对公主府原有建筑也进行了较大规模的改建，校园格局有所变化。大门内"北有竹篱，篱以内之屋皆杂务处，百货罗列，如场屋供应房。而德律风（指电话机）在其东屋也。又北隔墙为甲字号自修室，今尚空闲，改储藏室"[1]。看上去还是一派凌乱的景象。穿过这些新建的房屋，就能看见作为大教室的正殿了。正殿前是一块大空地，刚好辟为球场，作为大学堂学生锻炼身体最便利的场地。正殿里设有当时全校最大的一间教室，也可作为公开讲演的大讲堂。据董伯儁考证，大讲堂是一座大型硬山顶建筑，面阔五间、进深两间，前出廊，东西两侧置套殿（耳房）一间，耳房外另有配房。前廊设有四根红色立柱，正中高悬孙家鼐所题额匾，辉煌壮丽。大讲堂室内高大宽敞，容量等于三四个普通教室，屋顶上还设有华丽精巧的藻井。再往北走，便是前述的祭孔殿和二层藏书楼，在祭孔殿后边"有两层平房，作仕学馆学生的宿舍"。[2]中路的情况大抵如是。

图1-15　1918年的大讲堂

---

[1]　李向群：《京师大学堂的大门与"二门"》，《北京大学校报》2008年10月7日，第4版。
[2]　俞同奎：《四十六年前我考进母校的经验》，选自陈平原、夏晓虹编：《北大旧事》，北京：北京大学出版社，2009年，第19页。

图1-16　《北京大学卅一周年纪念刊》中的大讲堂

图1-17　1952年第一届考古工作人员训练班开学典礼合影，摄于第二院[1]礼堂前

20世纪50年代人民教育出版社进驻公主府，大讲堂依然作为礼堂使用。1982年，人教社新建办公大楼以后，大讲堂改为食堂。此后，大讲堂又经过翻新改造，使用面积有所扩大，东侧耳房被拆除，建筑面貌与昔日相比已发生较大变化。

民国时期，曾对祭孔殿进行过改造，人教社入驻后，再次更改过门窗的样式。藏书楼在人教社时代被用作单身职工宿舍，楼下住男士，楼上住女士。20世纪70年代末，祭孔殿和藏书楼均以震后危房的名义被人教社拆除。

---

[1]　京师大学堂校址在民国时期主要作为老北大理学院使用，又称"第二院"。

图1-18　1985年的大讲堂　　图1-19　今日大讲堂建筑遗存

图1-20　大学堂毕业生合影，背景为祭孔殿

原先作为花园的东路，因府第天长日久无人居住而一片荒芜，在"马神庙公主府图"（图1-5）上显示为一片空白。大学堂开办后，于1904年新建了京师大学堂现存体量最大的建筑——大洋楼，并于1906年投入使用。此外，为师范馆的学生新建了一南一北两座宿舍，又称为南楼和北楼，这大概是北大校史上最早的学生宿舍。但它们与民国时期的南楼（数学系）、北楼（生物系）并非一处建筑。"两排楼房中间空地为运动场，亦略有盘杆，天桥，秋千，种种设备。南楼的南面就是大饭厅。"[1]

---

[1] 俞同奎：《四十六年前我考进母校的经验》，陈平原、夏晓虹编：《北大旧事》，北京：北京大学出版社，2009年，第19页。

图1-21 《国立北京大学廿周年纪念册》中的大洋楼　　图1-22 今日大洋楼建筑遗存（位于东城区沙滩后街59号）

表2为清末公主府校区各项建筑功能简表：

表2　清末公主府主要建筑功能调整情况一览

原始形态	清末	原始形态	清末	原始形态	清末
正殿	大讲堂	梳妆楼	藏书楼	花园	新建南楼、北楼学生宿舍
公主寝宫	祭孔殿	宴会厅	大食堂		
			校长办公室		

在现存的校友回忆中，有一些早期的大学堂毕业生对当时的学堂设置、建筑改造情形进行过记述，如师范馆头班生王画初回忆：

> 原当时大学堂奏定章程，同时在京师分设四馆：曰师范馆，曰仕学馆，曰译学馆，曰医学馆。后又添设进士馆，共为五馆。
>
> ……大学堂即在大马神庙，今北大故址。设备情况，有各种讲堂，有理化器械药品室，有博物标本室，有自修室，有宿室，每二人占一间，有公共饭厅，有浴室，膏火饭食，皆官费。有藏书楼，在北院，中文书籍为多，彼时报纸杂志，尚未

发达。大约学员自携书籍,及应时的读物,如《饮冰室文集》,几于人手一编。此外关于新学的,以《富强丛书》《瀛寰志略》,为最通行。[1]

另据邹树文回忆:

> 壬寅大学堂开办的时候,只有仕学、师范两馆……仕学、师范两馆之创办,乃取古语"作之君作之师"的意思,创办的人当然有他一种伟大的抱负。仕学馆当时学生取的是在京官吏……仕学馆当时在马神庙住的是十二帘,师范馆宿舍是南北楼,这两个地名,都成历史,不知还有旧迹可寻否?仕学馆后来迁出,又添了一个进士馆与仕学馆合并,进士馆是为新进士读书之所,仿佛叶恭绰是当时的第一名。仕学馆只招过两班学生,迁出马神庙以后,我还记得,有一天他们曾来马神庙,与师范馆学生作友谊的拔河运动,以示好感。
>
> 师范馆在仕学馆迁出以后,曾有一个短时期独做了马神庙的主人翁,那时教职员学生,甚至仆役,绝对没有一个女性,所以可当此"翁"字而无愧。[2]

图1-23为现存于人民教育出版社社史馆中的公主府沙盘模型:

---

[1] 王画初:《记优级师范馆》,选自陈平原、夏晓虹编:《北大旧事》,北京:北京大学出版社,2009年,第9—10页。

[2] 邹树文:《北京大学最早期的回忆》,选自陈平原、夏晓虹编:《北大旧事》,北京:北京大学出版社,2009年,第4页。

图1-23　公主府沙盘模型

图1-24为依考证结果所绘制的京师大学堂校园东、中、西路建筑分布图：

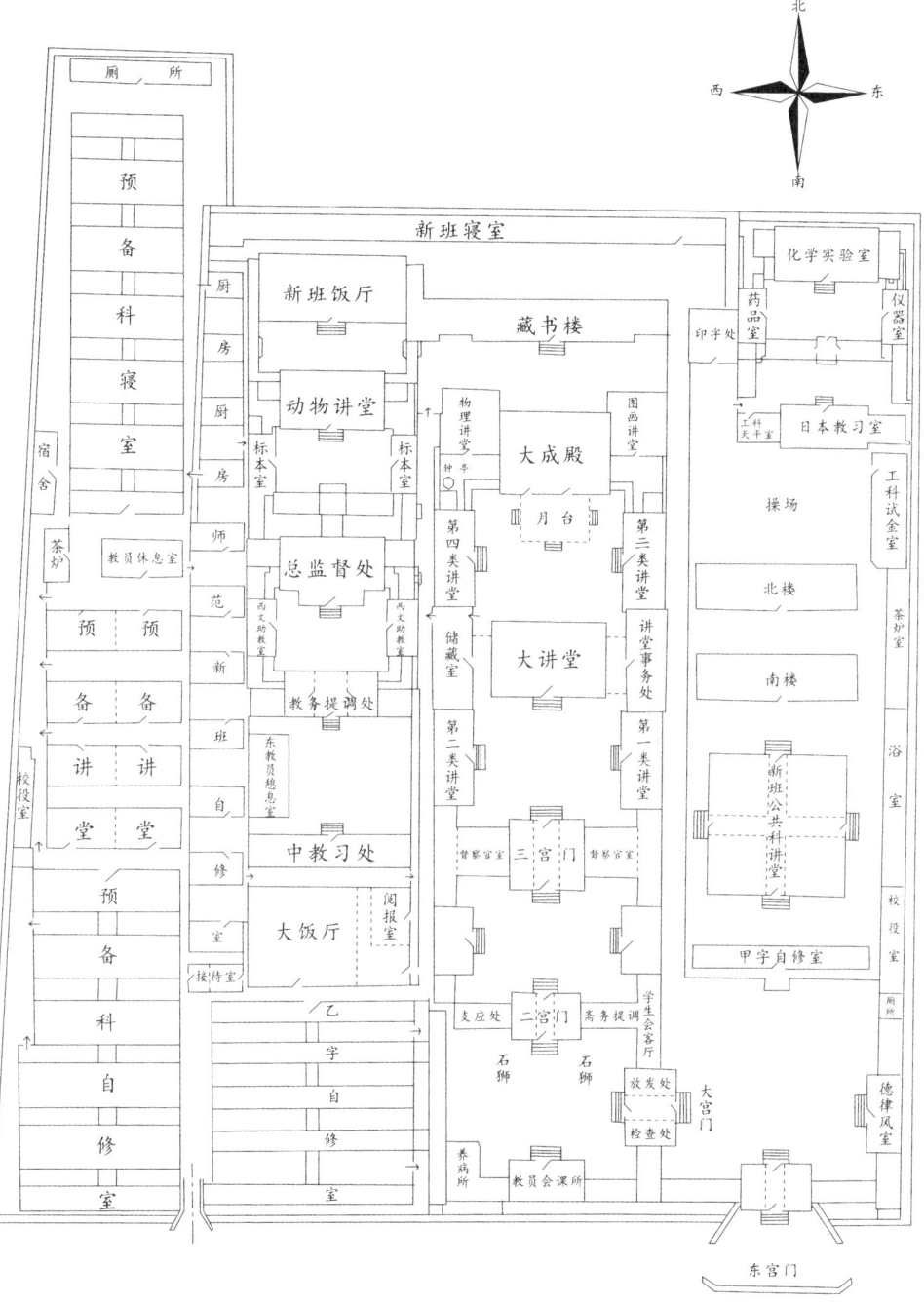

图1-24 京师大学堂全图[1]

---

[1] 董伯僡依孙昌烜《大学堂讲舍图说》（1904）草图绘制，此处进行了重绘与调整。孙图原件现藏于北京大学档案馆。

二、校园空间的开拓与补充

京师大学堂乃清末北京城内第一所新式大学堂，在其校园建设过程中，不仅将公主府大殿、寝殿等旧式建筑改造为讲堂、图书馆等新式校园空间，与此同时，也开始出现宿舍、运动场这样的新式校园要素。特别是在乱后重开时期，其校园建设力求达到规模及要素的完备。以公主府为中心，大学堂陆续寻觅周边房地，依次添建了宿舍、操场等新式设施。

张百熙曾论述宿舍对于新式学堂的重要意义：

> 查欧美日本学堂，皆有寄宿舍备学生居住，所以使学业之专注，绝放心之外驰，其监督条规，尤极严密。[1]

除公主府校内南北楼外，光绪二十九年（1903），京师大学堂还租用大学堂迤南北河沿迤北八旗先贤祠空闲馆舍改建宿舍，此处宿舍一直使用至民国中期才退租。[2]次年二月，另以公主府西侧空地建造宿舍，即后来居住过很多著名校友的"西斋"宿舍。据记载："院中有一道很深的甬道，原两旁从南至北全是一排排平房宿舍，有的是北房，有的是背对背的南北房。后甬道东侧改成了学生餐厅"[3]，西斋宿舍或两人一间，或一人一间。除知名校友外，西斋给人印象最深的便是其按字号的排列方式，取"天地玄黄"四字，颇具深意。在西斋宿舍建成的同年，仕学馆迁出公主府，其后一段时间，整个公主府校舍均归师范馆使用。

---

[1] 张百熙：《京师大学堂堂谕》，选自舒新城编：《近代中国教育史料》（第一册），上海：社会科学技术文献出版社，2015年，第150页。

[2] 20世纪30年代，八旗先贤祠宿舍因设备过于陈旧，发生浴室倒塌事件，后退租。见李向群：《老北大校园变迁回顾》，《北京大学教育评论》2005年第S1期，第68页。

[3] 肖东发、李云、沈弘主编：《风骨：从京师大学堂到老北大》，北京：北京大学出版社，2014年，第128页。

西斋宿舍的出现，乃大学堂出于不断增加的学生人数所考虑，而西斋建成后，原公主府内的南北楼宿舍是否拆除或改作他用，目前尚未见到确切的记载。可知的是，后来在南北楼原址另建正方形西洋式建筑，现有资料皆语焉不详地提及该楼建于清末，而具体落成年份则无确数。

图1-25　西斋老照片

除宿舍外，光绪三十一年（1905）三月，大学堂总监督张亨嘉上呈奏折，请求另拨空地添建操场，奏折内容如下：

> 再大学堂旧有之体操场面积甚狭，不足教练兵式体操以肄武事。臣查奏定章程，谓各学堂均习兵操兼授军制战史战术等要义，盖纷争之世非强健身体通畅戎略

图1-26　西斋现状

不能挽积弱而图自存。兹于大学堂近旁查有内务府空地一区，东西长四十丈，南北宽二十二丈。拟借用此地筑为操场，部伍生徒练习兵式体操，务期首善之大学以尚武为海内倡导。除将该地丈量绘图咨请内务府立案外，理合附片具陈，伏乞圣鉴。谨奏。[1]

---

[1]　《大学堂总监督张亨嘉奏请拨地建操场片》，选自北京大学、中国第一历史档案馆编：《京师大学堂档案选编》，北京：北京大学出版社，2001年，第263页。

这块与大学堂邻近的空地即沙滩汉花园，在明代曾作朝廷御马监，[1]至清末，北部为仓厂，南部为闲置空地。民国出版物中曾记载沙滩地区被划拨给大学堂改建操场的情况："八月，借拨内务府所属汉花园（即沙滩旧址）空地南北二十一丈八尺，东西三十九丈，旧房十七间，改建操场。"[2]当时这块地仍归内务府掌管，只是借给大学堂作为运动场地，这也顺应了清末以来有识之士日益重视体育运动的风气。沙滩这块新操场，意义非同小可。1905年5月28日、29日两天，京师大学堂在此召开了一次运动大会，这在当时堪称名副其实的新鲜事物，大学堂总监督认为，"东西各国知其然也，故不无以体育一事为造就人才之基"。列举日本专重击剑、柔道，英国专以打球，德美诸国无不由体育法而养成国民气节。说完列强国家之后，又追溯我国古代上自轩辕蹴鞠开始的历代百技，最后说：

> 窃谓世界文明事业，皆刚强体魄之所造成也。吾国文事彪炳，而武力渐趋于薄弱，陵夷以至今日为寰海风涛之所冲激。士大夫之担学事者，乃知非重体育不足以挽积弱而图自存。

这里，总监督把体育与强国强种、国家存亡紧密联系在一起。运动会比赛项目包括常规的一百米到一千米突竞走、跳高、跳远、掷球，当时的"突竞走"就是今天的"赛跑"，此外还有很多好玩的娱乐项目，如顶囊竞走、提灯竞走、犬牙形竞走、掩目拾球竞走、越脊竞走、二人三脚竞走等。除本校学生参赛外，还安排有职员、来宾、京师其他学堂

---

[1] 《明北京城街巷胡同图（1573—1644）》，选自段柄仁主编：《北京胡同志》，北京：北京出版社，2007年。
[2] 国立北京大学编：《国立北京大学一览册民国三十二年度》，北京：国立北京大学，1934年，第7—8页。

学生的竞走项目。[1]时任京师大学堂提调的金梁参加了职员赛跑项目，还记录了运动会散会以后播放电影、在六国饭店宴谢外宾舞会等事，这在当时属于最摩登的新鲜事。[2]此次盛会受到舆论的广泛关注，被认为是中国近代体育史上的第一次高校运动会。

操场的建设又进一步带动了宿舍的发展。宣统元年（1909），内务府再次划拨汉花园空地西南隅给大学堂，在操场西南方向建成学生宿舍154间，因与西斋相对，故称"东斋"。[3]西斋与东斋宿舍均一直沿用至民国时期。参考民国初年北京大学纪念刊中的宿舍平面图，可以看到东斋的大致结构：东西向四排、南北向三列，八间一组，总计十二组。[4]"宿舍为一列列或朝北或朝南的排房。"[5]东斋与西斋一样采用字号编排，根据纪念刊中宿舍平面图改绘的东斋及操场位置与结构示意图见图1-27。

另据民国时期北大纪念册记载，清末大学堂还在西老胡同设教习住室一所共八间，"置价银八百五十两"，在公主府迤东租用松公府基地设植物园一处，"典价一千五百两"。[6]可见大学堂主校区以公主府为中心在缓慢地扩张。表3为清末公主府校区各项校园功能建筑情况一览。

---

[1] 《总监督为大学堂召开第一次运动会敬告来宾文》，选自北京大学校史研究室编：《北京大学史料》（第一卷 1898—1911），北京：北京大学出版社，1993年，第291页。

[2] 北京城内第一次放电影就在三年前的1902年，当年1月由西班牙人雷玛斯（Antonio Ramos）带着机器和影片，租借前门外打磨厂福寿堂饭庄的场地放映了三部影片《黑人吃西瓜》《脚踏车赛跑》《马由墙壁直上屋顶》。

[3] 李向群：《老北大校园变迁回顾》，《北京大学教育评论》2005年S1期，第68页。

[4] 《国立北京大学廿周年纪念册》，北京：北京大学廿周年纪念册编辑处，1917年，第42页。

[5] 肖东发、李云、沈弘主编：《风骨：从京师大学堂到老北大》，北京：北京大学出版社，2014年，第128页。

[6] 《国立北京大学廿周年纪念册》，北京：北京大学廿周年纪念册编辑处，1917年，第80页。

| 老北大校园简史——现代校园空间的拓建 |

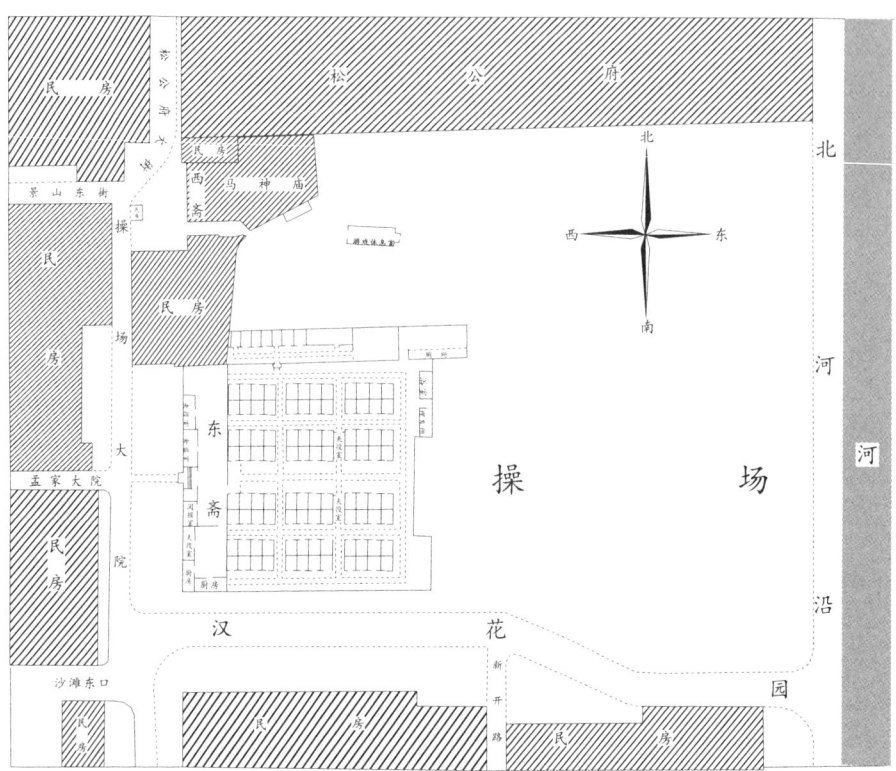

图1-27 京师大学堂宿舍与操场示意图

表3 公主府校区空间要素建设情况一览

建筑名称	建设时间	位置	原始形态	获取方式	规模建置
宿舍	1903年	公主府迤南，北河沿迤北	八旗先贤祠	租用	未知
西斋宿舍	1904年	公主府西侧	空地	借拨	14排平房
操场	1905年	公主府东侧沙滩汉花园	明为御马监，清末为内务府闲置空地	借拨	东西40丈，南北22丈
东斋宿舍	1909年	汉花园西南隅	空地	借拨	建宿舍154间
教习住室	清末	西老胡同	未知（可能为民房）	购买（置价银85两）	共8间
植物园	清末	公主府东侧松公府	松公府基地	租用（典价银1500两）	未知

三、散布古城的学堂

王朝末年设立的京师大学堂虽堪称皇家大学，然而作为一项新事业，其自天子脚下建校，校园规模一直有限，进展也难称顺利。由于各种原因，大学堂的一些附属机构设立在城内距离主校区较远的地方，自戊戌年起，这些机构陆续添建，有些中途停办，最终与大学堂相关之各类房产形成了一种在古城内零散分布的空间格局。

光绪二十四年（1898）大学堂成立时，将官书局、译书局一并归入，由管学大臣督率办理。[1]民初罗惇曧撰写《京师大学堂成立记》曾间接记载此处地产的位置：

> 校址经乱残废，方待葺治，乃即虎坊桥之官书局，为筹备所，日诣议事，而编译书局附焉。[2]

官书局在北京外城虎坊桥租赁民房设置，是清末大学堂所属的第一处外城房产。据庚子之乱后大学堂总办工部郎中周暻上呈的奏折记载，官书局房屋在乱中损失较小，之后一直沿用。另一处房产是为了建设医学馆而拨用的通政司衙门，光绪二十四年（1898）七月，孙家鼐上呈奏折陈述医学学习之重要性，请求于京城设立医学馆，由大学堂兼管，并就房舍进行了筹划：

> 再医学一门所以保全生灵关系至重，古者九流之学医居其一，近来泰西各国尤重医学，都城皆有医院。现在农务矿务均已特派

---

[1] 萧超然、沙健孙、周承恩等：《北京大学校史1898—1949》，上海：上海教育出版社，1981年，第12页。
[2] 罗惇曧：《京师大学堂成立记》，选自舒新城编：《近代中国教育史料》（第一册），上海：社会科学技术文献出版社，2015年，第158—159页。

大员设立专门学堂，可否援例推广另设医学堂，考求中西医学，即归大学堂兼辖，如蒙俞允再由臣详拟办法请旨施行，谨附片具陈伏乞圣鉴。[1]

医学堂所需房屋查有现经裁撤通政司之衙门，可否仰恳天恩拨作医学堂，量加修改即可开办。[2]

7月24日，朝廷下旨设立医学馆。[3]通政司衙门设于明代，位于大明门西侧锦衣卫与太常寺之间，清初沿用，至光绪年间已废弃。[4]与公主府相似，此处闲置官房成为大学堂建设初期改造的首选。不过医学馆在庚子之乱中损毁严重，乱后未再使用。[5]其设置虽然短暂，但可以说开启了校史上医科设置之先河。

1902年张百熙长校，大学堂开始了乱后的重建。这一阶段，占据公主府校舍的主要为师范馆学生，但大学堂并非只有师范馆和较早分割出去的仕学馆。随着学堂机构设置的增加和大学分科的逐步施行，更多大学堂的附属机构陆续设立。在公主府校区之外，主事者努力在北京城内进行开拓，大学堂所属的分支机构及学生实则散布于整个老城当中。

伴随清末的教育改革，一些先前已有的学堂经改组后并入大学堂，有些在原址基础上改建校舍，有些另觅校址新建校园，在重建时期均作

---

[1]《协办大学士孙家鼐奏请设立医学堂片》，选自北京大学，中国第一历史档案馆编：《京师大学堂档案选编》，北京：北京大学出版社，2001年，第62页。
[2]《协办大学士孙家鼐奏陈医学堂办法并请赏拨衙署开办折》，选自北京大学，中国第一历史档案馆编：《京师大学堂档案选编》，北京：北京大学出版社，2001年，第62页。
[3]《戊戌变政期之新教育》，选自舒新城主编：《近代中国教育史料》（第一册），上海：社会科学技术文献出版社，2015年，第77页。
[4] 李孝聪：《城市职能建筑分布》，选自侯仁之主编：《北京城市历史地理》，北京：北京燕山出版社，2000年，第147页。
[5] "外务部丁韪良与大学堂关于官书局医学院的损失和洋教习的薪津应照发及大学堂与各处关于处理此事的来往咨文禀呈"（1900），北京大学档案馆档案，卷宗号JS 0000013。

为大学堂的分支机构而存在。光绪二十七年（1901）底，近代教育的先驱、曾主要致力于培养外语翻译人才的京师同文馆率先并入大学堂，[1] 改称翻译科。次年，由于公主府房屋不敷使用，大学堂另于南部东安门内北河沿购买民房一处，改建译学馆，将原翻译科迁入。译学馆先任命曾广铨为监督，后以朱启钤代之。[2] 朱启钤上任后，认为北河沿房地仍显狭隘，以民宅改建的讲堂及自修室也不合法式，于是在光绪二十九年（1903）六月再次奏请拨给现有房地迤北前御骡圈官地、迤南光禄寺官地房屋数所。在光禄寺一带，建成三层洋楼一处作为学生斋舍，包括宿舍及自修室等，原不合法式的自修室则拆去，改建理化讲堂。[3] 从地图上看，北河沿校舍的东面是皇城内的通惠河故道（今河道已不存，原址改为皇城根遗址公园），自北河沿校舍步行至公主府校舍约二里多地，彼此相距不算太远。

几篇难得的校友回忆可帮助我们简单了解译学馆的概况。如译学馆英文科毕业生陈诒先在1940年写作的《记译学馆》一文中记载：

> 京师译学馆继同文馆开办，校址在东华门内，当时仅办甲、乙、丙、丁、戊五级，即于宣统三年结束，归并北京大学，改为法律院。一向来，译学馆与北大学生均称同学。
>
> ……译学馆授课情形，为每晨六点兵式体操。一小时操毕。吃粥以后，为外国语言三点钟，午前授毕。十二点午饭，下午为普通课程，五点钟完毕。晚饭后自修二小时，九时后入寝。寝室分为仁义礼智信五斋。甲、乙两级学生住校，丙级半住校半走

---

[1] 成立于1862年。
[2] 《京师译学馆建置记》，《教育杂志》1905年第6期，第41页。
[3] "大学堂与内务府光禄寺等处关于奏准拨给官地的咨文"（1903），北京大学档案馆档案，全宗号JS0000042；官地位置参见《乾隆十五年清北京城街巷胡同图》，选自段柄仁主编：《北京胡同志》，北京：北京出版社，2007年；《京师译学馆校友录》，北京：京师译学馆，1925年，第5页。

读，丁、戊两级全为走读生……"[1]

图1-28 译学馆洋楼

译学馆命运不长，"1913年6月，译学馆停办。高等学堂改为预科后，迁入北河沿译学馆原址"[2]。北大预科源自清末，1904年，京师大学堂设预备科开始招生，1909年改为京师高等学堂，原设于西斋北部，"虽与本科同一地点，实则内部之组织完全独立"。[3]民国元年，京师大学堂改为国立北京大学，高等学堂也随之取消，改为北大自设预科，学制三年。1913年入学的预科新生成为北河沿校舍新的主人，这批学生日后出名者颇多，如傅斯年、顾颉刚、沈雁冰（茅盾）、张申府等。图1-28为老照片中所见的译学馆洋楼。

1914年《教育公报》上曾登载一则《北京大学预科周年概况报告》，其中提到北河沿校舍的相关信息："本预科于二年八月由北京大学分出，就前译学馆址稍加修葺，并无新建房屋，所有图书仪器标本

---

[1] 陈治先：《记译学馆》，选自陈平原，夏晓虹编：《北大旧事》，北京：北京大学出版社，2009年，第23页。

[2] 萧超然、沙健孙、周承恩等：《北京大学校史1898—1949》，北京：北京大学出版社，1988年，第45页。

[3] 徐崇钦：《八年回想》，选自陈平原，夏晓虹编：《北大旧事》，北京：北京力学出版社，2009年，第27页。

家具概由分科移来"[1]。另据李向群研究预科开办不久停办，法科迁入。[2]1917年刊行的《国立北京大学廿周年纪念册》中收有《国立北京大学法科全图》，结合前述信息，此时的法科所在的校园大体保持了译学馆之原貌，可由此一窥清末译学馆所在北河沿校园的平面形态：

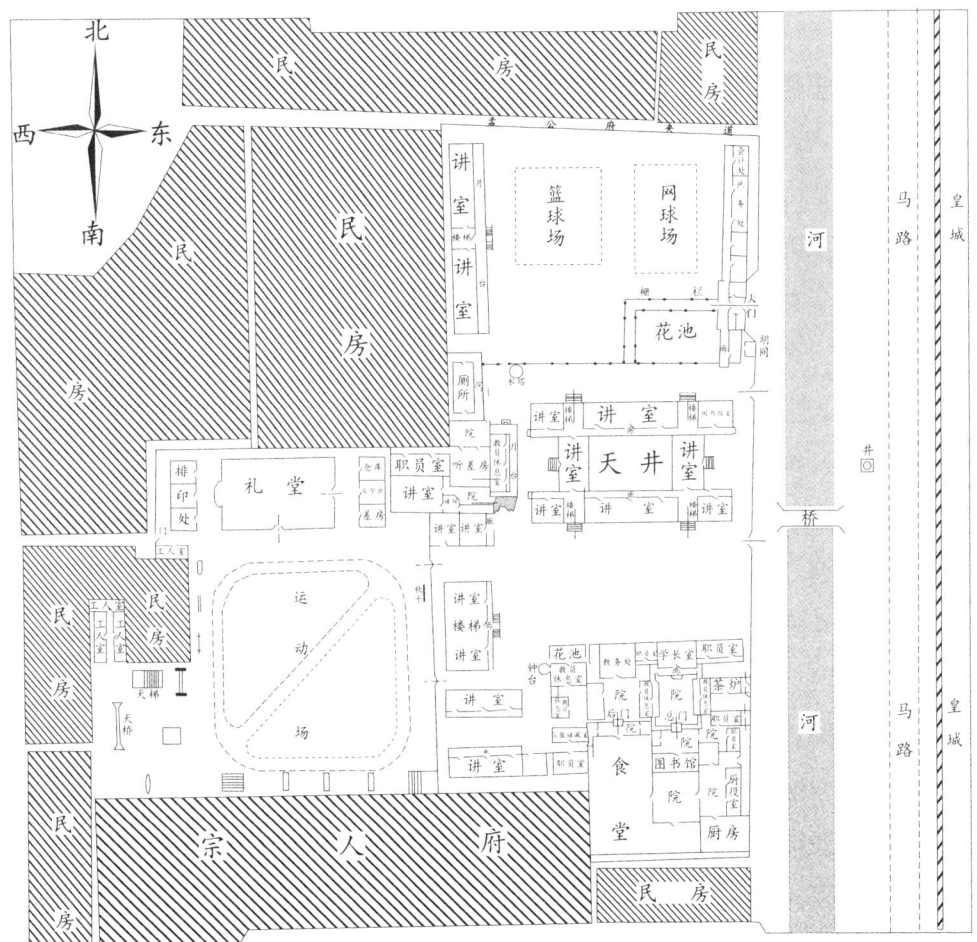

图1-29　清末民初北河沿校园概况

[1]　《教育公报》1914年第2期，第92页。
[2]　李向群：《老北大校园变迁回顾》，《北京大学教育评论》2005年S1期，第68页。

从图1-29中可以看到，新建的北河沿校园内同样辟有篮球场、网球场等新式校园空间，其风格偏西式。考虑到学堂校园一般均保持传统的中式民居、庙宇为主的景观，这批西式设计应该专为译学馆而新建，不同于公主府校舍主要利用原有建筑加以改建的情形。同时可以看到，图中校园四周为民房环绕，呈现学校景观和民房景观交错的局面。据档案记载，宣统元年（1909）大学堂曾收到译学馆添购房屋红契10张，[1]由此可知王朝末年大学堂与民间私宅的交易已开始出现，并通过官方流程得到确认。然而，由于观念、经济等因素的限制，官办大学堂对民宅的收买与征用范围还是有限，其建设主要依赖朝廷划拨，这种情况在主校区和译学馆的建设中均有所体现。

大学堂的设立带来教育管理体系的变化，除高等教育的同文馆迁入改办外，光绪二十八年（1902）正月，由八旗官学改办的八所高等小学堂也归入大学堂管辖。[2]光绪二十九年（1903）十一月，设立八旗学务处专管八旗小学堂事宜，八旗小学堂遂迁出。光绪三十二年（1906）八月，为了给即将毕业的师范生提供练习机会，大学堂复开办附属高等小学堂一处，奏调内务府三旗高等小学生入学肄业。关于清末大学堂附属高等小学堂的位置，目前所见史料中尚未见到明确的记载。

除已有学堂并入外，自光绪二十九年（1903）起，大学堂不断在北京城内添置房地，在公主府之外设立了新的分科馆舍。首先，重设医学馆，先前设于通政司衙门的医学馆在庚子之乱中损毁严重，乱后医科暂设于预备科艺科之下，以公主府为基址。光绪二十八年（1902）《钦定学堂章程》提出另设医学实业馆，次年三月，大学堂觅得地安门内太平街民房，以租赁的方式于此处开办医学实业馆。光绪三十一年（1905）四月，孙家鼐等人上奏请求将医学实业馆与施医局合并，改设医学馆，奏折中提到医学馆的迁移和建设问题，相关内容如下：

---

[1] "空白关防及关防留样"（1909），北京大学档案馆藏档案，档案号：JS 0000112。
[2] 《清实录》第五八册卷四九三，中华书局影印本，北京：中华书局，1985—1987年，第520页。

窃臣百熙于光绪二十九年三月初五日奏办医学实业馆，奉旨依议钦此钦遵在案。自是年五月开办至今将及两载，臣等督同该馆提调及中西教习认真教课，学生数十人尚能潜心向学，循序渐进。惟医学系实业专门之学，讲授之余必须临证治病以资实验。古之医者望闻问切四诊兼重，中学如是西学亦具此意。该馆学生肄业两年须加一二年实验之功方能毕业，欲资实业必兼施医。该馆开办之初，因无房舍暂租地安门内太平街民房，地方偏僻，屋宇无多，不便兼办施医，自宜择地建馆以次扩充。臣百熙与都察院左都御史陆润庠前奉懿旨办理京师施医局，其总局设在前门外后孙公园，地即适中，规模宏敞，该局东偏尚有余地一区，可建造医学馆。该建房屋三层，中屋洋式楼房一座以作讲堂斋舍，前后平房两座，以作治病办事等所。[1]

同年医学馆改建完毕迁入，此处地产一直使用至光绪三十三年（1907），其后医学馆独立成为专门学堂。此外，光绪三十年（1904）于西城太仆寺街李阁老胡同开办进士馆，关于进士馆房产记载较少，较大的可能是此处曾为明代大学士李东阳的宅邸，自其辞官回乡后逐渐破败，后经同乡整修设立祠堂，至清末闲置。[2]进士馆初设于光绪二十九年（1903）正月，后因公主府地方狭隘，于次年将仕学馆一并迁入此地。此处房产一直使用至光绪三十二年（1906）底，因光绪三十一年（1905）科举制度被废除，进士馆已无继续存在的必要，于是在次年学生毕业或派往国外留学后停办，校舍转由新开办的京师法政学堂接收使用。[3]光绪三十三年（1907）六月，大学堂开办附设博物品实习科，初

---

[1] 《学务大臣孙家鼐等奏请建医学馆堂舍并与施医总局合办折》，选自北京大学，中国第一历史档案馆编：《京师大学堂档案选编》，北京：北京大学出版社，2001年，第272页。
[2] 段柄仁主编：《北京胡同志》，北京：北京出版社，2007年，第253页。今址为力学小学。
[3] 《筹设京师法政学堂酌拟章程折》，《学部官报》1907年第14期。

以公主府内北楼地方开办简易科,宣统元年(1909)简易科学生毕业请奖,因为较中等实业学堂标准修业年限尚缺少一年,于是在十一月再次入堂肄业。由于此时公主府被用于开办分科大学,博物品实习科另租用后椅子胡同民房续办。[1]至此,前后与大学堂相关的城内房产已达20余处,除公主府主校区外,另分散在北京内外城中。如下图所示:

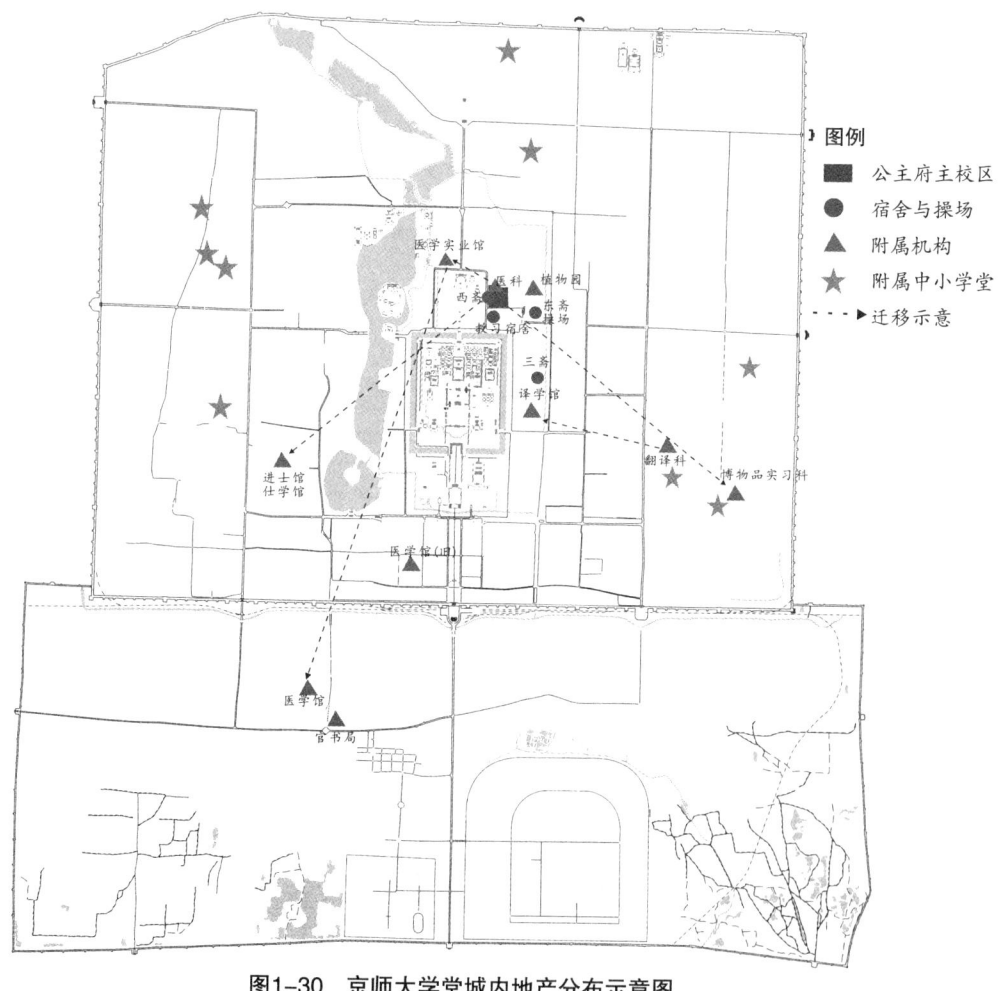

图1-30 京师大学堂城内地产分布示意图

---

[1] 《国立北京大学廿周年纪念册》,北京:北京大学廿周年纪念册编辑处,1917年,第104页。

表4为清末京师大学堂附属机构和分科馆舍的情况汇总：

表4 京师大学堂分支机构馆舍情况一览

分支机构	初设时间	迁入时间	迁入处所	获取方式	规模建置	备注
译学馆（原翻译科）	1901	1902	北河沿民宅、迤北御骡圈官地、迤南光禄寺官地房屋	先购买民宅，后划拨官产扩充	官地建三层洋楼为学生斋舍，民房改为理化讲堂	前身为京师同文馆
医学馆（原医科）	1898	1903、1905	地安门内太平街民房、前门外后孙公园	先租赁民房，后迁出与施医局合并	中屋洋式楼房一座为讲堂斋舍，前后平房两座为治病办事等所	1907年独立为专门学堂后迁出
进士馆	1903	1904	西城李阁老胡同李东阳故宅	划拨	未知	科举废除后于1906年停办，房产由法政学堂接收
博物品实习科	1907	1909	后椅子胡同民房	租赁	未知	短暂设置

清末大学堂的校园建设和地产开拓进一步带动了城市景观和社会文化的改变。在一个动荡的时代里，新式大学堂对帝都传统空间的改造与渗透也表现为不同的程度与形式。或由于形势急迫，或出自各方压力，大学堂对公主府主校区的改造相对保守，基本延续了旧有建筑的规模样式，但建筑的功能已发生改变。庚子乱后张百熙主政，对公主府校区的改造和对周围空间的开拓均有所发展，出现了风格不同的新式建筑，并利用民房、公地等空间添建了宿舍、操场等新式校园要素。而对译学馆等校区的建设则更为大胆，在朱启钤的领导下，老建筑被拆除，新校园落成。建于译学馆、施医局的这些洋楼式讲堂斋舍成为清朝末年北京城内具有代表性的新式景观建筑。空间与景观的改造同时带来了城市文化

的变迁，大学堂在清末可谓新式学堂文化产生与传播的中心，如时人记述：

> 新奇环伟之风气，诡异之服饰，潮涌于京师，且集于马神庙一隅。[1]

第三节　大学堂的城外地产

清末大学堂除了在城内艰难地开辟校园，在城外还同步进行着一些土地开发和建校的努力。正如划拨公主府时所计划的那样，大学堂一直没有放弃在城外另觅土地，建设完备校园的尝试。清朝末年，京师大学堂曾先后在城外开辟了3处不同的地产，并开展了不同程度的建设，部分建设成果以不同的形式保留至今，很值得关注。

一、瓦窑地产

清末京师大学堂的第一处城外地产是前文提到的京西瓦窑村、小屯村、郭家庄一带农地，其位置大约在今天卢沟桥宛平城以北地区，共计农田1300余亩，于1900—1902年间陆续购买。北大现存校史档案中完整地保留了此次购地的全部契约。[2]瓦窑一带新校园建设工程原计划于光绪二十九年（1903）八月开工，但遭到保守势力的反对，罗惇曧曾记述相关情况：

---

[1] 罗惇曧：《京师大学堂成立记》，选自舒新城编：《中国近代教育史料》（第一册），上海：社会科学技术文献出版社，2015年，第160页。
[2] "京师大学堂在京西购买土地之地契"，北京大学档案馆档案，卷宗号JS0000 126-138。

> 庚子后，一大新政，只有学务，乃以属百熙，有用人之柄，复掌财权。既杂用外吏，又薪俸厚，羡妒者多。诸人争以新学自帜，尤为旧人所恨，蜚语寖盛，荣禄、鹿传霖、瞿鸿禨在枢府，皆不善百熙所为，阻力纷起，百熙恒愤慨，时方购地一千三百亩于丰台，备建七科大学，后劾之者众，乃因陋就简，复葺马神庙大学，立师范、仕学两馆，非其初志也。[1]

张百熙既是乱后京师大学堂的管学大臣，同时也主持了近代学制的制定，他上任后对于京师大学堂的建设抱有很高的追求。其中既包括依现代学制在大学施行学科分科制度，也包括为实现该目标所需的校园实体建设。从上文叙述可见，庚子乱后重修公主府，实为当时的无奈之举。但伴随分科工作的展开，此时因生源增加所带来的空间压力已非公主府所能承受，因而乱后大学堂不得不在整个城市内寻觅场所，以分散的、逐一建设的形式组成整个校园。事实上，这种分散设置的形式在近代北京城高等学校中也并非罕见，诸多新式学堂不得不在古老的帝都内"拱出"一片片校园，成为当时城市中独特的风景。而老城内这种竞争的压力和局促的限制也使得大学堂历任主事者对于城外建校始终念念不忘，在后来的校园建设中，瓦窑地产曾再次被提议作为分科大学和农科大学的场所，但均未实现。光绪三十年（1904），清廷颁布《学务纲要》，首次从官方立场指出大学堂城内建设及分散布局的不足，相关内容如下：

> 京师大学堂本系以故宅改造，未能一一合法适用。且大学堂当备各分科大学及通儒院暨附属各馆所场院之用，需用实地甚广，必须同在相近之区，则照料考察既便，而各教员亦可通融

---

[1] 罗惇曧：《京师大学堂成立记》，选自舒新城编：《中国近代教育史料》（第一册），上海：社会科学技术文献出版社，2015年，第158—161页。

兼，且于经费所省实多。亟应另择宽广高爽之地，参照外国大学堂规制，分别先后以次建造，务合于学堂法式，便于实用。[1]

二、德外黄寺

图1-31　张亨嘉
（1847—1911）

光绪三十一年（1905），京师大学堂进行调整，其管理者由"管学大臣"降为"监督"，张亨嘉出任第一任总监督。新的主事者上任后，很快便将城外建校再一次提上日程。八月，张亨嘉上奏指出大学堂无地可扩，请依昔日张百熙办法于郊外建设分科大学，并提出瓦窑与德外两处地产可供选择：

今京师大学堂内分八科，需地甚广，臣遍查内城及南城以内均无此空旷合用之地。惟广宁门外瓦窑有地一所，又出德胜门数里外有地一所，广轮之数均合程度，正与论旨郊外择地及礼经在郊之说相符。瓦窑之地后来随时可以开拓，而德胜门外之地则西山诸泉下高梁河可引可潴，于农科种植为宜，应请饬下学务大臣派员履勘何地合用，徐图其宜。[2]

同年十二月，学务处上呈对两处地产的勘察结果，建议选择德外黄寺作为分科大学建设之所：

---

[1] 朱有瓛、高时良主编：《中国近代学制史料》（第二辑上），上海：华东师范大学出版社，1983—1993年，第96页。

[2] 《大学堂总监督张亨嘉奏报择得德外之地宜于建校片》，选自北京大学、中国第一历史档案馆编：《京师大学堂档案选编》，北京：北京大学出版社，2001年，第280页。

查德胜门外及瓦窑地方,均在郊外,必须俟禾稼收获之后丈量,始能明晰。旋于九十月间迭次派员前往分别丈量,勘得德胜门外旧有操场一大段,东西相距四百八十丈,南北相距四百一十四丈,比之瓦窑地方宽广几多一倍。此项操场向为武举会试操练弓马之地,武试试停,此地久归闲旷。臣等拟恳圣恩,将德胜门外操场地方赏给大学堂,先办四科,将来添设别科,亦有地可用。[1]

与瓦窑地产不同,德外旧操场属废弃官产,学务处奏报后,朝廷很快便将其划拨给大学堂使用。同年为分科大学建设设立工程处,聘请译学馆主事朱启钤为总办,日本人真水英夫为建筑技师,荒木清三参与设计,范源濂等人为测绘学员。德外黄寺官地由此成为大学堂的第二处城外地产。

依学制计划,分科大学自光绪三十一年(1905)开始建设,应于四年内完成,至1909年预科学生毕业后接收其入学。然而,工程的实际进展却十分缓慢。从1908年2月学部上呈的分科大学筹拨部款和请派官员赴日考察奏折中可见,分科大学建设至此时已历经三年,但仍

图1-32 分科大学建筑遗存
(位于今安德里北街21号西院内)

---

[1]《学务处奏复德外空地可建分科大学并请派朱启钤经理片》,选自北京大学、中国第一历史档案馆编:《京师大学堂档案选编》,北京:北京大学出版社,2001年,第291页。

处于准备阶段。[1] 1910年3月，真水英夫就商科、法政科建筑规划向工程处进行了汇报，[2]而此时已到了前述计划的预科学生毕业入学之年。1910年，学部无奈奏请于公主府暂时设立分科大学，待德外工程完成后再进行迁移。已然拥挤不堪的公主府再次成为应急之选，并于3月30日举行了分科大学开学典礼。次年武昌起义爆发，形势剧变，大学堂难以运转，于年底停办。分科大学建设自1910年开工以来，施工一年即停止，仅建成经科、文科部分房舍，学校从未迁入。图1-32为今日分科大学建筑遗存的照片，德外黄寺校园旧址现存有五栋楼房，于2006年被列为全国重点文物保护单位。

三、望海楼官地

在筹设分科大学过程中，另有望海楼地产一处，为建设农科大学的场所，是分科大学中唯一一处基本按照计划建设完成的地产。望海楼地产位于今天阜成门外翠微路附近，光绪三十四年（1908）由学务处奏请将其作为农科开办场所，奏折内容如下：

> 惟农科大学，应以附近林麓河渠之地为宜。该处[3]地势高旷，林泉缺乏，不甚合用。臣部复经咨由步军统领衙门派员履勘，查有阜成门外望海楼地方苇圹官地，约计十六七顷，南（北）甚狭，东西较长，若就其地势，开滩沟渠，堪为农事试验场地之用。附近民地，亦可设法购买，建筑农科大学。惟该地段

---

[1] 《学部奏分科大学开办经费按年筹拨部款折》，选自北京大学、中国第一历史档案馆编：《京师大学堂档案选编》，北京：北京大学出版社，2001年，第314页。
[2] 《日本技师真水英夫为绘图工作进展事至分科大学工程处函（日文）》，选自北京大学、中国第一历史档案馆编：《京师大学堂档案选编》，北京：北京大学出版社，2001年，第360页。
[3] 指德外旧操场。

系归奉宸苑收租，当经商明管理王大臣堪以拨归臣部应用。[1]

其后，朝廷将望海楼官地970亩划拨大学堂。1909年4月，罗振玉兼任京师大学堂农科监督，于当年5月到7月中旬赴日本东京，参观考察了札幌、驹场两所农科大学及农林实验室，回国后即向学部和京师大学堂报告，再次指出公主府校园不足支持农科建设："本某驸马旧府，地狭不敷用，予请于学部，奏拨西直门外钓鱼台地建新校，设试验场"[2]。于是朝廷又划拨望海楼以西与其相近的罗道庄官地一段，并于南部蔡公庄继续购地百余亩。1909年11月10日，京师大学堂给学部致公函：

> 顷准农科罗监督声称农科大学开办伊迩，除就马神庙大学堂先行上课并一面建筑新校外，查农科重在试验，第一年即有实习，现在工程师业已抵京，所有新购王姓菜园亟须派员分段测绘，计明亩数。又钓鱼台水地亦须早日接收定明界址，测绘精图以便会商工程师，予为建筑试验场暨修浚沟渠之布置等因，合肃转呈即祈大部迅赐办理。[3]

年底，农科大学新址选定，此后罗振玉"溽暑严寒，往返监视"。1910年3月，京师大学堂农科在公主府举行开学典礼。1911年秋天，京师大学堂农科大学新址正式落成，在不到两年的时间里建成了讲堂大楼、办事楼以及校门等一批建筑，其附近望海楼和京西瓦窑一带作为实验农场，农科于11月由马神庙迁出。

---

[1] 《学部奏分科大学开办经费按年筹拨部款折》，选自北京大学、中国第一历史档案馆编：《京师大学堂档案选编》，北京：北京大学出版社，2001年，第314页。

[2] 刘建平、华静、王玉斌：《中国现代农学的开创者——记京师大学堂农科大学首任监督罗振玉先生》，《中国农史》2015年第5期，第40页。

[3] 刘建平、华静、王玉斌：《中国现代农学的开创者——记京师大学堂农科大学首任监督罗振玉先生》，《中国农史》2015年第5期，第41页。

王步峥在《农大往事》中曾回忆农科大学优越的环境:

农科大学建在了农村,但又绝不是僻野。农科大学建在靠近文化中心首都北京的农村,这里有农田广阔、水旱兼备,农林牧渔之利,环境幽静,犹存古风,出作入息,得天独厚之佳境。[1]

图1-33 京师大学堂农科大学老校门

图1-34 中国农业大学西校区复建校门
(中国农业大学宋翠苓摄)

民国初年,农科先改为国立北京大学农科大学,后于1914年改为独立设置的北京农业专门学校,1945年才再次作为北京大学农学院重归北大。图1-33为昔日农科大学校门的照片,在今天中国农业大学西校区内有复建的校门,承载着古老的校史记忆。

图1-35为清末大学堂3处城外地产的分布情况,比较其与北京城的位置关系可以看到,望海楼地产最终得以成功建成农科大学,既受到时局、长校者等主观因素的影响,同时也与其距离内城较近,且靠近水源,及其他自然地理条件不无关系。

---

[1] 王步峥:《农大往事》,北京:中国农业大学出版社,2005年。

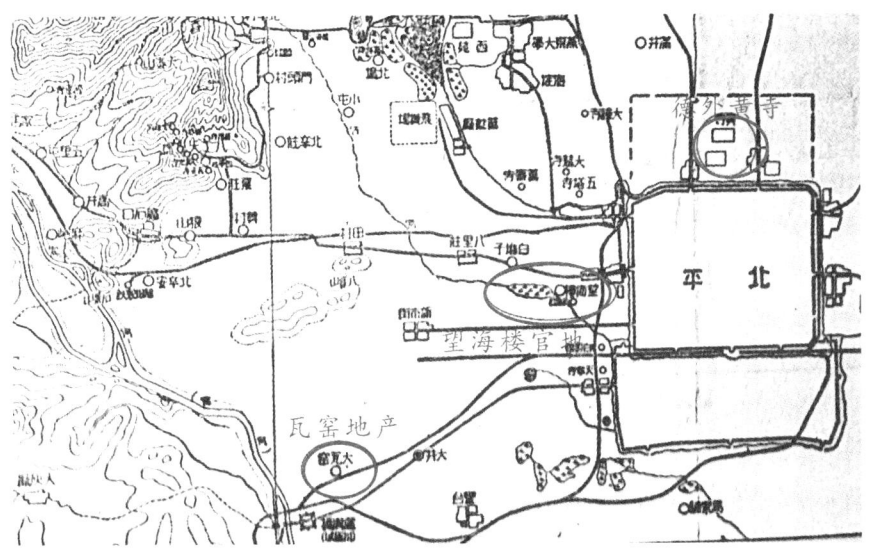

图1-35 清末大学堂城外地产分布及地形示意图[1]

京师大学堂恢复办学不到十年,湖北武昌的炮声便震撼了古老的北京城,一个崭新的时代即将到来。大学堂所亲历的晚清历次教育改革,与同时期施行的一系列新政一样,虽然对中国教育现代化的缓慢推进做出了重要贡献,却终究无力挽回它所依赖的清王朝覆亡的命运。所幸的是,清末大学堂城内城外的各项建设及诸般努力,多数得以保存,成为民国时期老北大校园建设的基础和新的起点。

---

[1] 此图底图截选自1946年燕京大学历史系绘图员舒化章绘制《北平西北郊地形图》,原图比例尺为1∶160000,参见岳升阳主编:《侯仁之与北京地图》,北京:北京科学技术出版社,2011年,第109页。

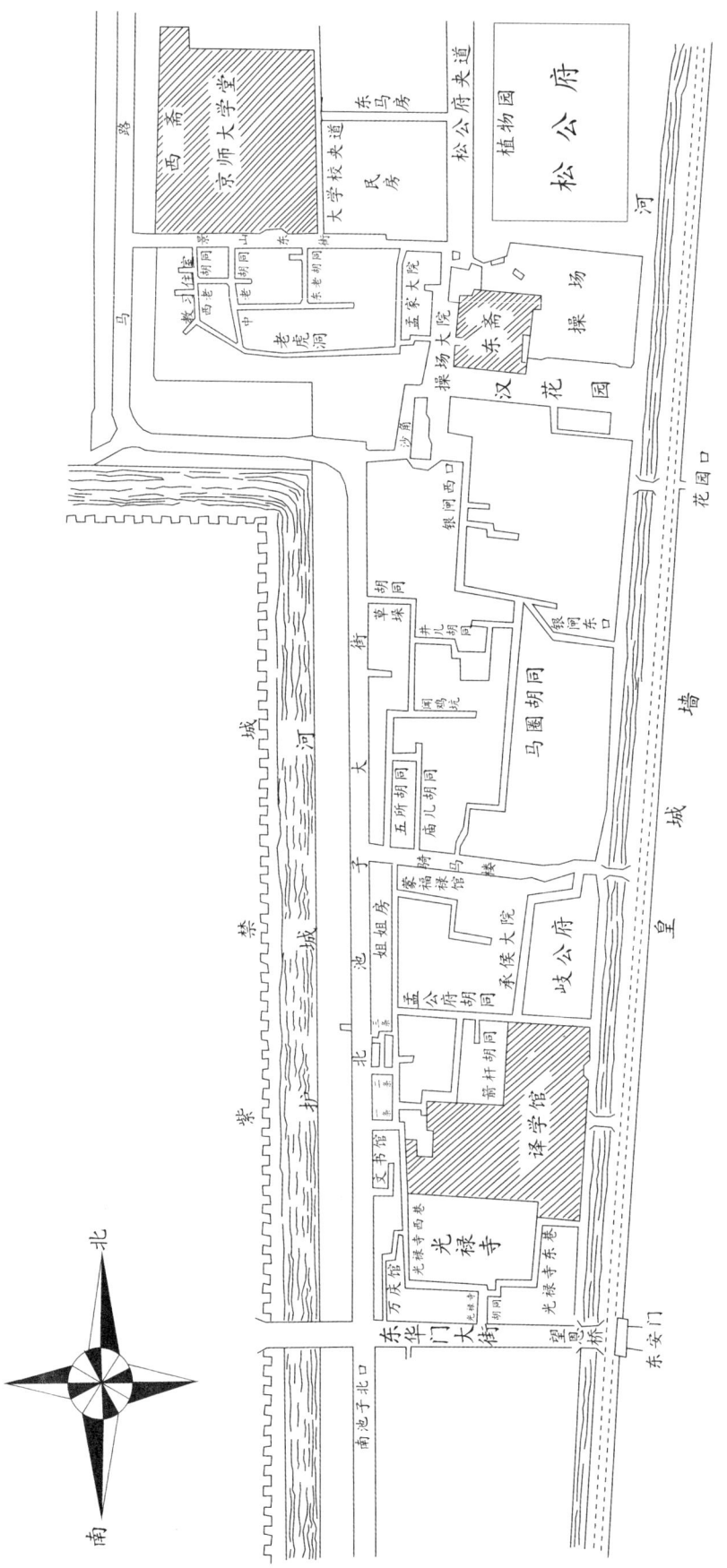

图1-36 清末京师大学堂主校区校园分布概况

第二章　格局初显——红楼与老北大

当今北京大学的校庆日是5月4日，这一天在中华人民共和国成立后也成为官方确认的青年节。这个特殊的日子，恰是为了纪念一百多年前的五四运动。人所共知，"五四"与老北大渊源颇深，这个豪情万丈的时期闪烁着青春的光芒，而北大的校园建设在历任校长的带领下也进入了其生机勃发的鼎革时期。

从"京师大学堂"到"国立北京大学"的转变，是在1912年完成的。此时，民国政府刚刚开始运作，新成立的教育部也在积极推进新教育制度的建立。曾因翻译《天演论》引领时代潮流、启蒙了一代中国人的严复，受命出任国立北京大学的首位校长。他的任期虽不长，却在北大校史上记下了浓重而光彩的一笔。如果不是他面对学校可能被裁撤的危机而坚决力保的态度，北大甚至有可能被扼杀在襁褓之中，就没有后来蔡元培的力挽狂澜，中国高等教育史也要被改写。然而，严复校长因与教育部矛盾难以调和，到任半年就辞职了。此后一连数年，外部环境动荡不安，校长如走马灯般频繁更迭，学生动不动也要掀起大小风潮，校园建设也由于地产接收不畅而基本停滞。1916年下半年，袁世凯已死，国内形势稍有好转。正在欧洲游学的中华民国第一任教育总长蔡元培，辗转接到了来自国内的一封电报。在范源濂等人的支持下，以"我不入地狱，谁入地狱"的气魄毅然回国，正式接管北京大学。

蔡校长上任后多方运作，1918年北京大学红楼落成，老北大的校园建设由此进入新的发展阶段。民国时期老北大校园建设的重心在规划和实际层面均转向城内，原以公主府为中心的空间布局有所改变，初步形成了三院五斋的校园格局。此后老北大校园在此基础上发展，虽陆续有新建筑的添建和格局上的调整，但基本没有脱离以一、二、三院为校园核心和建设重心的局面。此外，民国时期以"五斋"为代表的老北大宿舍也得到较大程度的发展，校方和学生们对此均给予了相当的重视，不仅各个时期均有用于住宿的大型校园建筑落成，校园周边用于出租的民房以及公寓等也有所发展，构成了民国时期校园生活的独特之处。以此为契机，老北大还提出划定并建设大学区域的计划，一方面对校外寄宿舍进行统一管理，更重要的是由大学主导区域内建设，民房、商铺等建筑的功能、风格应与大学相协调。北京大学区最终的落实程度虽然有限，但从中不难看出，大学对周边区域的控制力在逐步增强，校园建设的整体目标从在城外建设开阔的校园向在城内建设统一的大学区域转变。

  本章将对民初至20世纪30年代以前老北大的建设情况进行梳理、复原，特别是红楼的建设与影响，以及蔡元培校长长校时期老北大校园的发展状况。当然，这一时期，老北大的城外建校计划并未完全搁置。如在20世纪20年代，胡适曾推荐亨利·墨菲为北大在西山设计新校园。几十年后，北大最终迁至西山脚下的燕园。

第一节　校园空间的继承与改造

一、民初校址接收情况

  民国成立后，京师大学堂改为北京大学校。校址方面，大学堂原有的校园和房舍多由清廷划拨，同时包括部分购买和租用私人宅邸与民房的情况。民国初年，这些土地与房产或转由北京大学接管，或转作他用，在空间职能和所属权方面发生了一些变化。具体来讲，可分为如下几种情况：

①沿用成为北大房产。北京大学成立后，正在使用的校园主体部分房产基本得以沿用，如清廷划拨或借拨的马神庙公主府、沙滩汉花园官地、北河沿部分官地，以及由大学堂购买的北河沿民宅等，到民国后均正式成为北京大学所属的房产；原租用的八旗先贤祠及中老胡同民房继续以租用的形式作为北大宿舍使用。一些房产沿用后，在功能上有所调整，空间布局及建筑情况也发生了变化，具体将在后文介绍。

②沿用后脱离北大发展。如望海楼官地在民初得以沿用，原大学堂农科自公主府迁至此处，成为城外地产中唯一按规划建设完成的分科馆舍。1914年2月，北京大学农科改组为独立的国立北京农业专门学校，至此原大学堂师范科、医学馆、农科均脱离北大成为独立的高等学校。[1]

③主动停用。一些大学堂原有机构至民国时期不再设置，相应的房产脱离北大管辖，功能也发生了改变。此类房产以租用的民房居多，如原博物品实习科、官书局房舍等。

④被迫停用。这种情况以德外分科大学地产为代表。民国成立后，尚未建成的分科大学校区未能如其他房产一样划归北大使用，北洋政府成立教育部后，由其负责接收了分科大学的未完工程及所属房地。[2]1914年底，北大因学生人数增加无处容纳，向教育部呈请恢复德外分科大学建设，建议先完成经、文两科校舍和宿舍，之后即令北大迁入。但此请并未获得批准。次年，北洋政府陆军部拱卫军自行占领德外分科大学地产，改为练兵场使用，教育部无奈，只得将分科大学房地产

---

[1] 《国立北京大学沿革述略》，选自国立北京大学卅一周年纪念宣传股：《北京大学卅一周年纪念刊》，1929年，第4页。

[2] "教育部接修清末建筑京师分科大学未完工程有关文册"，中国第二历史档案馆档案，全宗号1057-291。由于第二历史档案馆正在进行档案的数字化工作，尚未见到此档案详细内容，具体情况有待日后补充。

正式售予陆军部转为军用。[1]

经过民国初年的调整，北大于城外建校的尝试以失败告终，城内空间则进一步向公主府校园收缩。在地产归属的变化之外，北大对其学科设置也进行了调整：1912年将经科归并文科，暂设经学一门；1913年6月停办译学馆，改以该馆舍设置法科；1917年工科并入天津北洋大学，停办商科，公主府校区仅留文、理两科。[2]截至1917年，北大相关的地产及使用情况如表1所示：

表1　1917年北京大学所属地产及设置概况

地产	产权形式	设置情况
马神庙公主府	所有权	文科、理科、宿舍
汉花园	所有权	操场、宿舍
北河沿	所有权	法科
八旗先贤祠	使用权	宿舍
中老胡同民房	使用权	宿舍
松公府部分	使用权	植物园

1917年，为了纪念二十周年校庆，北京大学编辑并发行了《国立北京大学廿周年纪念册》。这是老北大第一份正式刊行的纪念册，也是对于清末民初老北大校园状况进行记载的宝贵史料。其中记载了1917年工科归入北洋大学以前，公主府及北河沿校园房屋改建的相关情况，从较小的尺度反映了此时北大校园的发展状况：

> 民国三年就前预科仓库屋址改建工科冶金室一所，四年就工

---

[1] "教育部关于公府模范团拨用分科大学房间、材料及拱卫军强占土地作练兵场交涉文件"，中国第二历史档案馆档案，全宗号1057-295。
[2] 《国立北京大学沿革述略》，选自国立北京大学卅一周年纪念宣传股：《北京大学卅一周年纪念刊》，1929，第4页。

字楼房地址改建新式大楼一座，原为工科设备，现时理工两科合用此楼分作三层，第一层计屋十一间：理工科教室用五间，理工科图书室用二间，理工科教室用三间，工科仪器室用一间；第二层计屋九间：理科教室用一间，理科实验室用二间，理工科图书室用二间，工科矿石室用二间，工科教员预备室用二间；第三层本系就屋顶空余之处加造一层，不成房间，形式嗣用木板格作三，理科化学用品存储室用一间，杂务课存储室用一间，存储校具用一间。又就缮印外屋址改建冶金室一所未用。五年改建大门及平房一所。六年七月法科添建北院西面二层楼大讲堂一座，上下共四间。[1]

图2-1　《国立北京大学廿周年纪念册》中的理工科教室

[1]　《国立北京大学廿周年纪念册》，北京：北京大学廿周年纪念册编辑处，1917年，第9页。

更为难得的是，该纪念册中还包含了民初老北大校园及周边的多幅校舍建筑平面图，均由工科二年级土木门第二测量队绘制。其中，公主府校园在1917年以前供文、理、工三科使用，北河沿校园主要供法科使用，将这两幅平面图结合前面的文字描述，可以比较清晰地反映沙滩红楼启用前老北大校舍的分配和使用情况。此外，公主府校园中一些重要建筑以及北河沿校园大部分校舍今天已基本拆除，要想重温旧梦，更离不开这些地图的导引。

民国初期的几年，公主府校区仍然是北大真正的核心区域，所以前述的一切均萦绕在这片狭小的天地里。除继承公主府校园清末主要建筑外，民初这里还新建了几座教学楼，并对原有的功能区域进行了一定的调整。原公主府中路和东路此时作为主要的教学区，新建教学楼中比较有代表性的是1915年利用教育部出售德外分科大学建筑材料款项，就南北楼基址改建的大楼，因供工科实验教学使用，在校区平面图上标注为"工科大楼"。工科大楼于1916年建成，仿欧洲古典砖木结构，红瓦坡顶，南立面正中向南凸出，一层设有门廊。1917年工科并入北洋大学后，工科大楼成为地质系的实验室和办公室，30年代后主要作为生物馆使用。50年代，工科大楼成为人民教育出版社办公楼，与"高教楼"相对，改称"人教楼"。社长叶圣陶的办公室即设于一楼西南角。工科大楼今日形制大改，作为韬奋基金会办公之所。公主府进大门后的篱笆和杂屋改建为一座倒U型大楼，在围合的门内空地挖出一个圆形花池。倒U型大楼内主要是理科实验室和教室，大概能满足多个理科院系的需要。公主府的正殿既是文科最大的教室，还是举行名流讲演的大礼堂。原先做过藏书楼和祭孔殿的寝殿被改为理科教室和实验室，原来用作藏书楼的梳妆楼继续作为图书馆使用。这些建筑在民初的使用功能都相对清晰。

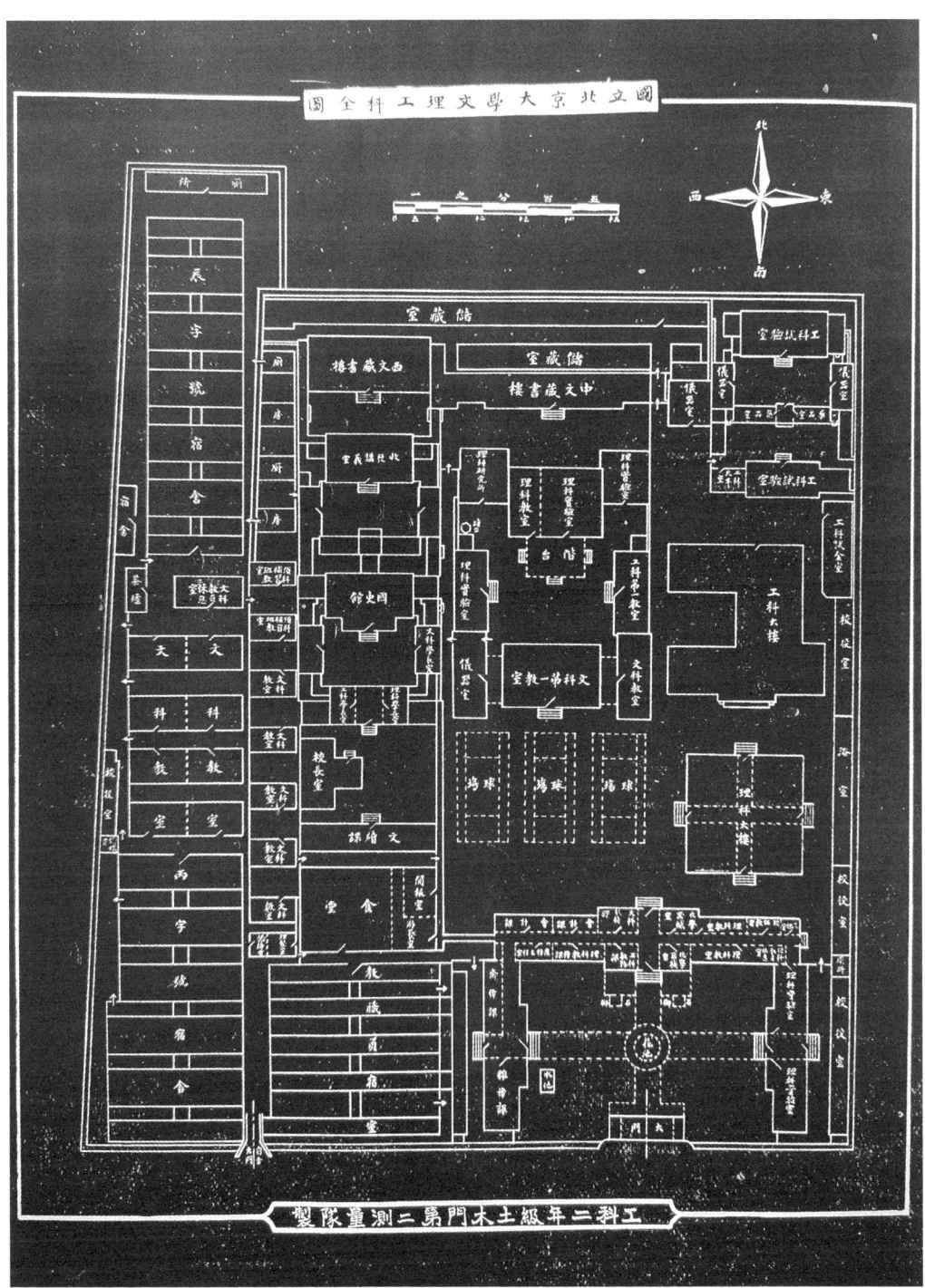

图2-2 国立北京大学文理工科全图

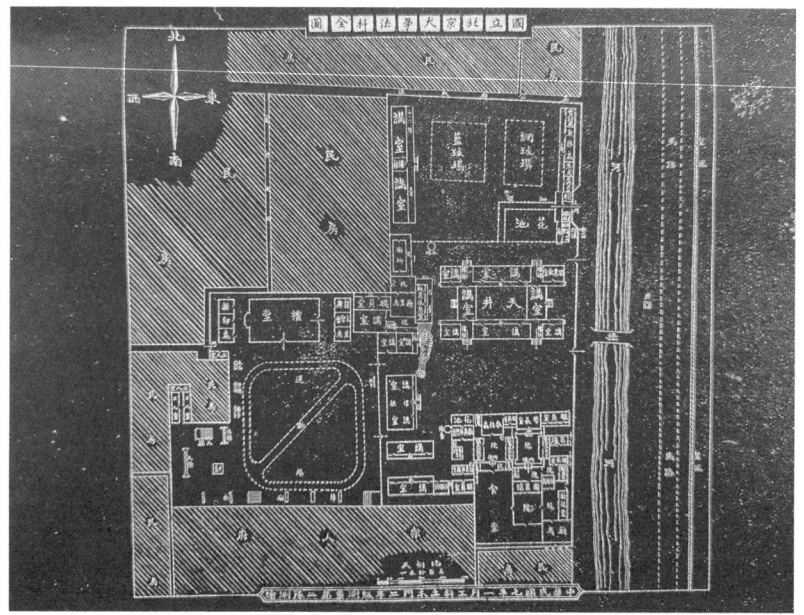

图2-3　国立北京大学法科全图

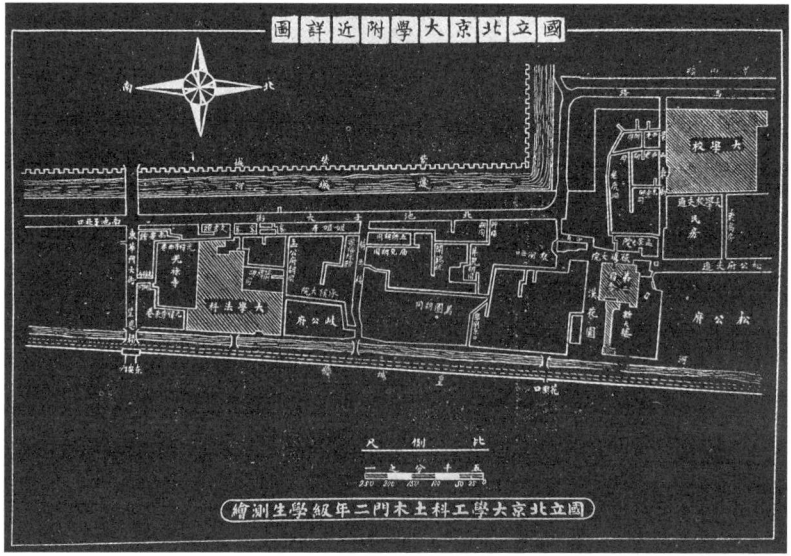

图2-4　国立北京大学附近详图

图2-5 工科大楼

图2-6 图书馆

图2-7 图书馆中文书库

图2-8 图书馆洋文书库

图2-9 80年代改建后的原工科大楼

图2-10 原工科大楼现状

在西斋和公主府中路建筑之间的原西路建筑，成为校园行政中心之所在。从图2-2中可以看到，校长室设在西路偏南部，为一座新建的坐西朝东的凸字形建筑；其北侧是工科、理科学长室，另有一处文科学长室设在后一进院的右厢房内。1917年初，蔡元培力邀陈独秀加盟，两位是北京大学与席卷全国的新文化运动紧密结合的领航者，起初就在这片并不宽敞的院落里工作、谈话、共谋大业。那时有个"卯字号"，是西斋进门后东边的几间平房，1917年用作文科教员预备室，巧的是，其中颇有名的几位教员的属相都是"卯兔"，比如陈独秀、朱希祖、胡适、刘半农。卯字号平房在红楼建成后改作校医室，有一段时间还做过女生宿舍。[1]

图2-11　公主府校园中的校长室

西斋也不再是纯粹意义上的学生宿舍，中间四排被改造成了文科教室。甬道右侧也有五间面积偏小的文科教室，以及两间预科教室。[2]之

---

[1] 参见钟叔河编：《周作人散文全集13：1958—1966》，桂林：广西师范大学出版社，2009年，第529—539页。
[2] 预科设立时间早于大学堂改制，故1913年预科迁入北河沿校舍前很可能就在西斋北部上课。

所以如此改造，主要还是因为这一时期伴随学生人数增长所带来的空间压力，教室、宿舍均不敷使用，也正是由于这种日益紧迫的空间压力，进一步带动了蔡元培长校后北京大学的标志性建筑——红楼的建设。

下图为纪念册中收录的一些老校园景观：

图2-12　公主府校园大门

图2-13　国立北京大学前院摄影

图2-14　体操场

二、红楼的建设与变化

红楼的建设始于1916年，其建设初衷是为了解决学生住宿拥挤问题而筹建的预科宿舍。1912年，北京大学重新开学，据当年《教育杂志》记载："学生到者百余人，职教员数十人。"[1]1913年春季起，北大开始在全国范围内招收新生，学生数目增长迅速。据李金光研究："1914年，在校学生已近千人，1915年，又增至1300余人。"[2]教室宿舍都出现拥挤情形。1914年11月，北大向教育部递交呈文，请求恢复德外分科大学校舍建筑工程，但一直没有得到批复。次年教育部将德外房地出售，北大自清末起于城外建校的尝试至此彻底失败。此后，随着学生的不断增加，北大空间紧张的情形愈发严重，西斋部分房舍被改作教室，房舍建筑的分配显得捉襟见肘。面对宿舍严重不足的问题，校方遂决定在其他已有地产中添建新的宿舍。

1916年9月，北大校方向比利时仪品公司借款20万元，预备在汉花园操场上建筑新的宿舍楼一处："据云可造房屋三百余间，约容一千三百人。"北大计划以每年所收1300名学生的住宿费归还比国借款，分20年还清。据记载，此项工程的行政审批流程如下：

> 由教育部提出，国务会议通过，教育部批准，财政部盖印证明，并知照审计院。仪品公司存法文合同一份，地契一份，部批一份；比使馆存法文合同一份；外交部存中文合同底稿一份；北京大学存法文合同、中文合同底稿各一份。

借款合同于1916年9月签字，第一次付款日期定为工程竣工之日，

---

[1]《大学校开学志闻》，《教育杂志》1912年第4卷第4期，第26页。
[2] 李金光：《北大红楼的建造与用途变更考》，选自郭俊英主编：《北大红楼历史沿革考论》，北京：文物出版社，2012年，第172页。

合同中规定以汉花园地产作为借款担保:

> 借款人应将产业契交于贷款人，担保品如下：（一）北京大学操场；（二）新建预科寄宿舍（仪品公司工程师监造酬金定为工程费总额百分之五）；（三）在本合同有效期内，上言地上所造别种建筑物。
>
> 借款人不守合同时，贷款人得随意处分担保品。
>
> 借款人清还全数借款后，应收回产业契。[1]

从合同内容可以看出，仪品公司除作为贷款人外，同时负有监督与审核工程建设的职责，寄宿舍具体建设工程及内部电灯和卫生设备安置等均由中法实业公司负责。工程于1916年10月中旬开工，计划于1917年8月完工。但由于开工一个月后发现地基深处有古池塘两处，建筑基址被迫迁移。1916年12月4日，仪品公司将图样改画，9日交于北大及包工方，因改迁延误工程不能如期完工，经商定后于1917年9月先行移交四分之三已完成部分，于次年8月移交全部工程。除电灯及卫生设备外，寄宿舍之热气管由义善实业公司装置。在寄宿舍之外另建房屋两处，由中法实业公司包办，并向中法实业公司借款15000元，建分科讲堂一处。于1917年1月签订借款合同，自工程完工后分三年还清借款。分科讲堂工程由恒聚木厂包办。由于汉花园地下池塘问题，北大另向北侧松公府租用土地8亩建筑分科讲堂，"于一万五千元中提取四千元作租地费"。[2]汉花园工程以合同为基准，分不同部分渐次展开。1918年8月，寄宿舍工程全部完工交付，但被改作教学楼正式使用。这便是后来老北大的标志性建筑——著名的红楼。

红楼的建设方法在当时具有一定的创新性。以地产作为抵押来借款

---

[1] 夏元瑮：《新建筑记》，《北京大学日刊》第19号，1917年12月7日。
[2] 夏元瑮：《新建筑记》，《北京大学日刊》第19号，1917年12月7日。

的方式早在民国初年已有先例，当时为解决北大的教育经费问题，代校长马相伯曾与比国银行商借贷款40万法郎，约定以学校地产作为抵押，但遭到北大学生以"盗卖校产"为名而群起反对，只得作罢，马相伯于年底被迫辞职。红楼建设再次启动贷款途径，以建筑和地皮作为抵押，贷款用于建筑本身。工程中每项建设分别签订合同，合同中就借款数目、抵押项目、建设与偿还方式、完工日期等进行了明确规定，各项建设有序且有所依据地进行，基本按照计划完工。

红楼落成后，不仅为城市景观带来了新的气象，更成为老北大校园新的中心。红楼坐北朝南，为砖木结构，整体建筑呈"工"字型，地上四层，地下一层，大楼通体由红砖砌成，因而得名。建成后的红楼以其显著的西式风格和庞大的建筑规模成为民国时期北京城内最引人注目的建筑之一，据称与六国饭店并列当时最高的两栋建筑。1917年8月建筑初步落成后，北大于次年在《北京大学日刊》中发表公告，声明将原计划作为学生宿舍的红楼改作教学楼使用：

> 本校因谋实事上之便利，拟将新建斋舍改作文科教室及研究所、图书馆与其它机关之用。[1]

图2-15 《国立北京大学廿周年纪念册》中的红楼

图2-15为北大纪念册中的红楼照片，此时红楼仍计划作为宿舍使用，在宿舍及校园周边平面图（图2-16）中，均标注了新宿舍的位置：

---

[1] 《新斋舍之用途》，《北京大学日刊》第98号，1918年3月12日。

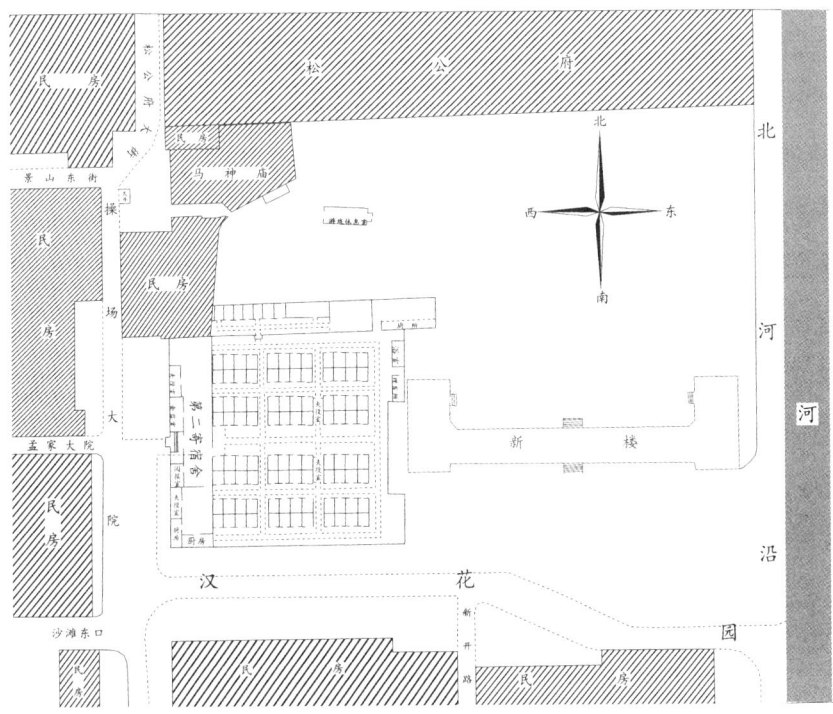

图2-16 第二宿舍新楼全图（根据纪念刊中平面图改绘）

图2-17 《国立北京大学卅一周年纪念刊》中的红楼侧面

图2-18　今日之红楼

图2-19　红楼侧面

红楼的建成，令原本只有孤零零一个东斋宿舍和一片开阔操场的沙滩地区从此加入了老北大核心校区的行列，而且后来居上，于1920年拿到了"国立北京大学第一院"的尊名。公主府、北河沿校区则分别称为"第二院"和"第三院"。一院主要作为文科的教学办公场所，二院留给理科，三院成为法科所在地。

1918年10月，红楼张开臂膀迎接文科办公机构迁入。更重要的是，学校的行政办公机构以及图书馆也同步搬了进来。校长蔡元培、文科学长陈独秀、图书馆主任李大钊齐聚红楼，再加上年仅27岁刚刚回国一年的青年教师胡适，新文化运动的核心阵容赫然在此。这座传奇建筑自诞生之日起，便奠定了在中国教育史、思想文化史上至关重要的地位，成为蔡元培主持下校园面貌焕然一新的醒目标志。对于飘散到世界各地的老北大学子而言，每当忆及梦中的母校，首先想到便是那"飞雪"的红楼。

五四时期的红楼，一层主要是图书馆。"从红楼建成后使用情况来看，一层房间的布局是变化最大的，主要原因是由于一层作为图书馆，其中阅览室需要较大的空间，所以只能将原图'均匀的单间'变成宽阔的大间。"[1]东南角的两间办公室由图书馆主任李大钊使用，《新青年》同仁常常在这里聚会，学生们也喜欢来这里交流思想，"讨论各种新的思潮"，"探讨中国的出路，寻找救国拯民的方法"[2]。毛泽东在这一时期曾以助理员的身份在北大图书馆工作了半年，其主要任务就是"每天到沙滩红楼一层西头靠南的三十一号第二阅览室（日报阅览室），登记新到报刊和来阅览人的姓名，管理十五种中外文报纸"。[3]此外，五四时期最重要的学生社团之一"新潮社"也受到了李大钊的特

---

[1] 郭俊英主编：《北大红楼历史沿革考论》，北京：文物出版社，2012年，第174页。
[2] 陶希圣：《北京大学预科》，选自陈平原、夏晓虹编：《北大旧事》，北京：北京大学出版社，2009年，第153—154页。
[3] 萧超然、沙健孙、周承恩等：《北京大学校史1898—1949》，上海：上海教育出版社，1981年，第85页。

别资助——红楼一层东北角一间原属于图书馆的房间被拨给新潮社,作为开会和活动的场地。

蔡元培办公的校长室和陈独秀办公的文科学长室都设于红楼二层,位于中部南侧,两间屋子几乎相邻。蔡元培是五四时期的北大校长,几乎每一个与北大结缘的人都会视他为精神领袖,是北大"永远的校长",其"思想自由、兼容并包"的理念至今仍影响深远、广为传诵。而被蔡元培"三顾茅庐"亲自邀请来的文科学长陈独秀,同样是五四时期北大的风云人物。在蔡元培支持下,他主持了文科的改革,还将主办的刊物《新青年》迁京,"使得革命家的理想与勇气,得到学问家的性情及学识的滋养"[1]。《新青年》就像一段历史的中心舞台,吸引了诸多思想活跃、观念前卫的读书人纷纷登场。

在二楼中部靠北、文科学长室斜对面有一间《北京大学日刊》编辑处,创刊于1917年11月的《北京大学日刊》是北大最早的校办刊物之一,也是中国第一家高校校报,主要登载北大的各学科课目、设施、规章制度和集会通知等,同时发表一些国内外学者的演讲、著述及学术界的重要通信。《北京大学日刊》不仅翔实地记载了老北大每天发生的事件,同时成为老北大各项改革的重要发声渠道,是后人研究老北大校史及各方面建设的重要媒介。

红楼的三层和四层"是北大文预科及本科各门教室所在地和国文、哲学、英文三部研究所所在地",其中值得注意的是三大部门研究所最早即选址于此,"这是中国现代大学研究所最早的雏形"。[2]更改用途后,红楼内原有的三间房屋打通并为一间做教室使用,前门内为讲台、黑板,后门由学生进出。据记载,红楼教室空间宽敞,"里面坐上四十多位同学仍显得十分宽敞"[3]。

---

[1] 陈平原:《学问家与舆论家——老北大的故事之三》,《读书》1997年第11期,第115页。
[2] 郭俊英主编:《北大红楼历史沿革考论》,北京:文物出版社,2012年,第40页。
[3] 肖东发、李云、沈弘主编:《风骨:从京师大学堂到老北大》,北京:北京大学出版社,2014年,第81页。

理科学长夏元瑮先生之像

文科学长陈独秀先生之像

工科学长温宗禹先生之像

法科学长王建祖先生之像

庶务主任李辛白先生之像

图书馆主任李大钊先生之像

图2-20 《国立北京大学廿周年纪念册》中各科学长照片

《新斋舍有浴室》　　　　　《新斋舍之用途》

图2-21　《北京大学日刊》中有关红楼建设的新闻[1]

地下层当时主要是印刷厂，印刷平时用的讲义、考卷及校办刊物等。

由于最初按照学生宿舍设计，红楼地上四层及地下一层都预留有沐浴室。"1919年3月底，学校考虑到学校教职员众多，校舍附近又没有廉价清洁的浴室，决定将红楼五层十浴室全部开放。"浴室平时每天下午2—7点开放，周日的开放时间提早到上午10点。[2]在北大开始招收女

---

[1] 《新斋舍有浴室》，《北京大学日刊》1918年第81期；《新斋舍之用途》，《北京大学日刊》1918年第89期。
[2] 郭俊英主编：《北大红楼历史沿革考论》，北京：文物出版社，2012年，第41页。

生之后,自1921年11月起,学校特地辟三层东侧浴室为女生浴室,开放时间为上午10点到下午6点。[1]浴室的设立,大大方便了教职员工和学生的生活,也留下了一些很有意思的轶事。"一二·九"运动时期,便有这样一例,据朱穆之(北大外语系,1933级)回忆:

> 在红楼,理学院的同学在进门的楼梯下站岗。胡适夹着皮包走来,斥责同学说:"这是爱国?简直是胡闹!"同学们也毫不示弱地说:"这就是爱国,你才是胡闹呢!"胡适一看不对头,回头就上楼去了,一面走,一面说:"真是对牛弹琴。"同学们大声地说:"你才是牛。"
>
> 过了很久,好不容易有一个同学夹着一个包走来,站岗的周院长立即走上前去,招呼他快来上课。那同学笑嘻嘻地说:"我是来洗澡的。"大家哈哈大笑,弄得那位院长十分尴尬。结果,因为同学顶撞了胡适,在红楼站岗的十二位同学,受到挂牌警告的处分。[2]

可是,一座已经改为教学楼和办公楼的建筑,同时设置浴室,终归是一件不大合理的事,而且对师生人身安全构成了潜在的威胁。1920年初,红楼就出现了墙壁裂缝,地板与墙体多处分离;该年11月,一阵大风刮裂了屋顶部分木制的支架,四层教室顶棚塌陷;1924年1月,红楼浴室失火,幸亏未造成太大损失。[3]1924年11月,红楼西北角厕所又出现了塌陷。[4]楼内的问题不小,楼外的基建计划也没能落实:1920年,校方原本还有在红楼南边开挖游泳池一处的打算,但后来由于游泳池地

---

[1] 郭俊英主编:《北大红楼历史沿革考论》,北京:文物出版社,2012年,第125页。
[2] 朱穆之:《记忆残片——忆"一二九"时的北大》,选自陈平原、夏晓虹主编:《北大旧事》,北京:北京大学出版社,2009年,第115页。
[3] 郭俊英主编:《北大红楼历史沿革考论》,北京:文物出版社,2012年,第140页。
[4] 郭俊英主编:《北大红楼历史沿革考论》,北京:文物出版社,2012年,第69—70页。

图2-22　《国立北京大学卅一周年纪念刊》中的主校区大门

基不稳，不胜水压，难以投入使用。[1]

红楼建成后，在东侧邻近原皇城通惠河一面，新建围墙，并开东便门。在西侧，同样设侧门一处，可通向马神庙校舍。

第二节　校园改造与校园格局

一、主校区的改造与发展

在红楼建设的带动下，老北大校园建设的重心进一步向城内转移，校园主体部分的连通性有所加强。由于红楼建设带动了老北大各院系的

---

[1] 郭俊英主编：《北大红楼历史沿革考论》，北京：文物出版社，2012年，第69页。

重新布局,各处主校园内的空间设置也随之有所调整。

红楼建成后分流了文科,二院(理学院)校园中校舍的人均使用面积顿时增加,不过还是显得比较杂乱。改变这一局面的是著名地质学家李四光。据校史记载:"李四光来校后,见北大理科的校舍和设备都极差,他向学校提出自己兼庶务主任,负责修整校舍,把一个破旧的大殿改修成一个大讲堂。他还和颜任光一起负责理学院的建设,他们自己设计改建工程,亲自和工人一起动手磨地砖。"[1]大礼堂南边"原来是一片空地,作为网球场使用,后因久未清理,布满了杂草"。"李四光先生1923年在担任二院庶务主任期间,亲自带领学生,丈量面积,绘图设计,对大讲堂前的院子进行科学而艺术的改造,荷花池因此而生。以池中石台为中心,周围还有几条放射状的小路,分别通向大门、教室、大

图2-23 北大第二院荷花池与景山

---

[1] 萧超然、沙健孙、周承恩等:《北京大学校史1898—1949》,上海:上海教育出版社,1981年,第302—303页。事实上,文理法学院是1931年以后成立的,此时应称作理科。

讲堂等处,全用碎石铺砌,两边栽种冬青和刺柏,池边坐椅之间的小路上还用碎石铺砌了'沧海桑田''格物致知'等成语。"[1]在1917年版校舍平面图上,原公主府正殿南面的确标注着"球场"字样,且三块球场场地形状与"网球场"的描述正相吻合。李四光是"海归",原在英国留学,大概对英国大学的校园之规划齐整、洁净典雅留下了深刻印象,在地质学本业之外又在园林景观设计方面有一定的悟性,才会看不惯北大校园之杂乱而自告奋勇下手整顿。事实上,他的整顿工作收到了极好的效果,后来的公主府校园中最具标志性的景观莫过于荷花池及其中央的日晷(现放置在北京大学赛克勒考古与艺术博物馆前),受到了摄影师们的一致钟爱,亦多见于校史照片当中。

图2-24 大讲堂与荷花池

---

[1] 杜家贵主编:《北大红楼:永远的丰碑(1898—1952)》,北京:社会科学文献出版社,2012年,第269页。

图2-25 今存放于北京大学校内的日晷
（北京大学校友贺鹏摄）

图2-26 北大第二院及西斋全景

对于三院布局及景观的复原，主要来自前文提到的1917年《国立北京大学法科全图》及少量老照片的记录。客观地说，民国时期北河沿校区为分担校舍压力出力甚大，却显得十分低调，历来的回忆都不太描述这里的建筑形制、布局等细节，这也让试图还原当时场景的后代考证者面临着不小的困难。老照片里出现最多的是三院的二层拱券门楼，外表呈典型的西洋式，左右对称，一层有两扇雕花窗，二层则是三扇拱形窗。自译学馆时期起，它就作为大门使用。从平面图上来看，三院内最重要的几栋建筑物基本都是西式二层洋楼，如尖形塔状的钟楼、中部的工字楼、北部的一字楼、西部的方形大礼堂等校舍建筑。结合照片来看，其风格均为西式。

其中，三院大礼堂是当时全北大面积最大的礼堂，经常用于举办各类活动。而它最光荣的历史，和五四运动有着直接关系：1919年5月3日晚，全校学生大会在此召开，学生们情绪激动地控诉帝国主义的无耻嘴脸，法科学生谢绍敏咬破中指、撕下衣襟血书"还我青岛"四个大字一事尤其给人留下深刻印象，成为后来五四叙事的经典场景。原本计划的游行是要在因袁世凯签"二十一条"而定的"国耻日"5月7日进行，但开会之时，学生们已按捺不住，决议将游行提前至次日即5月4日进行。若非如此，历史上就不会有一场永存史册的五四运动了。

此外，前文已提到，三院内有大片的运动场，以及大门内的一块篮球场、一块网球场，故常常有一院、二院的学生前来锻炼。[1]1923年11月，新成立不久的文科研究所国学门迁入三院的工字楼，是这一时期校园建筑功能调整的一项重要变化。[2]

图2-27 三院拱券门楼

---

[1] 肖东发、李云、沈弘主编：《风骨：从京师大学堂到老北大》，北京：北京大学出版社，2014年，第126页。

[2] 杜家贵主编：《北大红楼：永远的丰碑（1898—1952）》，北京：社会科学文献出版社，2012年，第138页。

图2-28 三院校园全貌

图2-29 三院内国学研究所

图2-30 三院内古物陈列所

除三院外，由于红楼所在占用了原来的操场，遂另以红楼建设过程中租用的八亩松公府空地及原有的植物园土地改建新的操场。1919年5月4日上午11时左右，正是在这里，北大学生集合排队，之后出校，举行游行活动。[1]据校友回忆：

> 1919年的5月4日，是个星期天。
>
> 那时候，北大的红楼后面还没有灰楼，是一片空场，大家就在那里集合排队。临出发前，蔡先生在出口那里挡了一下，说有什么问题，他可以代表同学们向政府提出要求。不过，同学们不肯，他也就让开。同学们的队伍走出了学校，沿北池子大街向天安门行进。队伍前面，举着一副白布对联，跟挽联一样：
>
> "卖国求荣，早知曹瞒遗种碑无字；
>
> 倾心媚外，不期章惇余孽死有头。"[2]

几天后，因运动被捕的学生获释回校，受到包括蔡元培校长在内的广大师生的热烈欢迎，地点同样在这块新建的操场。可以说，在老北大，操场这一空间要素所承载的文化意义早已超越了纯粹的运动场，

图2-31 "三一八"遇难三烈士纪念碑

---

[1] 杜家贵主编：《北大红楼：永远的丰碑（1898—1952）》，北京：社会科学文献出版社，2012年，第217页。

[2] 杨晦：《五四运动与北京大学》，选自陈平原、夏晓虹编：《北大旧事》，北京：北京大学出版社，2009年，第44页。

这也为20多年后它被正式定名为"民主广场"而成为学生运动的中心，打下了坚实的基础。

二、寄宿舍与北京大学区

如前所述，修建红楼最初是为了解决老北大宿舍不敷使用的问题。建成后红楼改作他用，初建时期所筹划的200多间学生宿舍不再作为宿舍使用，这意味着住宿紧张的问题仍未得到解决。西斋、东斋均为平房，容纳不了多少人。靠近北河沿校舍的三斋，建在原八旗先贤祠旧址上，主要供预科学生使用。红楼转作他用后，为了继续解决寄宿舍的问题，老北大对主校区的建筑使用与分配情况进行了调整，同时新建了部分宿舍：1918年红楼建成后，原北河沿法科学生集中到红楼上课，三院内部分教学楼被改为宿舍，与其北侧的老三斋对应称为新三斋，又称"第三院宿舍"。此外，于松公府后椅子胡同建有宿舍称四斋，现有资料中，极少有人提及四斋生活的细节，只有一张老照片证明它是中式庭院格局，大概此处居住的人数很少。到1923年以后，四斋之名才不时出现在《北京大学日刊》上，但该宿舍于1927年合组京师大学校过程中被停用。国民政府时期另建了新四斋宿舍（灰楼），与原来的老四斋相区别。

图2-32　老三斋

1920年，蔡元培在北大首开女禁，于二院和西斋之间建成五斋宿舍，五斋被誉为"中国第一所女大学生宿舍"，北大从此实现了男女同校。五斋设有大门，从公主府校区的平面图上大致可以推知，其所在位置，就在原公主府西路最南侧。这里在1917年前乃是五排教职员宿舍，按照周作人的描述，1917年这里改为文科教员室，但使用时间很短，随后就闲置了，正好腾出给女生居住。五斋后来在国民政府初期迁至松公府附近。

北洋政府时期，伴随着校舍的修建和调整，老北大在城内初步形成了"三院五斋"的空间格局。在红楼建设的带动下，北大主校区的位置和地位已完全稳固，不过其分散化的特征仍然明显。此时城外建校已基本没有可能，为了替代无法在城外建设的统一校区并对现有区域加强管理，1918年，北大校方召开评议会，提出划定并建设大学区域。关于建设大学区域的原因，《北京大学日刊》刊载的提议中列举了如下四点理由：

1.造成良好之地方，以为他处之模范。
2.使学生行动于良好之空气中，以养成其高尚之精神。
3.使教职员学生等，居住于同一区域，感情必日见融洽，并可于课外多得切磋琢磨之益。
4.举办地方公益事业，以应学校及住房生活上之所必须。[1]

从以上叙述可以看出，计划中的大学区域具有示范性质，区域内既有相对集中的各北大相关机构，同时又有生活其内的普通居民，各项事务由北大及警察机构共同管理，北大同时肩负着建设和维持区域内公共事业的职责。建设方面，议案提出首先划定一定地段作为"北京大学

---

[1]《北京大学日刊》第47号，1918年1月16日；《北京大学日刊》第48号，1918年1月17日。

区",其后"请警厅通知区内住房,凡有房屋出赁者,应先尽大学承赁,俾本校教职员得渐次移居区内"。由此可见,这个北京大学区的规划可以说是统一校区的一种过渡形态,同时表现出大学城、现代社区的一些特征。在该提案的末尾,标有"评议会决议施行"的批注及陈独秀、沈尹默等提议者名单,关于北京大学区是否最终划定并施行,在所查资料中尚未见到明确的记载。但从提案规划的内容可知,北洋政府时期对大学发展的设想体现出一定的现代性,大学的空间建设与其所处的区域被视为互为关联的两个部分,大学与周边社会的关系较之清末的隔绝状态,表现出一定程度的融合与发展。

同时,从规定民房优先由北大租用这一要求可以看出,这一时期北大通过官方征用房地的愿望相当迫切,校方主持建设或租用的五处寄宿舍仍无法满足学生和教职员工的住宿需求。事实上,北洋时期在北大周边还存在着很多学生自赁的宿舍。据记载,学生于校外租赁宿舍并非完全属于私人行为,很多情况下校方也参与其中。具体来讲,可分为三种情况:第一种是由学校出名租赁,派有斋长进行管理者;第二种是学生自行组合租赁,常用居住,并不移动者;第三种是由包租人出名租赁后转租学生者。[1]前两种租赁宿舍相对稳定,第三种则具有较强的变动性。1918年,北大上呈教育部,要求制订专门法规,对学生自赁宿舍进行管理,一方面提出由校方对校外宿舍进行监管,另一方面要求附近住户进行配合。呈文相关内容如下:

> 窃查本校学生人数众多,往往有在外自赁宿舍之事,察其流弊有三大端:一屋小人众,有妨卫生;二高抬宿费及膳费;三纵容学生为不规则之消遣。查欧美各国对于学生自赁宿舍,有由学校干涉之例,今仿其意,拟定办法五条,恳请钧部转行京师警察

---

[1]《取缔学生公寓办法》,《北京大学日刊》第88号,1918年3月11日。

厅通告本校附近住户一体知照，实为公便。[1]

其后教育部回应北大要求，命中一区等警察署对区内学生自赁宿舍进行整顿，随时与学校斋务课进行接洽，将第三类包租人出租之宿舍改为旅店性质，于牌匾中书写某校学生公寓字样，且不再接收非学生入住。北大将上述教育部规定及本校学生自赁宿舍办法五条登载于当时的《北京大学日刊》当中。自此以后，学生自赁宿舍虽在校园之外，但需向学校斋务课进行登记汇报，商人将民房租与学校及学生后，也需接受北大的管理。

民国时期北大对于自赁寄宿舍的整顿是一项具有代表意义的活动。将其与清末大学堂和周边民房的关系进行比较，可发现几点有趣的变化。首先，此时学校周围的民房不再像王朝时期那样独立于大学之外，而是将大学的存在与其自身建筑功能的发展联系在一起，民房开始围绕大学发展出相应的社会和商业职能。在自赁宿舍附近，广泛分布于沙滩地区并融入老北大人的生活，因而颇受关注的各类饭馆店铺，亦是这一情况的典型代表。在大学校园周边，校园文化与市民文化相互交织，彼此感受却有不同。从居民的认知来讲，已将自己与大学密切地联系起来。而从大学视角来看，情况比较复杂。一方面由于自身空间的限制，北大不得不对周围的民房进行利用，并通过规划或法规等行政办法，令其变得便利。但另一方面，北大在其建设过程中，又始终在自身与民房之间划出一道界限。这一情形显示，大学的控制力正向更大的范围扩展，并注意防范居民区的影响。总之，这一时期北大围绕主校区周围进行的各类建设，最终目标仍是建设统一而集中的大学校区。

---

[1] 《呈教育部拟定学生自赁宿舍办法文》，《北京大学日刊》第43号，1918年1月11日。

三、分支机构的发展

除宿舍以外,北洋时期北大还新建了一些附属建筑。1926年6月,于二院内东南部建煤气厂,当时的《晨报》中对其设置原因和建设过程进行了报道:

> 北大虽因经济困难,教务进行,各部设备,仍不稍懈。该校化学物理二系,因感煤气机对于各种实习,有设置必要,特由主任王星拱、颜任光设法向英国(Fibt Blakeley)公司购来煤气机一架,于去年三月到京,接续装修,至现时始见落成。统计运费关税房屋建筑以及各项费用,共约二万余元。[1]

图2-33 煤气厂

1922年,以西老胡同18号房舍设置音乐传习所一处,音乐传习所同样在后来合组京师大学校时被撤销。[2]《北京大学卅一周年纪念刊》中总结了北洋时期北大三院五斋的空间建设成果,简单记述了在合校风潮中的发展和保存状况,相关内容如下:

---

[1] 《北大煤气厂落成共用二万余元》,《晨报》1926年6月29日,第6版。
[2] "北京大学附设音乐传习所简章、招男女生广告和直隶妇女职业传习所高等刺绣班同学录"(1922),北京市档案馆档案,全宗号J004-001-01657。

该校校舍原有三院五斋及音乐传习所房屋共九所，刘哲时代，将第四斋及音乐传习所取消，现所有者，只三院四斋。第一院在操场大院，内设文科各系，体育部图书部出版部学生军风雨操场及各种球坪亦设于此。第二院在景山东街，内设理科各系，大讲堂宴会厅煤气厂校医室以及注册部会计收发文书等课暨各种议会室办公室附焉。第三院在北河沿，内设社会科学各系及国学门，且有大礼堂及网球场。三院相距之最远距离约一里许。第一寄宿舍（西斋）毗连第二院，可容四百人，第二寄宿舍（东斋）立于第一院之旁，可容二百余人，第三寄宿舍（三斋）接近第三院，可容百余人，第五寄宿舍（五斋）近迁至第一院附近之松公府，可容数十人。各斋另设有阅览室球房。[1]

图2-34是以20世纪30年代北大附近地图为底图，标注1927年合校风潮开始以前老北大三院五斋及部分机构的分布情况。从图中可以看出，这一时期老北大的校园主体部分与景山和故宫相邻而建，三处主校区相距不远，特别是北部一、二院及宿舍部分相对集中。同时，与同时期城外的大学相比，地处老城的北大校园仍显得十分局促。

---

[1] 《北大概况》，选自国立北京大学卅一周年纪念宣传股：《国立北京大学卅一周年纪念刊》，1929年，第11页。

上 篇 校园空间发展过程

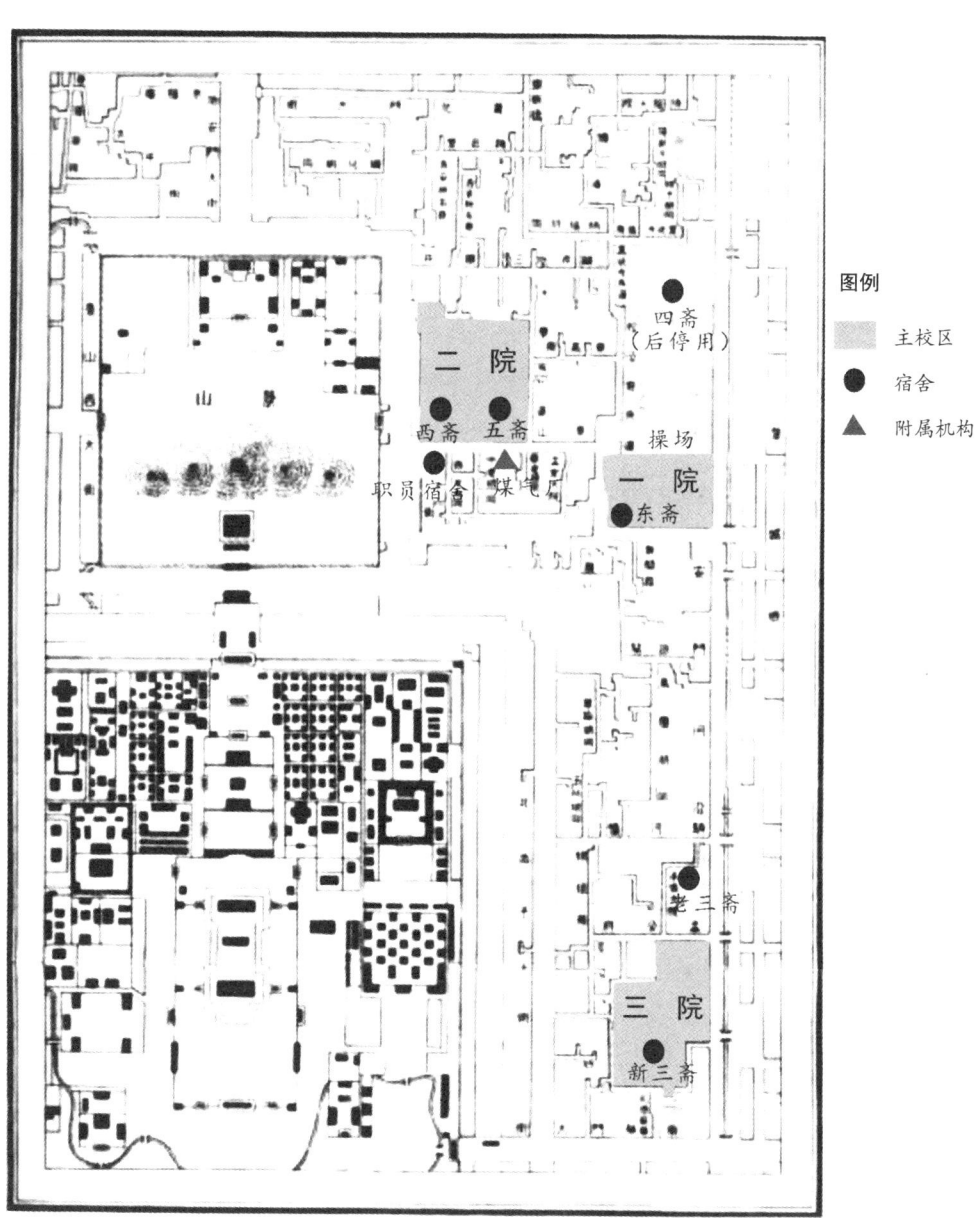

图2-34 北洋时期老北大"三院五斋"空间格局示意图

图2-35 五斋

图2-36 五斋内景

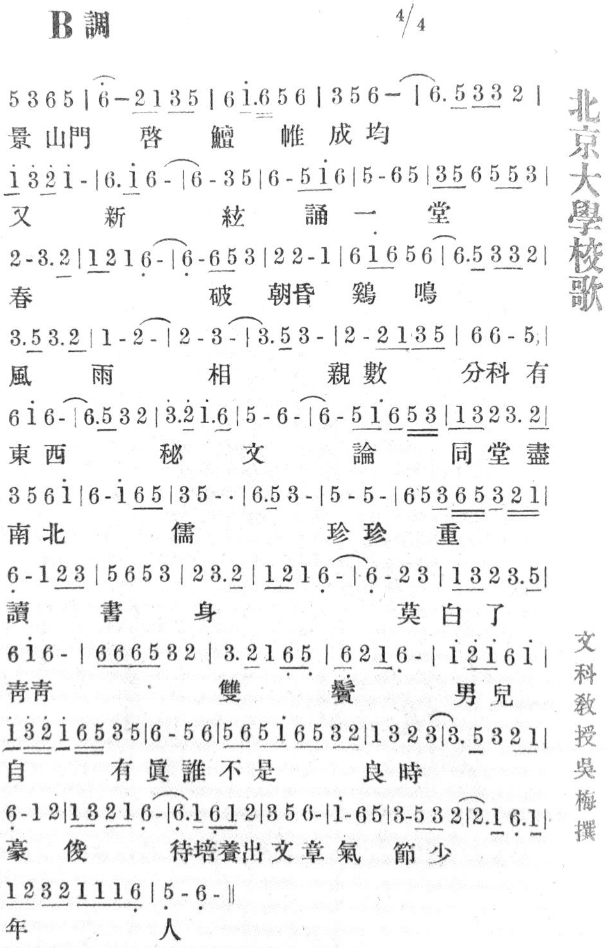

图2-37 老北大校歌

第三节　西山新校园设计

北洋政府时期，伴随红楼的落成及使用，老北大校园发展与规划的重心可以说较之清末进一步向城内转移，但这并不意味着校方完全放弃了城外建校的想法与尝试。目前鲜为人知的是，就在红楼投入使用后不久的20年代初，校方曾进行过一场有关在京郊西山一带建立新校园的设计活动，并取得了一定的规划成果。[1]虽然与清末相似，这场城外的校园规划最终未能落实，但对于老北大的校园建设历史而言仍具有一定的意义。

蔡元培校长上任后，讲求兼容并包，很多北大师生开始参与到对于校园的建设谋划当中。江勇振在《舍我其谁：胡适（第二部）》一书中利用"胡适外文档案"中的相关材料，[2]披露了1919年12月底到1920年之间，胡适与美国建筑师亨利·墨菲（Henry Killam Murphy，1877—

图2-38　胡适
（1891—1962）

图2-39　亨利·墨菲
（1877—1954）

---

[1] 李丰耀：《为什么老北大没有一个高大上的校园》，《澎湃新闻·私家历史》2018年5月4日。

[2] 主要参见Henry Murphy，"Program of Requirements for New Buildings at the Western Hills, Outside the City of Peking, for the National University of China"，转选自江勇振：《舍我其谁：胡适（第二部）》，台北：联经出版事业股份有限公司，2013年。

1954）就北大在西山建设新校址的计划所进行的商讨，可谓弥足珍贵。[1]1919年12月下旬，胡适陪伴美国学者也是他在哥伦比亚大学的导师杜威（John Dewey，1859—1952）到济南演讲。24日，在从北京到济南的火车上，杜威遇到了墨菲并把他引荐给胡适，墨菲随即介绍了自己当时在中国设计的大学建筑作品。胡适表示北大亟须加盖新校舍，他会向蔡元培建议聘请墨菲来担任设计。根据墨菲的谈话备忘录，北大当时为了应对校舍紧张的矛盾，分别提出了长短期两项计划，长期计划就是搬到西山，短期计划是十年内在沙滩一带继续扩建以应时需。

根据短期计划，北大打算在一年内兴建两栋大楼：一栋是图书馆兼行政大楼，位于红楼的东北角；另一栋是体育馆兼大礼堂，位于红楼的西北角。图书馆兼行政大楼落成以后，红楼将恢复为原先所规划的学生寄宿舍。这样，由这三栋建筑围成了一个三合院，中间是大操场。两栋新建筑应为西式，以便和红楼的西洋建筑风格保持协调。两栋新规划的大楼都是身兼两职，说明北大当时面临着土地和经费的双重困难。

规划中的图书馆兼行政大楼有3层，要求第二层有能容纳30万册（当时北大拥有17万册）藏书的书库，容纳400名学生的阅览室，以及容纳100名学生的期刊阅览室。至于所用建筑材料，北大希望能够从简，因为北大预计只会使用这座楼约10年。因为按照设想，西山新校区建筑计划大概需要10年完成，在迁入新校区以后，老校址将改为预科使用。

规划中的体育馆兼大礼堂要容纳2000人，包括回廊上的座位。计划采用活动座椅，平时没有集会时，座椅全部收到地下储藏室里，空下来的场地就作为运动场。礼堂的一边设有戏台，一方面可以作为毕业典礼的场地，另一方面，配上升降屏幕再加上化妆室，又可以作为演戏的场所。厨房设在地下室，除了可以利用礼堂举办大型的宴席，地下室将附

---

[1] 江勇振，《舍我其谁：胡适（第二部）》，台北：联经出版事业股份有限公司，2013年，第107—111页。

设一个可容纳100人的教授餐厅。地下室还设有一个撞球间，备有四个撞球台，另外还有教授写作间。

作为长期发展计划，西山新校址预定占地60英亩，约合364亩。这个面积显然不够大，只是能把原来分散的三院聚到一处，但并不能解决制约学校长远发展的空间用地问题。墨菲向蔡元培等人说，他刚为燕京大学设计规划的校园是100英亩，学生还不到3000名，如果北大最终会有8000名学生，至少要有200英亩的校地。200英亩约合1200亩地，虽然远远超过了沙滩狭小的空间，但也不算太大，与清末购置的瓦窑村1300亩地产、清廷划拨的黄寺旧操场1600亩地相比，仍有不小差距。

关于新校址的建筑风格，考虑到西山一带三山五园的历史风貌，墨菲与北大的几位决策者都同意新校园应为中式，建筑群由一连串的长方形庭院连接起来，每座建筑不超过三层。由于西山山腰有一些优美的喇嘛寺，北大在西山的建筑必须与之调和，墨菲说蒋梦麟将会寄一些喇嘛寺建筑的图片供他参考。庞大的建设计划将分期进行，主要建筑包括图书馆、行政大楼、大礼堂、露天剧场、博物馆、教室、实验室、学生宿舍、食堂、医务室、体育馆、教师宿舍，以及女生设施——宿舍、食堂、健身房与操场等。

只可惜，20年代国内时局动荡，学校连起码的教员薪水都一再拖欠，军阀混战不止，教育经费被挪用充当军费更是家常便饭。最终，北大的西山新校址这一宏伟的建设计划像一阵轻风飘散了。

第三章　校园拓建——30年代主校区的发展

20年代后半期的时局不断恶化，特别是"三一八"惨案后，人心惶惶，北大学人大批南下。1927—1928年，张作霖政府控制北京，新教育总长刘哲上任，面对着当时北京城内国立高校设置问题引起的关注和争议，遂提出合并国立九校计划。1927年，奉系军阀成立京师大学校，1928年，国民政府试行大学院与大学区制度，将京师大学校改组为北平大学。北大是20年代末被合并改组的高校之一，1927年组建京师大学校过程中，原设于红楼北部后椅子胡同的四斋被停用，后改作北平戏剧学校，北大三院五斋的校园格局受到影响，一、二、三院被并入北平大学改称北平大学北大学院文学院、理学院、法学院，虽校址未变，但由于北大一度面临解体的危险而引发了师生们激烈的反弹，教学活动及相关建设均陷入停滞。

所幸大学区制度持续的时间并不太长，大学区试验因遭各方反对而草草收场。1929年6月，经过北大等国立高校的不断抗争，国民党二中全会决议停止大学院与大学区制度，北平大学区于同年7月停止，8月北大宣告重新独立。

本章即在这一时代背景下出发，主要介绍1931—1937年期间老北大的校园建设，这也是北大在学术上、校舍规模上取得长足进步的重要时期。1930年12月4日，南京国民政府成立以后的第一任教育部长蒋梦麟因卷入派系纷争而辞职，出长北大。蒋梦麟是个老北大，在蔡元培校长时代他曾三度代理北大校长，可谓是蔡校长的得力干将。此时的北大刚从大学区风潮的并校危机中独立出来，元气大伤，恰好给了蒋梦麟一个大显身手的机会。上任后不久,他便提出了中兴北大计划,重新调整文、理、法学院的布局,并改研究所为研究院。就校园建设而言,蒋梦麟更是功勋卓著,买下松公府、建成三大新建筑,沙滩一院的建设迎来了飞跃式发展。在住宿条件改善方面,蒋梦麟也做了大量工作,像三大建筑之一的灰楼便是专门的学生宿舍楼,它的建成弥补了此前红楼未能兑现宿舍使用功能的缺失。外部环境基本稳定,使得蒋梦麟治下的北大能花费更多精力在校园建设方面。

第一节 三大建筑的建设

20世纪30年代,老北大所属马神庙一院和北河沿三院两处校舍已基本定型,只有沙滩校区还有扩充的空间。这一时期,北大买下松公府,这样一来,大操场以北的大片区域就被纳入北大校园范围。在胡适等人的努力下,北大获得了中华教育文化基金会的合作研究特款资助,以此为基础开展了三大建筑的建设工程。其中的两大建筑——地质馆和灰楼宿舍都是由梁思成、林徽因设计的,是他们早期的建筑作品。三大建筑中最西边的地质馆,严格说来已不在沙滩校区的范围内,而是隔到了松公府夹道以西,介于沙滩、马神庙两大校区之间。中间靠近沙滩西校门的是图书馆。校园东北部、大操场以北方向则为灰楼宿舍。"形式自由、造型简洁、注重功能、经济合理,采用尽量没有装饰或少量装饰为特点的现代主义建筑形式",是这一时期三大建筑共同的特质,反映的是梁思成认可的一种"在当时国际上也刚开始流行"的实用主义新思潮。[1]这一批代表性新建筑的出现,使得老北大校园中西合璧的特征更加明显。本节将首先对这些重要的建设进行叙述。

[1] 李向群:《老北大校园变迁回顾》,《北京大学教育评论》2005年S1期,第71页。

一、购买松公府

30年代老北大的校园建设始自校方对松公府的收购，使校园建设的基础得以扩充。松公府前身为乾隆年间一等忠勇公傅恒府邸。傅恒，全名富察·傅恒，满洲镶黄旗人，乾隆朝名将、重臣，他的姐姐是乾隆的孝贤纯皇后，他本人督师指挥了大小金川之役、平息准噶尔部叛乱、缅甸作战等重要战役，授一等忠勇公、领班军机大臣加太子太保、保和殿大学士，是一位不可多得的文武全才，深受乾隆皇帝的器重。由于"一等忠勇公"的爵位是可以世袭的，所以傅恒过世后爵位由其次子福隆安承袭，之后又由福隆安这支的后人丰绅济伦、富勒浑凝珠、庆兴、果齐逊承袭。果齐逊死后无子，便由本家亲戚松椿承袭，他就是末代忠勇公，所以这座一等忠勇公府后来被称为松公府[1]，府前马路由嵩祝寺夹道更名为松公府夹道。

老北大与松公府毗邻，一个是新生的近代大学，一个是没落的公府宅院，大学发展需要购地扩充，松公府宽敞的空间顺理成章地成为不二之选。事实上，自大学堂设立时起，二者便关联紧密。京师大学堂的起源地和嘉公主府便是乾隆四女和硕和嘉公主下嫁傅恒次子福隆安时赐建的府邸，清末大学堂曾租用松公府内空地建设植物园；北洋政府时期，北大购买和租用松公府南端的部分房舍和空地兴建红楼，其后将空地改为操场。1927年3月23日，松公府的最后一代主人松椿去世。1905年，松椿与醇贤亲王奕譞的第三女结婚，但郡主在1914年就去世了，此后松椿续娶了两房姨太太，松椿去世后松公府的日常事务由大姨太主持。

北大购买松公府的过程并非一帆风顺。根据1929年《北平特别市市政公报》记载，当时负责维持校务的代理校长陈大齐向教育部请示：

---

[1] "松公府"有时也写作"嵩公府"，本书为统一起见，一律写成"松公府"。

"校舍狭隘，不敷应用。查有与校第一院毗连之前清松公府房舍，虽多倾圮，地址尚属宽广，颇合属校扩充之用"[1]。问题是，北大与松公府接洽以后，该府"索价甚奢"，而且"情形复杂，屡商不得要领"[2]。为此，北大上书主管机关教育部，请求由教育部出面，协调北平特别市政府土地局，按照公用征收条例估定价值。

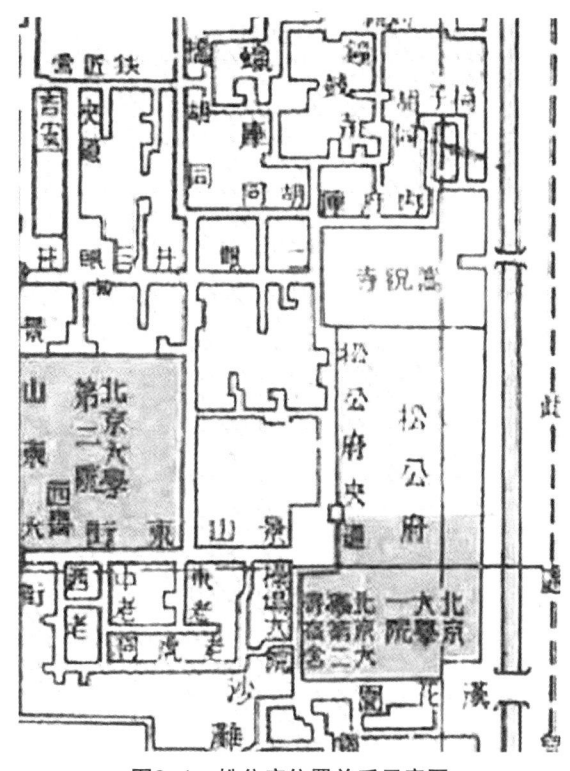

图3-1 松公府位置关系示意图

但是，北平特别市政府提出了两个问题，第一，北京大学为国立教育机关，征收土地手续按照规定应该由中央内政部核准，而北大仅呈教育部转咨北平特别市政府，不合程序。第二，要求北大拟具计划书及扩充校址房地略图作为附件，作为市政府公告征收土地的详明清单及核准的依据。[3]随后，北大补上手续，并组织实地测量绘图，拟具计划书。1930年4月15日，内政部正式下发公告，应予核准。松公府房地约88亩有奇，松公府家庙房地约13亩有奇，面积总共有101

---

[1] 土地文电，《呈市政府为北京大学收用松公府于土地征收法规定手续未备请依法进行呈候核办由》，《北平特别市市政公报》1929年第19期，第1—3页。

[2] 土地文电，《呈市政府为北京大学收用松公府于土地征收法规定手续未备请依法进行呈候核办由》，《北平特别市市政公报》1929年第19期，第1—3页。

[3] 土地文电，《呈市政府为北京大学收用松公府于土地征收法规定手续未备请依法进行呈候核办由》，《北平特别市市政公报》1929年第19期，第1—3页。

亩左右。当时设想的建筑计划包括：建筑图书馆、大礼堂并扩充研究所，添设备系实验室、教室及体育场之用。[1]

直到1931年2月13日，《北京大学日刊》正式发布校闻："此事酝酿已久，并经双方直接磋商多次。兹闻已于本月十三日订立合同，全部售与本校。并闻三个月后即可交房云"[2]。松椿大姨太这才把松公府以七万四千银圆的价格卖给了北大，全家搬到净土寺胡同居住。北大购得松公府全部地皮后，预备以此处用于一院的扩建。

松公府宅院位于红楼以北偏西，与一院相连，老宅为中国传统宅院形式，主房为前后几进四合院，两旁建有跨院，庭院宽敞，占地近百亩。[3]据《道咸以来朝野杂记》记载，傅恒宅"面积之广、建筑之壮丽，当年为北京第宅之冠"。松公府宅院的获取为老北大提供了扩大校园面积的机会，承载了蒋梦麟要实现"中兴北大"的教育理想。

图3-2 松公府旧照

---

[1] 《内政部公报》，1930年4月15日，《内政公报》1930年第3卷第4期，第148页。
[2] 《校闻》，《北京大学日刊》1931年2月14日，第1版。
[3] 肖东发、李云、沈泓主编：《风骨：从京师大学堂到老北大》，北京：北京大学出版社，2014年，第114页。

二、兴建图书馆

首要任务：盖图书馆大楼

图书馆是大学的灵魂所在，学校所有建筑中以图书馆最为重要。与京师大学堂同时创办的藏书楼是北大图书馆这座百年书城的滥觞，其前身为公主府梳妆楼，为一栋二层小楼。1912年，京师大学堂改称国立北京大学，藏书楼更名为北京大学图书部；民国初年，在公主府内图书部旧址旁新建西文阅览室，在北河沿校区新建图书部分馆。但总体来讲，清末民初北大图书部规模较小，阅览不便，功能上以藏书为主。1918年红楼投入使用后，原来位于公主府藏书楼的图书馆搬到红楼一层，红楼时期李大钊出任北大图书部主任，在其领导下北大图书部不仅规模扩大，性质上也由传统的藏书机构转变为现代的图书馆。这个时期老北大藏书增长很快，到1923年已有馆藏18万册，居全国各大学之冠。但狭小的空间越来越无法满足一个大学图书馆的需要，到20年代学校只得在二院、三院设立分馆，将文理法三院阅览室分设三处。本来红楼最初就是作为预科学生寄宿舍来设计的，后来又改成教室，学生激愤地称之为"简陋狭暗"的"囚室般的图书馆阅览室"。[1]校方对此也并非视而不见，早在1920年12月17日的校庆日就曾表态要做出改变：

> 现在馆址，亦属迁就之计，原来第一院之建筑，意在充寄宿舍之用，今以用作图书馆，不甚相宜。且图书馆日渐发展，房间亦不敷用。现已决计在第一院大操场，建一宏阔之图书馆。[2]

---

[1] 青光：《我对于北大图书馆的一点意见》，《北大新闻》，1932年4月20日，第2号。
[2] 《图书馆》，《北京大学日刊》1920年12月17日，《本校二十三周年纪念日特刊》第3版。

学校称其为"筹备大图书馆之计画"。[1]怎奈时局动荡，经费亏空，蔡元培、蒋梦麟等多方募款又不足数，只能望洋兴叹，徒唤奈何。1929年为庆祝北大成功脱离北平大学，重见天日，校旗高飐，师生校友隆重庆祝了三十一周年校庆，如何让元气大伤的北大再度中兴是大家最关注的议题，在校同学痛心疾首地说："今后的北大，如果要完成她的使命，当然不能像现在的简陋……校舍怎样去改建，容或可暂从缓议，但是一个现代式的图书馆是最低限度非有不可的"[2]。没有一个像样的正规图书馆大楼已经成为众矢之的。

松公府临时图书馆

蒋梦麟校长必须直面这个绕不过去的难题。不过由于经费紧张没办法一步到位，只能掂量着家底，量入为出，从长计议。虽然买下了松公府，但学校没有立即启动大规模的建筑计划。为了回应师生诉求，1931年5月，北大行政会议决定"自下学年起，第一院所藏图书，概移往嵩公府"[3]。松公府有三进庭院，院内雕梁画栋，古槐参天，每年夏季，浓荫匝地，蝉声悠长，寂若空谷，静若古刹。进入馆内，颇有"苔痕上阶绿，草色入帘青"的感觉。[4]学校稍加修整就把图书馆和研究所国学门（1934年改称北大文科研究所）迁了进去，图书馆在前，研究所在后。[5]这个临时图书馆的使用期限从1931年暑假一直到1935年新馆落成为止。

---

[1] 野云：《北京通信：北大筹备图书馆之计划》，选自王学珍、郭建荣主编：《北京大学史料》（第二卷），北京：北京大学出版社，2000年，第1970页。
[2] 缪培基：《为什么庆祝北大三十一周年？怎样中兴北大？》，选自《学府纪闻：国立北京大学》，台北：南京出版有限公司，1981年，第87—92页。
[3] 《学生会通告》，《北京大学日刊》1931年5月28日，第2版。
[4] 任继愈：《松公府旧北大图书馆杂忆》，选自陈平原、夏晓虹编：《北大旧事》，北京：北京大学出版社，2009年，第393页。
[5] 张中行：《闲话北大图书馆》，《读书》1990年第4期，第139页。

图3-3　松公府临时图书馆大门　　　　图3-4　临时图书馆出纳课

图3-5　临时图书馆编目课　　　　　　图3-6　临时图书馆阅览室

图3-7　临时图书馆杂志室　　　　　　图3-8　研究所国学门瓦当陈列处

　　临时图书馆于1931年8月1日正式开馆[1]，包括书库、目录兼出纳室、大阅览室、特别参考室、杂志阅览室和阅报室等空间，其规模较红楼时期有所扩大。学生经常使用的房子只有第一、二两进，第一进是卡

---

[1]　《国内：北大圕移入新址定八月一日正式开幕》，《中华图书馆协会会报》1931年第7卷第1期，第14页。

片兼出纳室，第二进是阅览室。阅览室里布置了很多比书桌大的长方形木板大案，不远一个，摆满全室；案两面各有几把椅子，供阅览者使用。然而，依旧宅简单改建的图书馆势必存在着设施和使用方面的诸多问题，如1934级哲学系的任继愈曾回忆其使用感受：

> 到了冬季就不好过了。北平冬季漫长，馆内阅览室方砖铺地，阴冷潮湿，凉气直往上冒。尽管全副冬季装备，坐久了仍觉得腿脚僵冷，手指也不听使唤。一年之中有半年不好使用，我对这个旧图书馆的印象好坏各半。[1]

这座以旧府第庭院改建的图书馆只能权当过渡而已，北大学生一直都期待着能有一座现代化的新图书馆。

新图书馆

临时馆址投入使用后，蒋梦麟继续为图书馆新馆建设和其他几项工程多方筹集资金，1931年，最终争取到中华教育文化基金会（以下简称为"中基会"）与北大合作设立的为期五年的"合作特款"。1933年暑假以后，随着经费逐渐稳定，北大终于把师生梦寐以求的新图书馆建筑计划提上了日程。但即便如此，在1933年8月最初的方案里，学校还没有一口气建成整个图书馆的底气，而是决定以中基会庚款项下数万元先建藏书库，以存中外书籍之善本，谋文化保障之安全。[2]直到1934年，学校建筑委员会才做出决定，将书库及阅览室盖在一起。[3]1月，蒋梦

---

[1] 任继愈：《松公府旧北大图书馆杂忆》，选自陈平原、夏晓虹编：《北大旧事》，北京，北京大学出版社，2009年，第393页。
[2] 《蒋梦麟谈北大将建藏书库》，《北平晨报》1933年8月11日，选自王学珍、郭建荣主编：《北京大学史料》（第二卷），北京：北京大学出版社，2000年，第1975页。
[3] 《蒋梦麟昨发表谈话，建筑图书馆明春动工》，《北平晨报》1934年1月24日，选自王学珍、郭建荣主编：《北京大学史料》（第二卷），北京：北京大学出版社，2000年，第2125页。

麟发表讲话，宣布自该年春天起于松公府另建图书馆新馆：

> 本校建设方面，拟于明春开冻后，即行开始，先建筑图书馆，地点系在松公府。图书馆之建筑计划，已经建筑委员会决定，将书库及阅览室盖在一起，建筑费用三十万元。此项款项系文化教育基金会补助费项下，每月结余积存备用者截至现在止已有八万数千元。至本年度暑假可有十五万元之谱，拟先谨此十五万元建造原计划之二分之一，其余二分之一，则俟再积得十五万元时，再行建造。至于建筑形式，已聘请平津著名之建筑专家沈理源先生担任设计，现正绘图，不日即可完竣。至于松公府原有房屋，则拟移作他用。[1]

从上述声明可见，图书馆的建筑经费仍不宽裕，尚需依经费分两期完成建设。事实上，仅此30万预算经费仍难以落实，到1934年2月1日，已经把预算缩减到20万元。当时已经筹妥15.5万元，尚有4.5万元在筹集中。[2]1934年2月12日，经过建筑委员会成员三次审定图型方案，最终决定预算为22万元。后来实际施工过程中又追加2000元，总计花费在22.2万元。方案议定后，距离22万元的预算还差大约7万元，学校为此

图3-9 蒋梦麟（1886—1964）

---

[1]《蒋梦麟昨发表谈话，建筑图书馆明春动工》，《北平晨报》1934年1月24日，选自王学珍、郭建荣主编：《北京大学史料》（第二卷），北京：北京大学出版社，2000年，第2125页。

[2]《北大举行建委会审查新图书馆图型》，《北平晨报》1934年2月1日，选自王学珍、郭建荣主编：《北京大学史料》（第二卷），北京：北京大学出版社，2000年，第2125页。

图3-10 沈理源
（1890—1951）

发动教授捐薪，从当年2月开始扣除，连续4个月到5月为止。从"收款清册"上来看，捐薪最多的是文学院院长胡适，一次性捐薪500元，其次是校长蒋梦麟，每月扣除100元连扣4个月共计400元，全校各系教职员共有86人参加了募捐。[1]同时，本校毕业留校同学也为新建筑发起募集捐款[2]，可谓齐心合力，众志成城。

建筑师聘请的是沈理源先生，他是浙江杭州人，早年赴意大利那不勒斯的拿波里大学[3]学习水利工程，回国后不久转向建筑设计，后来独立创办了天津华信工程司承接建筑业务，是我国早期建筑设计实践的先驱者。此前，他已经设计了北京真光电影剧场、天津和杭州的浙江兴业银行、南开大学木斋图书馆、清华大学化学馆、体育馆扩建工程，1934年同期他还在为清华大学设计机械馆、电机馆、航空馆、大饭厅、新林院等系列工程项目，拥有丰富的建筑设计从业经验，当时已经有相当名气，是一位理想的人选。参加协同设计的还有时任图书馆主任毛子水，他主要参与图书馆内部装置的讨论。工程图样一共由沈理源绘制了三次，每一次都提交学校建筑委员会委员袁同礼、汪申等会同审查，再根据委员们的意见进行斟酌修改，方可决定采用。[4]1934年3月，《北平晨报》登载了最终

---

[1] 《本校教职员捐助校舍建筑捐款自二月份至五月份各月份收款清册》，《北京大学周刊》1934年6月23日，选自王学珍、郭建荣主编：《北京大学史料》（第二卷），北京：北京大学出版社，2000年，第2127—2129页。

[2] 《国立北京大学建校五十周年大事年表》，选自《学府闻闻：国立北京大学》，台北：南京出版有限公司，1981年，第224页。

[3] 即今天的那不勒斯腓特烈二世大学，意大利语Università degli Studi di Napoli Federico II，1224年由神圣罗马帝国皇帝和那不勒斯西西里国王腓特烈二世创建，为欧洲最古老的大学之一。

[4] 《北京大学图书馆建筑图样正待审查》，《华北日报》1934年2月1日，第7版。

敲定的北大新图书馆样式及工程招标情况：

<blockquote>

北大拟建筑之西式图书馆馆型

北京大学新近拟建筑一座西式图书馆，该馆工程图样，业经数次翻改及斟酌，始于最近绘就决定，其式样如上图。该校拟以二十二万元为建筑费，工程地点已决定勘在嵩祝寺嵩公府旧址内，即冬季溜冰场之北。该校刻已登报招标，近日来投标人向南长街华信工程司驻平办事处索取图样及说明书都甚为踊跃。投标人并缴押图费三百元，押标费银八千元，闻今日即行截止索取。开标日期已定于四月五日，四月中旬即动工，预定于本年八月初竣工，如逾期延误，则科以甚重罚金。该馆盖成后，每日可容四五百人研究云。[1]

</blockquote>

确定馆型图样方案后，立即着手登报进行招投标工作。1934年4月5日开标，参加投标者一共有6家，最终确定由公兴顺木厂（也称"公兴顺营造公司"）承修，以5个月为期限，由庶务组与该厂订立合同。北大校方同时电请前庶务主任、时在安徽省教育厅担任全省教款管理事务的沈肃文回校，与新上任的秘书长、历史学系教授郑天挺一起负责监督施工，许多问题现场商议，就地解决。[2]馆址选在第一院红楼北面空地，这里正是十年前蔡元培、蒋梦麟梦想中"大图书馆之计画"的位置。原松公府临时图书馆外院的西厢房及阅报室与研究院文史部的外墙及校警训练所宿舍，均先行拆毁。1934年4月15日，工程正式开工。[3]合同原定工期为185天，即当年10月20日竣工，后因夏季阴雨绵延，影

---

[1]　《北大拟建筑之西式图书馆馆型》，《北平晨报》1934年3月26日，选自王学珍、郭建荣主编：《北京大学史料》（第二卷），北京：北京大学出版社，2000年，第2130页。

[2]　郑嗣仁：《郑天挺与北京大学》，《北京大学学报（哲学社会科学版）》1998年第3期。

[3]　《北大新图书馆现已动工限期六个月完成》，《北平晨报》1934年4月14日，选自王学珍、郭建荣主编：《北京大学史料》（第二卷），北京：北京大学出版社，2000年，第1976页。

图3-11 新图书馆落成典礼摄影

响了施工进度,到10月底才宣告完成外部的土木工程,随即展开内部装修,暖气卫生、电气工程及钢铁工程由中华汽炉行及上海大东公司分别承揽。1935年8月27日上午9时,建筑委员会正式验收工程,委员们按照建筑图型,依次点验接收,蒋校长对各项工程均表示满意,到下午1点多才完成验收。学校随即开始迁移书籍,开学后9月20日先将大阅览室开放,全校师生终于得以一睹新图书馆的风采了。10月,图书馆与地质馆一起举行了开馆典礼。[1]

图书馆内部施工要求极为严格,据称阅览室内书桌的木料、尺寸、台灯的款式、距离,大多参照美国国会图书馆的模式布置。[2]具体来说,进大门是一个穿堂,左右两侧各有一间普通阅览室,西间是中文阅览室,东间是外文阅览室,每室设阅书席14个,席各8座,共224座;堂北,中间是借书处,东侧是中日文目录处及管理员室,西侧是西文目录处及馆长室;再往北是书库,以上为第一层。由大穿堂而上,为第二层,与第一层相同;穿堂东西为分部阅览室,西间是报纸杂志阅览室,东间是教师指定参考书阅览室,也是224座。中为楼梯,登梯而上为第

---

[1] 《北大图书馆地质馆两大工程先后落成》,《北平晨报》1934年12月12日,选自王学珍、郭建荣主编:《北京大学史料》(第二卷),北京:北京大学出版社,2000年,第2133—2134页;《北大建筑委员会今日验收图书馆工程》,《北平晨报》1935年8月27日,选自王学珍、郭建荣主编:《北京大学史料》(第二卷),北京:北京大学出版社,2000年,第2134页。

[2] 郑嗣仁:《郑天挺与北京大学》,《北京大学学报(哲学社会科学版)》1998年第3期。

三层，楼梯左右各有一间办公室，南面的东西两侧各有一间中西文编目室。再往南是目录库，是图书馆的最高层。暖气房及卫生各室均设在穿堂及借书处的地窖层。

图3-13　新图书馆侧影　　　　图3-12　新图书馆外观

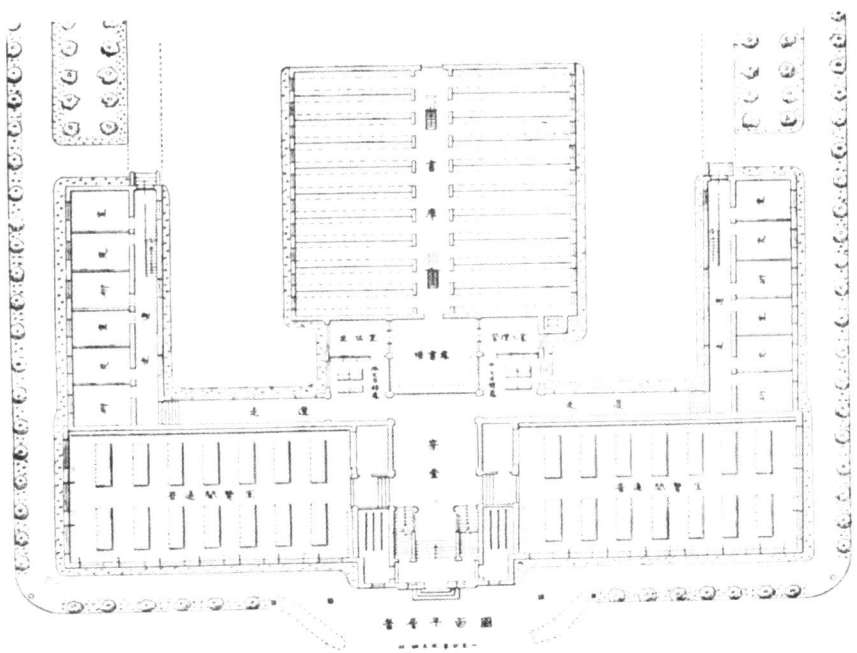

图3-14　新图书馆首层平面图

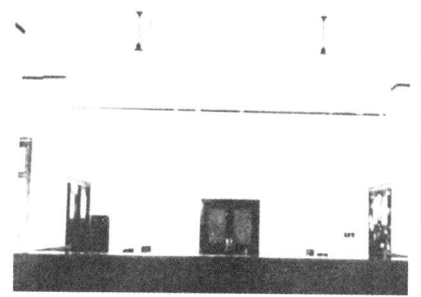
图3-15 新图书馆出纳处

图3-16 新图书馆中文阅览室

图3-17 新图书馆期刊阅览室

位于山字形中竖的书库分为东西两库,中有走道,分为4层,每层各设钢铁书架10行,行分两面,面各7格,约可藏书30万。下层是西文书,中间两层是中文书,最上一层是善本。[1]值得一提的是,新图书馆对于书库极为讲究,钢架设置,购自美国,据闻当时国内图书馆有此项钢架者,只有东吴大学、南开大学、清华大学和北平图书馆。这种钢架有两种样式,新馆采用的是北平图书馆及清华式,可以上下转动,极为自然。[2]对于新图书馆,学校有长远的考虑。现有书库4层,先安装两层书架,如果以每年添中西文书籍1300英尺计算,尚可以供5年之用。

---

[1] 金克木:《一点经历·一点希望》,选自北大校刊编辑部:《精神的魅力》,北京:北京大学出版社,1988年。

[2] 《北大新建图书馆八月中旬开幕》,《京报》1935年7月3日,王学珍、郭建荣主编:《北京大学史料》(第二卷),北京:北京大学出版社,2000年,第1977页。

如果5年后再加书架2层，可供12年至15年之用。在新馆舍的北面还留有空地，作为预留空间，以备将来扩充研究室及书库之用。[1]学校原有的中西书籍共25万余册，中西文杂志400余种，中西文报300余种，以及美国国会图书馆全部目录，均迁移到新馆。根据1935年1月18日《京报》记者所做调查《北平国私立大学图书馆一览》报告，当时北平市内各大学虽皆有图书馆之设立，然而除了少数学校特别注重外，大半藏书不过万数千册，且参考书特少，实际等于虚设。经过多年来历任馆长的用心经营，尤其此番新馆落成，北大图书馆一跃而跻身最完备图书馆的行列了。

新馆落成，终于扬眉吐气一把。在开馆当日，全天到馆阅书者达800余人。根据记者探访，每日前往阅读的同学极为踊跃。因馆内各阅览室的长桌座椅都特别讲究舒适，便于长时间阅读，所以每天几乎每一阅览室皆济济跄跄有人满之势，十足表现了北大的研究气象。这以后，北大图书馆的藏书和阅读条件在国内大学里长期领先，藏书量仅在北平图书馆之下，居全国第二位。新图书馆也成为老北大校园内最受学生欢迎，在其生活、记忆中占据重要地位的建筑之一，如1949年从浙大法学院转学进入北大法律系的校友高铭暄回忆：

> 我对北京大学的图书馆喜爱极了，这里真是什么好书都有，我把闲暇时间几乎都消耗在这里。根据我的读书笔记统计，两年内大概看了一两百本书。[2]

与新图书馆同期进行的还有一项配套工程，就是北大把新图书馆前的马路展宽。"国立北京大学，为壮观该校校容起见，前曾呈请内政

---

[1] 《北大新图书馆立体图样绘就》，《北平晨报》1934年3月20日，选自王学珍、郭建荣主编：《北京大学史料》（第二卷），北京：北京大学出版社，2000年，第2130页。

[2] 高铭暄：《我的学生生涯》，傅跃建整理：《我与刑法七十年》，北京：北京大学出版社，2018年。

部，将该校图书馆前马路转弯处街道展宽，经内政部批准，并饬由北平市政府协助办理。当经平市公安、工务两局，会同派员前往勘查测量地形，至于应行收买之地基，与该校接洽结果，由北大担任款项三千七百元，以为收买房屋之用，如有不足，将由官方补足，修路事宜，完全由北平市工务局负责办理。"[1]

馆长易主，用心良苦

有件事很蹊跷，一直以来都在参与设计建造新馆的图书馆主任毛子水，在新馆即将落成之际却出乎意料地去职了。1931年，毛子水由傅斯年推荐担任图书馆主任，他们两人是留德同学，傅斯年看重的是毛子水喜欢网罗古籍善本的爱好。但除此之外，讲课和行政管理都非其所能。据任继愈回忆："毛子水先生平日穿一件旧长衫，衣着不整，名士派头，对图书馆的事不大过问。"他的这种无为而治的作风导致有些教授借书一两年都不还。蒋梦麟认为新图书馆需要新的组织和效率来实施科学管理，简单说就是要美国化。于是，由胡适出面写信向毛子水表达了这个意思。国立北平图书馆馆长袁同礼推荐了严文郁来继任，严文郁时任北平图书馆阅览部及编目部主任，毕业于武昌文华图书馆专科学校，是美国哥伦比亚大学图书馆学硕士，又在德国普鲁士联邦图书馆及柏林大学图书馆做过交换研究，具有国际视野和专业素养，是领导北大图书馆实现科学专业的现代化管理的理想人选。1935年7月1日，严文郁正式到新馆就任，后来他还继续担任了西南联大图书馆主任。除旧布新之间，既表现了毛子水的高风亮节，也寄托了蒋梦麟长期以来改良图书馆、提高学术水准的夙愿。1946年，从昆明复员回到北平的北大正式决定把北大图书馆改称"梦麟图书馆"，以志前校长蒋梦麟对北大中兴之功。[2]

老北大图书馆旧址位于今日《求是》杂志社院内，如图：

---

[1] 《北大图书馆前马路展宽三月中旬动工》，《京报》1935年1月31日，第7版。
[2] 《北大现有图书四十五万余册》，北平《益世报》1946年9月10日，第1版。

a.入口外立面

b.外立面侧视图

c.外墙西侧奠基石
文字为:"中华民国二十三年四月十五日国立北京大学校长蒋梦麟奠基。"

图3-18 图书馆旧址现状

a.主入口内部大厅　　　　　　　　b.书库铁门

c.铁制楼梯　　　　　　　　　　　d.书架

图3-19　图书馆内部现状

三、兴建地质馆

丁文江首倡，多方筹款

除图书馆外，依托松公府而建的重要建筑还有老北大的地质馆。首先提议建设一座地质馆的是丁文江先生。丁文江是中国地质学的开山鼻祖之一，1911年在英国格拉斯哥大学获得动物学和地质学双学士以后回国，1913年担任工商部（1914年又改为农商部）矿务司地质科科长期间创办农商部地质研究所，培养训练了中国近代第一批地质学人才。1916年丁文江与章鸿钊、翁文灏一起创办农商部地质调查所，并担任所长。中国的地质学教育与研究就这样从无到有开启了篇章。

图3-20　丁文江
（1887—1936）

地质研究所和地质调查所与北大从一开始就有密不可分的关系。早在1909年京师大学堂就设有地质学门，只是由于经费不足加上学生人数过少被迫于1913年停办。丁文江与时任北大校长何燏时（日本东京帝国大学采矿冶金科工学学士，曾任京师大学堂工科监督，即工学院院长）、理科学长夏元瑮等商量，借用北大地质学门的图书仪器和宿舍，又聘请京师大学堂的德国学者梭尔格博士（Friedrich Solger，1877—1965）为讲师，于1913年10月正式开办农商部地质研究所，附设在北大校内。

1917年秋天，北京大学地质学门恢复招生，1919年改称地质学系。丁文江始终关心指导这个系的发展，特别是他亲自了解、介绍了当时在英国伯明翰大学新获地质学硕士学位的李四光和美国哥伦比亚大学教授、世界著名的古生物学家葛利普（Amadeus W.Grabau，1870—1946）

到北大地质学系任教，这一老一少两位新教授的加盟对北大地质学系的发展产生了深远的影响。

1931年，北大与中华教育文化基金董事会合作设立"研究教授"，丁文江是北大的首批研究教授之一，1931年秋到1934年夏这几年的教书生涯被丁文江称为"一生最愉快的三年"。正是在此期间，丁文江向时任北大地质学系系主任李四光建议盖一幢楼，筹集资金的办法是：北大与中基会的合作研究特款中，地质学系分到一笔设备费，丁文江建议可以暂时不用购置设备而用作建筑，累积三年有4万多元，这是大头；再加上丁文江、李四光两位教授捐薪和北大经常费的拨付加起来一共凑了6万多元。

地质学系旧有房屋设施状况

1917年地质学系恢复以后，各方面条件都很简陋，"教材既形缺乏，教授又无定所，随时随地勉强对付，窗前廊下，学生三五聚之"。[1]实验室、准备室、标本创制室一无所有，教室也不固定，地质学系上课所需的图表和标本无法摆出。专用实验室仅40平方米，上实习课时，30多人合在一起，围着仅有的三架显微镜，拥挤不堪，看岩石薄片时，每人只能轮到两三分钟，学生们很不满意，迫切要求改变。[2]

1921年1月，李四光正式来到北大。同年，他被聘为地质学系仪器主任。1922年5月20日，李四光给蔡元培校长写了一份关于实验室建设的意见书，提出必不可少的设备及所需房屋，包括实验室类（含图画室、矿物学实习室、岩石学实习室、古生物学实习室）、地质学系专用教室（含普通地质学及地层学大教室、岩石学及矿物学教室、古生物学教室、地质构造及应用地质学教室）、准备室（含标本创制室、暗室、

---

[1]《地质学仪器主任李仲揆教授意见书》，《北京大学日刊》1922年5月24日，第2版。
[2] 于洸：《李四光教授与北京大学地质学系》，中国地质学会地质学史专业委员会、中国地质大学（北京）地质学史研究所：《中国地质学会地质学史专业委员会第21届学术年会论文汇编》，2009年。

模型制造室），并且特别声明以上计划仅为关于房屋最小限度的需要。但是，以北大当时的财力显然无法满足这样最小限度的要求，于是地质学系教授会一致建议，将第二院东北角洋房划归地质学系使用（传闻原为地质学系所用，当时地质陈列室也在其中），至少第二院东北角洋房的一部分划归地质学系专用，其他无特别设置之教室，可与他系公用。[1] 5月26日，蔡校长即召集有关方面负责人及何杰（时任地质学系主任）、李四光参加会议，讨论地质学系实验室事务，使实验室用房得到一定程度的解决。[2]

经过一段时间的努力，地质学系的实验室建设取得了很大的进展。1924年1月6日晚，出席中国地质学会第二届年会的中外会员们应邀参观北大地质学系时，已经建成了地质阅览室、地质陈列室、古生物学矿物学及岩石学实习室。"来宾称道本校不绝于耳"，"座中有一法国地质学者德日进先生，谓本校地质学系实验仪器标本之完备，实胜过法国巴黎大学而有余。李先生谓此系实话，我见英国各大学，不及本校者亦甚多云云"。[3]

到1930年初，地质学系已建成了地质陈列室两间、测量仪器室、天平室、薄片琢磨室、图画教室、岩石分析室、试金术实习室、地质学教室、古生物学教室、岩石实习室及矿物实习室各一间，同时尚在建设选矿室，购办采矿机器。[4]

地质学系在短短十年内办得有声有色，独步全国，事业发展蒸蒸日

---

[1] 《地质学仪器主任李仲揆教授意见书》，《北京大学日刊》1922年5月24日，第2版。
[2] 于洸：《李四光教授与北京大学地质学系》，中国地质学会地质学史专业委员会、中国地质大学（北京）地质学史研究所：《中国地质学会地质学史专业委员会第21届学术年会论文汇编》，2009年。
[3] 斯行健：《地质学会全体会员参观本校地质学系记》，《北京大学日刊》1924年1月9日，第1版。
[4] 胡伯素：《北京大学之地质系》，《国立北京大学地质学会会刊》1930年4月第4期，王学珍、郭建荣主编：《北京大学史料》（第二卷），北京：北京大学出版社，2000年，第1678—1682页。

上，各种新实验室正待陆续增建，旧有的狭小空间显然已经严重阻碍了它的进一步扩充。特别是自从生物系恢复以来，北楼一部已非地质学系所有，很多花饰岩石矿物标本只好束之高阁，拿用时万分不便。当时学生们普遍的希望是让北大接收景山，将生物系迁到景山盖房，而将地质系学原有地盘让出，各自独立办公。此外还要扩充北楼，从速建筑地质陈列馆。为此，当时地质学系学生李贤诚参与草拟了《发展北大计划大纲》并手绘《发展北大计划图》，由地质学系卫梓松、郁士元两位先生指导胡、李、潘、高四位同学测量景山全部，为将来北大正式接收景山计划建筑时的参考。[1]然而，这在当时仍属美好的愿景，另建新楼则更切实际。

梁林设计，名家手笔

地质馆的建造时间与图书馆相仿，位置在其北侧，虽建于松公府内但归二院所属。建筑聘请梁思成先生设计，自1934年5月起动工，前文关于图书馆的报道中也曾提到地质馆的建设情况，如1934年12月《北平晨报》报道：

> 至于新建之地质馆，其工程亦已将主干部分完工，现正积极装置内部设备，期于本年底，明年初全部完成，以应明年二月十四日在该馆开会之中国地质学会第十一届年会云。[2]

1935年初地质馆建成后，因墙壁有裂纹又进行了重新修缮，1935年

---

[1] 胡伯素：《北京大学之地质系》，《国立北京大学地质学会会刊》1930年4月第4期，王学珍、郭建荣主编：《北京大学史料》（第二卷），北京：北京大学出版社，2000年，第1678—1682页。

[2] 《北大图书馆地质馆两大工程先后落成》，《北平晨报》1934年12月12日，王学珍、郭建荣主编：《北京大学史料》（第二卷），北京：北京大学出版社，2000年，第2133—2134页。

7月最终完工,《京报》登载特讯报道地质馆修缮工程完工,原地质系之教室、标本室、办公室、实验室等将于8月陆续迁入,原地质陈列室改为生物楼使用。[1]

地质馆的建筑风格为现代主义,"既不刻意追求雄伟的建筑外观,也没有给予特殊的装饰。"[2]主体建筑为L形,建筑的平面和立面做了不对称处理,避免了现代建筑带给人们的僵化感。建筑主入口设于东南角,有宽大内凹的门洞,简洁的混凝土挑檐,门洞两侧墙的线脚、灯箱的处理,台阶花池的配合,入口立面左上方女儿墙局部高起部分的旗杆处理,无不体现着入口之处设计者的匠心独运。设计之中有不少细节可谓点睛之笔,如窗间墙上用砖块砌出的凸凹横线简约,墙角弧线设计圆润和谐,

图3-21 梁思成(1901—1972)与林徽因(1904—1955)

图3-22 地质馆

---

[1] 《北大新建地质楼定今明日交工该学系定后日迁入》,《京报》1935年7月30日,王学珍、郭建荣主编:《北京大学史料》(第二卷),北京:北京大学出版社,2000年,第2135页。

[2] 杜家贵:《北大红楼:永远的丰碑(1898—1952)》,北京:社会科学文献出版社,第108—109页。

西洋式的楼梯扶手和楼梯转道小窗精致清新,据说当年均由林徽因亲手设计,总体体现出明快、简洁、统一的现代造型风格。

新落成的地质馆内部功能划分如下:

> 地窨层用为磨片室、储藏室、锅炉室等;第一层用为教室、古物陈列室、地史陈列室、暗室、阅览室、学生研究室、教员室、职员工作室等;第二层为教室、大讲堂、化验室、显微照像室、矿床实习室、矿物岩石陈列室、教员室等;第三层为教室、地质陈列室、教员室等。[1]

地质学系迁入地质馆后,成为北大校史上第一个拥有独立教学实验楼的理科系。在楼西南角下方墙体上嵌有一奠基石,上面刻有:

> 中华民国二十三年五月十五日北京大学校长蒋梦麟奠基。

地质馆旧址位于今日中国社会科学院法学研究所院内,如图:

图3-23 地质馆旧址现状

---

[1] "北京大学地质馆、图书馆建筑概况、北京大学同学会为母校募集建筑礼堂基金收据"(1935),北京大学档案馆档案,全宗号BD 1935017。

地质馆前的景观：傅恒宗祠碑和葛利普墓

地质馆所在地原为松公府家庙所在地，地处大学夹道和松公府夹道中间地带，与第一院一路之隔，位于新图书馆的西北方向，独立自成一个小院，院内经过整修也有小广场和园林。值得一提的是，这里还有两处纪念性景观。

松公府家庙，即清朝乾隆年间大学士傅恒的家庙，院内有一块傅恒宗祠碑（《乾隆敕建碑》）。北大购买松公府地皮后把这块碑保留下来作为一处景观，置于地质馆主入口西侧的空地上，十分醒目，同时也保存了松公府家庙这个地方的历史地理信息。这块碑体量高大挺拔，通高590厘米，宽148厘米，厚59厘米，龟趺长365厘米。汉白玉质地。螭首龟趺，额篆"敕建"二字，碑文满汉合璧，碑阴空白无字；碑两侧浮雕升龙出水喷珠，其下海水江崖，云纹衬底；阴阳四框之左右浮雕赶珠龙，上下雕二龙戏珠；龟趺座上仍出副座，座侧亦雕以麒麟、寿山、摇钱树等精美图案；海墁石则以海水作底，四正面雕江崖，四角于漩涡中雕鱼、鳖、虾、蟹，作出横行、凫水、弓腰、打挺之状。此碑记述了傅恒在大小金川战役中的功绩，朝廷为此追封并建宗祠。1986年此碑移至北京石刻艺术博物馆。

地质馆前的第二处纪念性景观与地质学系息息相关，是纪念国际著名地质学家和古生物学家、美籍教授、在北大任教长达28年之久的葛利普（A.W.Grabau）先生的墓。

葛利普是德国裔美国人，在哈佛大学获得博士学位以后，任哥伦比亚大学教授。第一次世界大战以后，德国战败，他被哥大解聘。丁文江了解到他的情况以

图3-24　葛利普
（1870—1946）

后，向他发出诚挚的邀请，担任北京大学地质学系教授和农商部地质调查所古生物研究室主任。葛利普"对每一个听他课的中国学生均抱有深切的期望"，对于中国的地质事业极为热心。1937年全面抗战爆发以后，他因为腿疾行动不便，只能留居北京。一方面，每个星期六他继续为裴文中、贾兰坡和王庆昌等三个学生上课，另一方面，严厉斥责日本的野蛮侵略，拒绝在伪政府组织下做事，拒绝与日本人合作，并表示"在寓工作情形，一如往昔；自北大南迁后，即未见'伪北大'之门。"太平洋战争爆发后，他被侵华日军送进北平集中营。起初仍未间断工作，后因经济来源断绝，生活艰苦，身体每况愈下。抗战胜利后，他重获自由，他昔日在北大的学生、时任中央地质调查所所长李春昱、技正高振西，新疆地质调查所所长王恒昇等去拜望他，对他说："还记得吧！我们都是您的学生！"他频频点首，万分高兴。他当时年迈多病，神智已经不太清醒，然而他以中国为家、以学生为子女的心情仍然溢于言表。他又再次声明，在自己逝世后，全部私人藏书捐赠中国地质学会。李、高等人协助他搬到西四丰盛胡同三号院内居住，便于大家对他的照顾。但终因病势沉重，在几个月后与世长辞。[1]

1947年3月20日是葛利普教授逝世一周年之日。当天下午1时，葛利普的骨灰由他的学生、时任北大地质学系主任孙云铸前赴丰盛胡同三号迎取。孙云铸说，迎取骨灰行经道路即系27年前陪同先生由宅初次赴北大之原路，因此孙云铸有无限的回忆与感触。下午3时，北大在松公府夹道地质馆，为葛利普先生举行公葬典礼。北大地质学系全体教职员全体学生，各大学及学术机关代表，美国驻北平领事福瑞门等，参加者达百数十人。公葬地点在北大地质馆前院之西南角，松柏苍翠，景物甚佳。葛利普先生的家属将骨灰罐捧持至墓场，上覆中美国旗，墓碑为一方白石，

---

[1] 杨钟健：《杨钟健回忆录》，北京：地质出版社，1983年，第76页。贾兰坡：《悠长的岁月》，长沙：湖南少年儿童出版社，1997年，第128页。孙云铸：《葛利普教授》，《科学》1948年第30卷第3期，第70—72页。

图3-25　葛利普教授在北大给古生物组授课

由北大校长胡适所书"葛利普先生之墓",并有英文详记葛氏事略。[1] 典礼于风沙中完成后,全体在地质馆二楼201号教室举行逝世周年纪念会。汤用彤述称三点:第一,葛先生身体不健,但他精神能战胜体力。第二,外国人爱中国比中国人爱中国还热烈,他不和中国的敌人合作。第三,他不仅系一教授,而且是能做出一个局面的导师,即领导之师。

随后,地质学系主任孙云铸介绍葛利普先生的生平。他盛赞葛利普先生为驰名世界之地质学家,对于世界地质造诣甚深。他对于美国纽约省古生代地质及古生物,有特殊贡献,美国地质因此亦以纽约省研究最为详细。并著有《北美标准化石》两巨册(与夏谟合著)。先生曾赴欧洲参加世界地质学会,遍游欧洲,返美后著《地质学》教科书两册及《地质学原理》一巨册。其《地质学》一书有不少欧洲材料加入,为当时美国教科书中所无,以是与苏氏所著之地质学同为美国教本,《地质学原理》一书出版已历34年,至今仍为重要范本,尚少有其他著作可以媲美。来中国后,著有《中国地质史》,对于整个世界地质更为了解。

---

[1] 《平地质学术机关今日公葬葛利普葬礼由汤用彤院长主持》,《经世日报》1947年3月20日,第2版。

先生研究范围之广，著作之多，美人无出其右。可与英国之司密士，德国之凯塞教授先后媲美。

葛利普先生1920年来华，对于中国古生代地质及化石，精详研究，贡献尤多，在中国古生物及中国地质学会登载，尤以珊瑚类腕足类头足类三类贡献最大。出版各书均为世界名著，获得国际荣誉，实为大师。中国地质学及古生物学，晚近在国际学术界能有相当地位，葛利普之特新教学实为一大功。在中国就教达28年之久，桃李甚多。中国地质基础，虽经章鸿钊、丁文江、翁文灏三先生奠定，而先生襄助之功尤大。

珍珠港事件发生，葛利普被囚集中营，衰老之身，艰苦备尝。胜利后健康未能恢复，于1946年3月20日下午5时45分，因胃出血病故。抗战期间，随校南迁昆明西南联大的孙云铸曾接其来书谓北平沦陷后即未再见北大校门。临终遗言愿葬北大地质馆，其忠于北大有如此者。因此，北京大学遵其遗愿，安葬北大地质馆前，立碑纪念。葛利普全部遗著及重要遗物同时于当日在地质馆103号陈列。[1]

北京大学地质学系学生谢仲恒、汪振武曾撰文写道：如果你有机会到北京大学地质馆里去，在馆内海棠林的旁边，可以找到一个短小的松围，当中倒卧着一块洁白的大理石墓碑，上面刻着"葛利普教授，生于一八七〇年一月九日，殁于一九四六年三月二十日"这些字样。这下面就长眠着一代地质大师和中国科学界的忠实友人葛利普（A. W. Grabau）先生。[2]

1982年8月13日，中国地质学会与北京大学一致同意在庆祝中国地质学会成立六十周年之际，将葛利普教授之墓由沙滩旧址迁入现北京大学校园内。迁墓仪式由北京大学校长张龙翔主持，葛利普教授生前的学生、中国地质学会理事长黄汲清教授及北京大学地质学系主任乐森珣

---

[1] 《北大今日下午安葬葛利普教授遗著遗物陈列北大地质馆》，《华北日报》1947年3月20日，第5版。《葛利普教授之哀荣骨灰昨葬北大地质馆》，《华北日报》1947年3月21日，第5版。

[2] 谢仲恒、汪振武：《中国地质学界的友人——葛利普》，《科学大众》1951年9月28日第10卷第3期。

教授，为葛利普教授墓揭幕，北京大学校长张龙翔和副校长沈克琦，中国地质学会副理事长和葛利普教授的学生，中国地质学会常务理事李春昱分别代表北京大学和中国地质学

图3-26　葛利普教授迁墓仪式

会向葛利普教授墓敬献了花圈。张龙翔和黄汲清分别代表北京大学和中国地质学会讲了话。参加迁墓仪式的还有尹赞勋、高振西、孙殿卿、朱国平、王鸿祯、徐提坚等20多名学者专家，其中不少是葛利普的学生。[1]

四、灰楼宿舍

宿舍风潮

　　1933年11月28日，原本是一个普通的星期二，北大校内一如往常。可就在这天上午9点半，发生了一场重大事故并迅速酿成了学生抗议风潮。当天上午没课的几名同学在第一院风雨操场浴室南所洗澡的时候，忽然浴室坍塌。这间坍塌的浴室是由原三斋剩余房屋改建而来，三斋房屋系清末所建，因浴室长期受热水蒸发把灰泥棚顶浸湿，伤及棚上栋梁，接头松弦导致了事故的发生。事发后学校当即展开营救，电告北池子津茂汽车行来车，护送伤员到协和医院抢救。结果两伤一死，死者邹绵昌，广东茂名人，时年23岁，物理系二年级学生。

　　按说意外实属突然，事后学校也算应对妥当，校长蒋梦麟向教育部自请处分，校方从优购备棺衾装殓，由杠夫16名从协和医院抬到宣武门

---

[1]　《葛利普教授之墓迁入北京大学》，《地质论评》1982年第28卷第6期，第618—619页。

外法源寺设置灵堂并举行公祭，从厚抚恤家属。蒋梦麟校长亲自供奉，行三鞠躬礼并赠送了挽联，蒋校长及教职员数人还赠有花圈。然而学生们并不买账。随着北大招生人数的增加，原本就局促不堪的校舍条件更加紧张，学生们多年呼吁也没有根本改善，于是借这次意外事故来宣泄积压已久的不满情绪，一时间校内贴满了标语，如《学生布告》说：

> 我们北大西斋女鬼孤魂未安，居然澡堂新鬼又见。这大半是我们巍巍乎的当局德政，堂堂乎管理先生们的厚赐。同学：再张眼看看我们住这梁歪柱斜的宿舍，顶漏壁穿的寝室，随时随地都有生命的危险，可是在马虎政策紧缩计划粉饰主义的校政下，我们学生小子的生命也一文不值了！要是为既死既伤的同学吐口迂气，要是为我们以后切身安危想想办法，怎么样？大家思量思量，还是请在妈肚皮里的学生会赶快生出来，呱呱两声吧！[1]

12月9日上午在三院大礼堂举行的追悼大会上，三斋全体同学又送上了这样一副挽联：

> 校舍不修，良师不聘，每月七万五千，所作何事；
> 负责有人，职员无数，同学两伤一死，是谁之咎？

矛头直指学校当局，火药味十足。随后，由郑天挺代表蒋梦麟校长致祭一事激起了学生的愤怒，蒋梦麟或许是有意回避风头，但这个做法却使他之前所作所为全部抵消。郑天挺致辞中途遭到学生反对被迫终止，学生批评校长没有亲自参加追悼会，进而申诉这场事故的责任问

---

[1] 《北大浴室倒塌昨晨发生大惨剧》，《北平晨报》1933年11月29日，选自王学珍、郭建荣主编：《北京大学史料》（第二卷），北京：北京大学出版社，2000年，第2140—2142页。

题，一时鼓掌声起，反蒋空气弥漫会场。[1]

蒋梦麟向教育部引咎自责呈请处分，并表示外间任何怨言皆可领受。教育部的答复是要求北大查明主管事务人员，予以惩处。为此，时任秘书长、前地质学系主任王烈和庶务主任沈肃文二人主动引咎辞职，王烈回任地质系教授，沈肃文改为校长室秘书。秘书长由历史系教授郑天挺继任，庶务主任改聘当时在河北第三女子师范学校[2]任教的郭亮才接替。[3]

12月2日，北大召开校务会议专门讨论此事，议决坍塌的浴室即刻动工重修。此外一并检查全部房舍，请北平市工务局派员稽查，其后北平市工务局局长汪申亲自来校检视。12月13日晚5时，北大召集建筑委员会讨论修建校舍事宜。[4]与此同时，经勘查认定原租用八旗先贤祠的老三斋宿舍过于老旧，校方决议将其退租，同时把第三院内网球场西侧之第一、二、三、四教室改为学生宿舍。决议通过后，三斋学生闻讯前往三院查看，但一致认为几处教室空间狭小，而且以教室改造的宿舍私密性不足，遂派斋舍代表诸人与校方协商，以"用功不便"为由拒绝迁往三院宿舍，要求校方重新修缮三斋或另觅宿舍场所。[5]1934年1月，校方再次会见三斋学生代表，就之前要求给予答复，校方指出三斋租期已到，房东不肯修葺而校方经费不足，另觅房舍一事已于日前登报征屋但尚无回应，劝导学生以三院宿舍为暂时迁移场所，待觅得好的房舍后可再行迁移。但校方的解释仍未被学生接受，协商活动陷入僵持。[6]最

---

[1] 《北大师生公祭邹绵昌》，《北平晨报》1933年12月1日，选自王学珍、郭建荣主编：《北京大学史料》（第二卷），北京：北京大学出版社，2000年，第2142—2143页。

[2] 1923年成立，校址在河北邢台。

[3] 《北大学生定期追悼邹绵昌》，《北平晨报》1933年12月8日，选自王学珍、郭建荣主编：《北京大学史料》（第二卷），北京：北京大学出版社，2000年，第2143页。

[4] 《北大昨开建筑委员会工务局将勘查该校房舍》，《北平晨报》1933年12月14日，选自王学珍、郭建荣主编：《北京大学史料》（第二卷），北京：北京大学出版社，2000年，第2145页。

[5] 《北大三斋退租另在三院改建新屋》，《北平晨报》1933年12月26日。

[6] 《北大三斋已现倾圮状态学生暂时移住第三院》，《京报》1934年1月16日。

后蒋梦麟于当月采访中发表谈话，除介绍图书馆新馆绘图情况外，另外声明三斋学生如愿继续居住可不再强行迁移，愿移居三院宿舍者可部分移居，三斋迁居事件暂时得到解决。同年7月，校方利用学生毕业，东西斋腾出空房的机会，将三斋学生迁入东、西斋内，少数未及时登记办理者移往第三院宿舍，老三斋最终得以腾空并于其后退租。[1]

然而，这还不是当时唯一的风波，另一事件来自自赁学生的请愿。如前文所述，民国时期在北大周边存在着许多学生自赁房屋居住的情况，北洋政府时期虽然通过了由校方对其进行监管的特殊办法，但有关问题并未完全得到解决。随着北大学生的不断增加，沙滩一带出租公寓的生意愈发红火，公寓租金不断提高，每年假期校外学生在毕业生腾出东、西斋空房后可通过登记抽签办法部分转到校内居住，但对于校内寄宿舍的需求一直十分强烈。1934年11月，三斋学生迁往东、西斋后，校外学生在二院内召开集体大会，出席者200余人，选派代表5名于次日上午向蒋校长请愿，一方面要求学校当局分配校内宿舍，如校方不予，则要求代交校外房租。蒋梦麟对学生的请愿表示谅解，并承诺尽量将校外学生安插到校内居住。其后校方组织校外学生百余人陆续到二院杂务课进行登记，由杂务课依登记情况对现有的校内宿舍空房进行分配。[2]

一波未平一波又起，种种迹象表明，老北大宿舍的问题在当时已超过了危机的临界点，学生们愤怒的火山即将爆发，新建宿舍刻不容缓。在1934年开工建设了图书馆、地质馆两座新建筑以后，新宿舍建筑计划终于提上了议程。

新建学生宿舍[3]

1935年初，北大启动宿舍建筑工程。在1月召开的建筑委员会会议

---

[1]《北大三斋宿舍决定取消令学生迁入东西斋空房》，《北平晨报》1934年7月2日。
[2]《北大学生向蒋梦麟要求寄宿校内或代付房租》，《京报》1934年11月7日。
[3] 俗称"灰楼宿舍"，抗战胜利复员后也称"女生宿舍"。本书统称"灰楼宿舍"。

上，校方商定新建学生宿舍两处，随即开始绘图及组织投标工作，当时的报纸对此进行了报道：

> 北京大学以年来学生数额骤增，原有宿舍不敷分配，特筹巨款十余万元，拟建学生宿舍二处：一供该校学生军住宿，其式样系仿军营式样建筑；一供普通学生住宿。两宿舍之图样，已由工程专家梁思成绘就。该校即于日内举行建筑委员会，讨论各项事项，预计春暖即可兴工云。[1]

最初的计划往往过于理想，最终都不得不向现实低头。以北大当时的财力，修建正常的必要建筑尚且需要动用教员捐薪，哪来的闲钱修一栋专供学生军睡觉的营房呢？很快，3月发布的《国立北京大学招标承建学生宿舍广告》上就清楚地表示只承建一座学生宿舍了。3个月后的6月15日下午4点，在二院宴会厅，宿舍工程正式开标，胡适、朱物华、陈受颐、沈肃文、郑天挺及工程师梁思成等委员10余人出席，投标者有海京公司等7家，各委员将各商家所投标价及工料计划详加审计，结果海京公

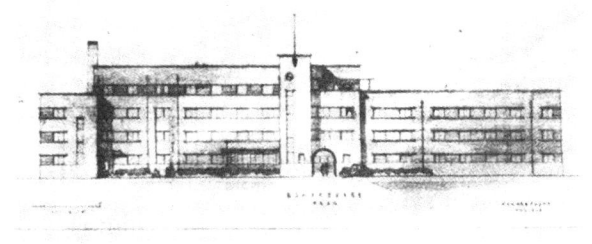

图3-27 北京大学学生宿舍设计稿及外立面

---

[1] 《北大将召开建筑会》，《京报》1935年2月2日。

司中标，获得承包权。[1] 宿舍楼工程进展较快，不到半年即于11月初正式交工，其后将四年级学生陆续迁入，将原第三院宿舍改为一年级宿舍，新建宿舍楼成为新的四斋宿舍，因大楼通体为灰色，故称"灰楼"。11月的《北平晨报》中记载有灰楼的建筑式样及内部结构等相关情况：

> 该楼系U字形，三面皆为四层楼房，屋舍二百二十余间，仿照欧美各国寄宿舍办法，分为若干组，每八人为一组，各组之间彼此间隔不相交通，以免喧嚣。每一组上下四层自辟一门，室内门窗均安装完毕，材料皆美国松类，极为精致美观。每室装有壁内之衣橱，室中应用之铁床，写字台昨亦已大部移入，验工人员逐室验查后，咸认工程颇称满意云。[2]

灰楼不仅容积大，宿舍内部也是相当宽敞，每室8平方米，附壁橱2平方米，每室仅住1人。全楼共8个门，楼门号命名取自《千字文》，分"天、地、玄、黄、宇、宙、洪、荒"8个楼门号。前4号男同学住，后4号女同学住。灰楼中的8个门中通向外界的只有"地"和"黄"两个门洞。在宿舍楼南面嵌着一块长90厘米、宽40厘米的汉白玉石碑，上刻"国立北京大学宿舍中华民国二十四年五月一日校长蒋梦麟奠基"的手书。梁林夫妇二人为设计这栋建筑花费了很多心思，据清华大学建筑学院教授季元振称：

> 林徽因先生在向清华大学学生讲授建筑设计课程时，多次提到该工程的设计，以此设计为实例，讨论建筑的功能问题。为了

---

[1] 《国立北京大学招标承建学生宿舍广告》，《北平晨报》1935年3月27日；《北大宿舍工程开标》，《北平晨报》1935年6月15日。
[2] 《北大新学生宿舍未完工程明春进行》，《北平晨报》1935年11月7日。报道中指出，"所谓未完工程仅为室内粉刷墙壁，窗门油饰，及电灯线镶以木匣"等，因天气已冷施工不便，先使学生定期入住再于明春补全。

设计该宿舍的楼梯扶手，梁先生、林先生多次调研，以便找到适合女学生身材的扶手高度和扶手断面。该建筑用单元组合的方式进行设计，为建筑构件的标准化生产奠定了基础。[1]

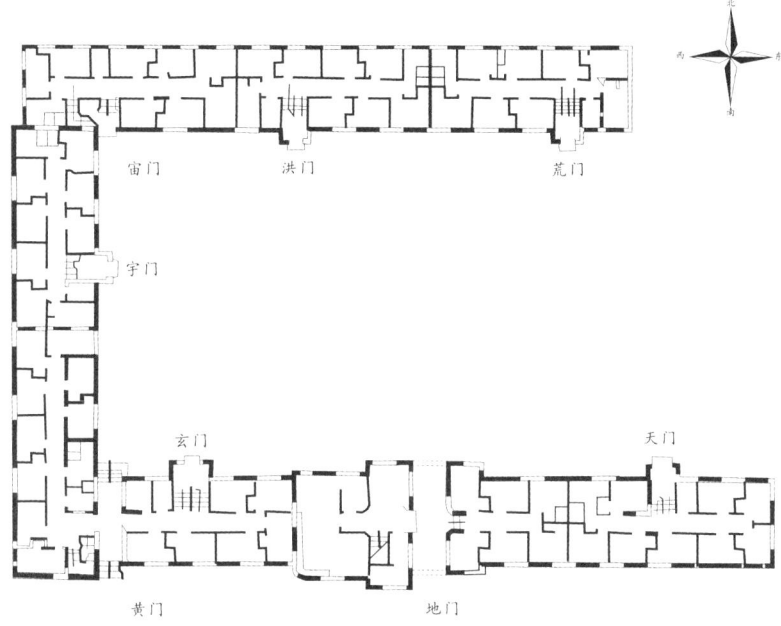

图3-28　灰楼首层平面图

当年11月5日正式交工，但还有琐细工程没有完成，比如室内粉刷，墙壁、窗门油饰和电灯线镶以木匣，以免摩擦受损等工作，当年天气已冷，只能待来年春天继续进行。[2]

学校决定由四年级学生入住新宿舍。各宿舍床位由学校事务组抽签决定，11月9日上午10时在二院宴会厅当众抽签，办法是将各房舍分为ABCD等各组排定号数，然后将四年级各学生姓名装入票匦内，由该组职员抽取，依序补入各房，计四年级生寄居者190余人，房舍书目恰

---

[1] 季元振：《梁思成先生建筑设计作品解读》，《住区》2014年第1期。
[2] 《北大新宿舍未完工程明春进行》，《北平晨报》1935年11月7日，选自王学珍、郭建荣主编：北京大学史料（第二卷），北京：北京大学出版社，2000年，第2137页。

图3-29　灰楼内部现状

正相当,抽签于中午12点完毕。学校特别提醒,新宿舍的门钥匙及衣柜钥匙均属特制,为谨慎起见,一经遗失,须另行更换,门锁价值5元,柜锁价值1元,住宿各生务须留神保管,倘有遗失及迁出时带走等情,须照价赔偿。[1]

11月11日凭入学证发给房门钥匙及衣柜钥匙,12日正式迁居,下午四时全部完毕,庶务组贴出通告,尚有5个房位无人居住,各生如有不满意已抽房位者可于13日上午到庶务组重新抽签,但须将已抽定之房者加入重抽。[2]

《京报》记者报道中称赞北大新宿舍楼"设备整洁,为城内各大学冠。"[3]如此优质稀缺的资源抢手是必然的,在得知新宿舍还有十余间空房以后,部分三年级学生和研究生分赴秘书处庶务组两方面请求居住,秘书处方面以该项请求颇感困难,提交16日的行政会议讨论,实在是房少人多难以分配,最后决定将几间空房租给北大教员居住,每月一间房租为10元,期限自本年12月起,至第二年7月止。[4]

---

[1]　《北大各宿舍床位昨日抽签决定》,《北平晨报》1935年11月10日,选自王学珍、郭建荣主编:北京大学史料(第二卷),北京:北京大学出版社,2000年,第2119—2120页。

[2]　《北大四年级生乔迁新宿舍已于昨日下午四时竣事》,《京报》1935年11月13日,选自王学珍、郭建荣主编:北京大学史料(第二卷),北京:北京大学出版社,2000年,第2120页。

[3]　《北大四年级生乔迁新宿舍已于昨日下午四时竣事》,《京报》1935年11月13日,选自王学珍、郭建荣主编:北京大学史料(第二卷),北京:北京大学出版社,2000年,第2120页。

[4]　《北大新宿舍空余房租与教员居住》,《北平晨报》1935年11月17日,选自王学珍、郭建荣主编:《北京大学史料》(第二卷),北京:北京大学出版社,2000年,第2120页。

设计这么别致,花了这么大功夫,入住学生的体验如何呢?学生朱海涛回忆:

> 蒋校长为新宿舍费了不少的心血,而这楼完成之后,北大宿舍乃压倒了燕大清华。这是四层楼立体式的钢骨水泥建筑,在一院空场的最北头,远远看来像一座兵营,里面的格局也很特别,里面每层七八间形式各别,处处不同的房,十分适合北大爱好各别发展的胃口,更妙的是一人一屋,偿了几十年来北大同学求隔离的宿愿。每间屋附着一小间放箱子挂衣服的暗室。热水汀、弹簧锁,配合而调和的特制家具,摩登舒适,使你完全忘了这是老北大。每一层有一间盥洗室,冷热水管,应有尽有;大小便抽水设备不必说,还分成了马桶和坑两式,于是"南北咸宜"。光线、空气、清洁,一切卫生的条件都具备了。[1]

字里行间,学生的那种骄傲和心满意足的情绪溢于言表。

1946年,北大刚从昆明复员返回北平,梁思成的女儿梁再冰考入北大西语系读书,像北大一样,她也刚从西南大后方回来,1940年,她的父母所在的中国营造学社跟傅斯年先生主持的中央研究院历史语言研究所都搬到了四川李庄。考入北大以后,她恰好被分配住在灰楼宿舍这座她父亲设计的建筑里。当初梁思成把这栋楼全部设计为三层,林徽因觉得有些呆板,便在其中的一侧上面加了半层,梁再冰恰巧就住在这半层中,面向民主广场的"天字楼"。[2]

历史学系1947级学生宁可在二年级时曾经选修过梁思成先生在北大

---

[1] 朱海涛:《北大与北大人》,选自陈平原、夏晓虹编:《北大旧事》,北京:北京大学出版社,2009年,第327页。

[2] 梁再冰:《梁思成与林徽因——我的父亲母亲》,于葵执笔,庞凌波、潘奕整理,北京:中国建筑工业出版社,2021年,第212页。

开设的"中国建筑史"课程,时在1948年秋天,据他回忆:

> 开始上课那天下午,宽敞的教室里坐满了学生,不知哪些是选课生哪些是旁听生。梁先生来了,一身西服,开始就把窗户用黑布帘子遮住,一边讲一边用幻灯片演示,用两节课概括地介绍了一下世界建筑史。那印象是非常深刻的,我们都被震住了。……讲课中间,梁先生还穿插介绍了他自己设计和参与设计的建筑,一是新建成的他参与设计的纽约联合国大厦,一是他在抗战前设计建造的北大沙滩灰楼,说那灰楼原是为研究生用的,一人一间,现在改为两人一间的女生宿舍了。说时还有点得意地说,你们看那是不是像一艘船。[1]

这种别致的造型设计给学生的印象很深,1948年夏天招生季的介绍里也说:"红楼之北隔着一可容数万人的广场,泊着一艘自由轮般的灰楼。"[2]

图3-30　40年代后期的灰楼宿舍

---

[1] 宁可:《回忆在北大受业时的四位老师》,《光明日报》2008年5月4日,第7版。
[2] 张榆生:《介绍国立北京大学》,《读书通讯》半月刊1948年第158期,第5页。

a.灰楼宿舍入口处

b.灰楼宿舍庭园内

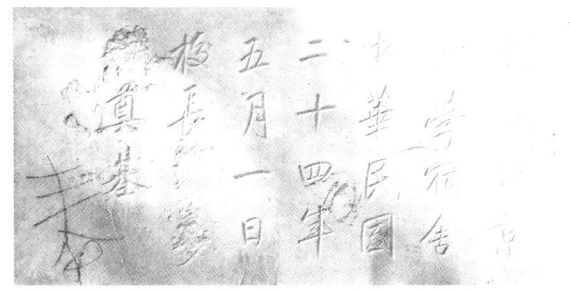

c.灰楼宿舍铭牌

文字为:"国立北京大学宿舍中华民国二十四年五月一日校长蒋梦麟奠基"。其中,"蒋梦麟"三字被毁。

图3-31 灰楼宿舍现状

灰楼建成后，北大再次恢复了三院五斋的校园布局，表1为民国时期三院五斋的设置及调整情况。

表1 民国时期老北大的三院五斋

机构名称	存在时间	主要用途	位置	主要建筑/住宿方式
一院	1918—	文法学院	沙滩汉花园及松公府主体部分	红楼
二院	1898—	理学院及各办公室	景山东街马神庙公主府及松公府少部分	大讲堂、南北楼、宴会厅、地质馆等
三院	1903—	社会学院	北河沿	大礼堂、工字楼等
西斋（第一寄宿舍）	1904—	男生宿舍	二院西侧	十四排连排平房，两人一间
东斋（第二寄宿舍）	1909—	男生宿舍	汉花园西南隅	两人一间
老三斋（第三寄宿舍）	1903—1934	男生宿舍	北河沿北侧原八旗先贤祠	两人一间
新三斋（第三院宿舍）	1918—	一年级学生宿舍	三院内部分教学楼改建	两人一间
老四斋	？—1927	男生宿舍	红楼北椅子胡同	
新四斋（灰楼）	1935—	四年级、研究生、女生宿舍	松公府东院北面	一人一间，八人一组
五斋	1920—	女生宿舍	松公府夹道	

第二节　主校区的调整

一、建筑功能的调整

图书馆、地质馆、灰楼宿舍三座新建筑的建成为北大缓解了濒于临界的校舍容量，腾出了一些空间。以此为基础，学校对校园内原有建筑的使用功能进行了部分调整。

松公府临时图书馆旧址，在所藏书籍及阅览室都移到新楼以后，即行空置。该处地址颇宽大，前后三座庭院，房屋20余间，原来充作临时书库的房间尤其阔爽。校方认为该地址既然颇为宽敞，如果空废实在可惜；同时二院有一间大礼堂，一院为文法学院课室所在，竟然没有公共集会之处，因此拟将该处房屋加以修缮，把其中第二进和第三进房屋改为小规模的礼堂，[1]也有叫大会议厅招待室或者集会厅、宴会厅的都是指这里，以后范围较小的公共集会就可在此举行。为了便于放映幻灯的讲演，酌情安装幻灯设备。[2]同时将研究院的古物、书籍陈列其中，使之兼作陈列室。[3]

除此以外，新图书馆建成以后，旧馆第一进仍然保存了一部分图书馆功能，充当报刊阅览室。室内梁木上面尚未剥落的陈旧而古老的深红色的髹漆，四面交织着碧青色的云彩和玄黄色的织锦的图案，使人感到

---

[1] 柳存仁：《记北京大学的图书馆》，原载香港《大风》1941年4月第88期，初刊时冠以总题《北大的人与物》，选自陈平原、夏晓虹编：《北大旧事》，北京：北京大学出版社，2009年，第382页。

[2] 《北大第一院增建新礼堂》，《北平晨报》1935年11月1日，选自王学珍、郭建荣主编：《北京大学史料》（第二卷），北京：北京大学出版社，2000年，第2119页。

[3] 《附录：北大规定下年度建筑计划》，《北平晨报》1935年6月7日，选自王学珍、郭建荣主编：《北京大学史料》（第二卷），北京：北京大学出版社，2000年，第2137—2138页。

一阵幽古的美丽气息。这里的报纸除了北平当天的各大报《世界日报》《北平晨报》《华北日报》《益世报》、法文的《政闻报》、英文的 Peiping Chronicle 和小型版的《实报》外，还有天津的《大公报》《益世报》《庸报》《华北明星日报》等，都可当天看到。此外像上海、南京、汉口各大城市的报纸，也不过隔几天就可以寄来。当时北大师生曾合办过一个《读书周刊》（天津《益世报》）、一个《文史周刊》（南京《中央日报》），都不是在北平出版的。甚至像边疆各地的报纸，如迪化的《新疆日报》等也都按期收到陈列，看的人也很多。在大阅报室的东侧有一排偏殿式的厢房，是存贮多少年来旧报纸的地方。各地各种合订本的报纸都分别年月装订起来，随时可以查阅。管理人员虽然仅有一位，却非常谙熟迅速。[1]

第二院理学院各系调整很大。虽然理学院各系都在二院，但各系的教室并不集中，师生上课多有不便。北楼原来由地质学系和生物系合用，地质馆落成以后，地质学系全部迁入新系馆。地质学系原来所占的北楼最早是工科大楼，建于1916年，蔡元培决定停办工科以后，这栋楼就归学科相近的地质学系使用，里边采矿冶金和土木工程两科遗留的机器设备由地质学系修理利用。[2]1925年生物系初创以后规模非常小，中间还曾一度停办，到1931年第一班学生毕业时只有三个人，所以生物系一直都和地质学系共用北楼。地质馆建成以后，北楼全部划归生物学系使用，同时将内部全部改造，扩大教室，装置暖气，新建最新式的幻灯室，以后北楼改称生物馆。南楼之前由数学系及其他未分系的学科用为课室，上下楼共有课室四间，调整后全部划归数学系，改造方案是将走

---

[1] 柳存仁：《记北京大学的图书馆》，原载香港《大风》1941年4月第88期，初刊时冠以总题《北大的人与物》，选自陈平原、夏晓虹编：《北大旧事》，北京：北京大学出版社，2009年，第383页。

[2] 胡伯素：《北京大学之地质系》，《国立北京大学地质学会会刊》1930年4月第4期，选自王学珍、郭建荣主编：《北京大学史料》（第二卷），北京：北京大学出版社，2000年，第1679页。

图3-32 老北大第二院旧址

图3-33 老北大第二院
（北京大学朱博雅拍摄）

廊加宽，课室内部设备重新装置，增加课室两间，作为数学系教室及研究室，名为数学楼。二院的前部各教室及实验室划归化学系，后部各教室及实验室划归物理系。南北楼均装置新式暖气管及一切实验上的设备。[1]这样一来，二院理学院数学、物理、化学、地质、生物各系就都有比较独立的系馆了，无论是研究还是上课都更加集中。改造之后的生物馆内部装修布置焕然一新，理学院院长的办公室也迁入了生物馆。[2]

---

[1] 《北大部分教室更动》，《北平晨报》1935年9月11日，选自王学珍、郭建荣主编：《北京大学史料》（第二卷），北京：北京大学出版社，2000年，第2091—2092页。
[2] 《北大旧地质馆改为生物馆》，《北平晨报》1935年10月17日，选自王学珍、郭建荣主编：《北京大学史料》（第二卷），北京：北京大学出版社，2000年，第2092页。

北大办公处之前主要集中在二院，但也有散布在其他地方的行政机关，如果办公地点相距过远，遇到有需要经过一课以上的公事，往返费时影响工作效率。调整方案是将在三院的办公处并入二院，而一院中除了文法学院院长办公室及讲义处等执行机关以外，仅三楼有注册组分设的办公处，其余主要机关都在二院。只是二院房舍虽多，但大半为理学院各系充作教室及实验室。办公处所占用的西端一个小院内原来尚有理学院研究室，各课办公颇感不敷用。现在理学院南北楼修缮以后，楼内房间增多，理学院于是将上述小院内的研究室移出。经此迁移，办公处相比之前略形宽阔。理学院研究室故址由文书课移入，文书课原用的房屋由课业处（教务处）移入，秘书处将移入课业处旧房间内。如此一来，该院内就成为完全的办公机关，较之前更加集中整齐，形成了一个总办事处。[1]直到战后，北大才把总办事处从二院迁到沙滩一院的松公府孑民堂。

图3-34　老北大第三院

宿舍调整。新宿舍落成后，学校决定安排四年级学生入住，二三年级住第一二宿舍（东西斋），一年级新生住第三宿舍（第三院），各年级女生住第五宿舍。北大研究生原来没有规定的寄宿舍，1935年灰楼宿舍落成，宿舍容量增加，北河沿第三院划为一年级新生宿舍以后，三院空余房屋还剩很多，经学校行政会议决定，划拨一字楼给研究生宿舍，床位由抽签决定。

兴建健身室。三院地址广阔，除了前院的工字楼和一字楼以外，后院还有旧日的大礼堂及储物室多间，室中所存多为研究院暂时没用又无

---

[1]　《北大各课办公室集中二院日内即行迁移》，《北平晨报》1935年10月30日，选自王学珍、郭建荣主编：《北京大学史料》（第二卷），北京：北京大学出版社，2000年，第2092页。

地存放之物。在建筑功能调整过程中，学校决定把三院大礼堂改建为健身室，储存室修缮后改为休息室。[1]

除上述功能调整外，另对一些建筑进行了维修，如第一院红楼因建筑时间较长，为防止发生意外，将之前的木质楼梯改建洋灰铁筋并全部刷新，使之更加美观耐用。

二、从大操场到民主广场

除宿舍外，操场也是自清末便伴随校园建设而出现并不断发展的一项重要组成。老北大最早的操场是大学堂时期的汉花园操场，1905年这里曾举行中国体育史上第一次高校运动会，并受到社会上的广泛关注。民国时期，随着学校人数的逐年增加，以汉花园操场为基础添建了红楼，同时租用红楼以北松公府空地改建新的操场。20世纪30年代，随着松公府地产被北大全部收购，操场也陆续进行着整修与改建工程。

1931年秋季新学期刚刚开始，新购买的松公府空地上便开始动工，校方的计划是把足球场改为南北向，四周修成圈状的跑道；红楼后西北角修网球场三个，队球场一个，将红楼前旧的网球场改为篮球场；在第

图3-35　红楼以北松公府空地改建新的操场

---

[1]《北大第三院兴建健身室系旧日之大礼堂改造》，《北平晨报》1935年12月2日，选自王学珍、郭建荣主编：《北京大学史料》（第二卷），北京：北京大学出版社，2000年，第2092—2093页。

a.队球练习

b.篮球练习

c.女生网球练习

d.新球场一瞥

图3-36　老北大运动场地老照片

三院修网球场三个,篮球场一个;将第一院风雨操场改为乒乓球室和运动员更衣休息室。[1]这一系列改造完成后,将极大地改善北大的运动场地条件。

也许是由于1934—1935年间在操场西侧和北侧连续修建图书馆、地质馆、灰楼宿舍多处施工的原因,之前扩建的大操场很快又是一片乱象,引起学生极大的不满,1936年《北大迎新特刊》中就曾对北大的体育设施大大嘲讽了一番:

在大红楼之北,小灰楼(新宿舍)之南,有一片断瓦残垣、蒿草蓬蓬的空场,就是北大的伟大的美丽的有名运动场,也就是

---

[1]《体育组通启》,《北京大学日刊》1931年9月11日2680号,选自王学珍、郭建荣主编:《北京大学史料》(第二卷),北京:北京大学出版社,2000年,第2179—2180页。

北大的体育馆。

这个体育馆的形势怎样呢？中间是一个足球场，东南角下有一个排球场同时还是个篮球场，过红楼又有二个篮球场，西边靠着曾经压死过人的沐浴室与武术馆，北边有一道小墙，墙北有网球场四个，东边是墙，此外就是砖头、瓦片、大石头、深坑与高可数尺的蒿草了。在此附带相告一下，二三院还有四个网球场子，一个篮球场。

当时的学生们不但对体育设施极端不满，而且矛头直指学校管理的混乱，指责篮球场上终日里充满了"精华队""小安琪""黑蚁"等校外球队，"在这样校外球队中，有的时候，你可以发现一二位北大的同学，他们虽然是主人，但居于宾位。这与北大浴室任人沐浴与课堂任人听讲一样的。"[1]这些批评相当犀利，而且还一并吐槽了淋浴室和课堂的情况，尤其是把这些黑料刊登在欢迎新同学的刊物上，足见学生们冲天的怒气，借此向校方施压。

直到1935年，北大聘请前国内跳高名将李仲三为体育主任，"北大体育才表现出进步的倾向"[2]。1936年底，"将一院课室大楼后新宿舍前之广场积土运除干净另建筑完善体育场。"同时，为了提倡普遍化体育，于1936年11月14日举行了团体操表演大会。[3]

九一八事变后，日本侵略不断升级，北大化学系主任曾昭抡教授率先在校内开设国防化学课程，编写《炸药制备实验法》，研制炸药和防毒面具，率领北京大学慰问团赴绥远前线慰问傅作义所部抗日将士。

---

[1] 《北大的体育》，《北大迎新特刊》1936年，选自王学珍、郭建荣主编：《北京大学史料》（第二卷），北京：北京大学出版社，2000年，第2275—2276页。

[2] 《北大的体育》，《北大迎新特刊》1936年，选自王学珍、郭建荣主编：《北京大学史料》（第二卷），北京：北京大学出版社，2000年，第2275—2276页。

[3] 《北大体育课今年列入必修科》，《京报》1936年11月11日，选自王学珍、郭建荣主编：《北京大学史料》（第二卷），北京：北京大学出版社，2000年，第2184页。

图3-37 曾昭抡
（1899—1967）

1937年5月15日，北京大学召开第一届体育普及运动大会，为了扩大国防教育的影响，曾昭抡指导师生在这个大操场举行国防化学展览会，展出了毒气5种。上午化学系烟幕弹表演上施放烟幕弹10余枚，下午由化学系学生戴防毒面具进行了四百公尺接力表演。[1]"结果观众甚为满意"。民族危亡的关头，曾昭抡教授此举是何等振奋人心！北平市第三民众教育馆特向北大化学系借去全部展品，从6月初起在该馆展览一个月。

大操场的更名是在抗战胜利以后。内战期间，通货膨胀逐日加剧，1947年2月至5月间物价上涨了4倍，中共地下党组织抓住时机策划领导抗议示威活动，北平学生陆续实施罢课。5月20日，爆发了"华北学生北平区反饥饿反内战大游行"，北大、清华、燕京、师院、中法、朝阳、辅仁、艺专等大学和女二中、女三中、汇文、贝满等中学的学生及教师共15000多人，经沙滩、东四、东单、长安街、西单、景山绕城游行一周，高呼"反饥饿、反内战""要民主"等口号，历时五个多小时，游行队伍回到北大后召开大会，决定把大操场命名为"民主广场"。6月1日在北大举行了隆重的"民主广场"命名

图3-38 民主广场命名仪式

---

[1] 《北京大学第一届体育普及运动大会》，《北京大学周刊》1937年5月15日255号，选自王学珍、郭建荣主编：《北京大学史料》（第二卷），北京：北京大学出版社，2000年，第2220—2221页。

典礼。从此，绿底白字的"民主"旗便飘扬在北大灰楼宿舍的楼顶上。在灰楼的大门上面的砖墙上，写上"民主广场"四个一米见方的大字，穿过红楼来到广场就能

图3-39 俯拍校园

远远看到这四个红色大字。红楼、灰楼和民主广场，成为学生民主运动的象征，从许多电影镜头中都能看到它们，如《民主青年进行曲》《青春之歌》等。当时学生常见有在校园内拍电影，临时拉同学充当群众演员的情况。[1]

1947年开始，鉴于每年校庆日12月17日正值隆冬时节太过寒冷，北大决定把每年五四这天定为校友返校节。1948年5月4日的校友返校节办得非常隆重，学校当局布告放假一天招待校友返校，博物馆开放，图书馆有五四史料展览，其中最重要的纪念大会就定在民主广场举行，中悬蔡故校长孑民遗像，并缀以"学习蔡故校长威武不屈的精神"等大字，10点40分红楼鸣钟29响，以示"五四"29周年。大会旋即开始，向蔡元培先生行礼后，由大会主席郑天挺秘书长致辞，嗣由训导长贺麟致辞，对五四运动之本质加以解说，笑谓：五四运动即罢课运动。在学术上兼容并包，在青年系一思想解放，感情解放，意识自由之运动。后由校友代表李复云教授致辞："我们回来了，我们衰老了，但五四运动精神是不会衰老的！"激起全场之掌声。最后由工学院同学向学校献"民主与科学"之红色大旗一面，由郑天挺代表接受，一时锣鼓喧天，情绪欢

---

[1] 周清澍：《沙滩北大二年》，《学史与史学：杂谈和回忆》，上海：上海古籍出版社，2011年，第375页。

图3-40 1948年5月4日返校节民主广场聚餐

腾,旋即升于红楼顶上,大会于千人"黄河大合唱"之庄重歌声中闭幕。十一点,全体师生校友工警四千人在民主广场大聚餐,每人交四万元,其余由学校津贴,每人馒头三个,牛肉三块,鸡子两个,咸菜一块,为最热烈之场面,午后举行体育表演节目,有自行车慢赛、踢毽、拔河等游戏,人山人海。[1]

1951年6月1日,著名经济学家、北大第一任教务长马寅初重返北大担任校长,还是在民主广场上,师生举行了隆重的欢迎会。北大摄影学会的周其湘同学从摄影的角度觉得会场应有能说明大会主题的标志,建议赶制一条表示欢迎马校长的横幅,并主动承担赶制了"热烈欢迎马校长"的红布横幅。一同出席的还有教育部部长马叙伦,副部长钱俊瑞,代表本校欢迎的是校委会主席汤用彤,代表北京高校致欢迎词的是清华大学校委会主席叶企孙。马寅初重回故地很激动,开头就说:"北京大学是我的娘家,今天我回到了娘家,见到了红楼,心中有一种说不出的感情。北京大学到底是北京大学,北大青年到底是北大青年。"号召全校师生互相学习、互相帮助,团结一致发扬北大的光荣革命传统和学术成就,勉励大家要奋起直追,努力改造,迎接大时代,保持北大作为最高学府的地位,配合国家建设工作的开展,为国家造就大批建设人才。[2]

---

[1]《疯狂了"民主广场",北大热烈庆祝五四》,北平《益世报》1948年5月5日,选自王学珍、郭建荣主编:《北京大学史料》(第四卷),北京:北京大学出版社,2000年,第1067—1068页。《各校纷庆"五四"北大全校师生工警聚餐》,北平《益世报》1948年5月4日,选自王学珍、郭建荣主编:《北京大学史料》(第四卷),北京:北京大学出版社,2000年,第1067页。

[2] 马寅初:《在北京大学校长就职典礼上的讲话》,《马寅初全集》第14卷,杭州:浙江人民出版社,1999年,第188—195页。

马寅初就任校长后，利用他任政务院财经委员会副主任的便利，常请国家各部门领导做报告，政法委副主任彭真、财经委副主任薄一波都来过，地点大多在民主广场上。从大操场到民主广场，可以说见证着北大历史又翻开新的一页。

三、修筑"北大路"

随着购买松公府和校园的陆续建设，20世纪30年代，老北大校园的主体部分有所扩大。为了进一步加强各个校区之间的联系，在添建新的建筑物及对已有建筑进行调整的同时，30年代中期，老北大进一步对周边道路进行规划与整修，实施"北大路"修筑计划。

首次道路拓展工程约在1932年，展宽对象为景山东街及沙滩两条马路。据《京报》记载，经北大呈请后由工务局拟具展宽计划，上报市府后，由市府会同财政局对有待展宽的路面进行了查勘，修改房基线并调查应收铺户房情形："应行收用之铺户房地，计北池子大街三十七号，回子营五号，沙滩十五号及甲三十五号，共四户"[1]。另据报道，收买铺户房费用由市府知照财政局划拨。1934年，随着以松公府为中心的各项工程逐渐展开，再次兴起了关于修建"北大路"的工程计划。《京报》于1934年12月首先对此进行了报道。据报道，该工程修筑对象"南为操场大院，北为嵩公府夹道"，计划将其加宽引直，以利交通而壮观瞻，通过对房基线和道路的重新规划，具体的改造工作包括将东斋门前之林地一方约九千平方公尺改为道路、将林地北侧民房数所照章收用，收购费用由北大承担。[2]1935年1月，《北平晨报》也对修建大学路工程进行了报道，特别对其修筑意图、构想等方面进行了详细的记载，相关内容如下：

---

[1] 《北京大学前马路将展宽》，《京报》1932年7月14日。
[2] 《开辟北大路即日动工修筑》，《京报》1934年12月14日。

  北京大学在一九三四年的建筑计划中，除图书馆、地质馆、学生宿舍等项工程外，尚有辟大学路计划。该项计划经过长时间研讨始行决定。其用意即使现行之汉花园第一院（文法学院）、景山东街第二院（理学院及各办公室）及新落成之图书馆、地质馆、学生宿舍、运动场、浴室、风雨操场有密接的联系，形成一个整个的大学区域。第一院门前旧有之马路（即汉花园）为一极宽大通衢，该项新路即与汉花园马路衔接，其宽度长度与汉花园马路相等，经过第二宿舍，北至地质馆，再经过图书馆东至河沿，则北大各院可以西至第一宿舍（西斋）连成一片。业经内政部及北平市政府核准收买附近房地兴筑，曾志本报。顷闻价款已由该校交付财政局，计收买房地共计十处。唯迫于积习，该项房地至旧历年始能腾出，开学时即可动工修筑。依照预定计划，路旁夹植松槐，在外景上使呈现一种庄严伟大气象。同时旧有封建社会遗留下的古老小屋及颠顶陈腐多个现象，将无形一扫而空。[1]

据《北平晨报》1935年2月底报道，大学路于2月22日动工改造：

  其路线为十字型，横路自北河沿经过北大操场、图书馆前，直至景山东街以地质馆为最西之尖端，纵路即将东斋门外马神庙小马路加宽修筑，并向北延长，全路用石子铺填，贯北大一二两院及图书、地质两馆之交通，为工程中之重要者。[2]

该报道同时记载，工程开工后一面将东斋门前树木移往一院门前，同时原影响路线之铺面房已全部拆除。据《北平晨报》描述施工情形：

---

[1] 《北京大学"大学路"月底兴筑》，《北平晨报》1935年1月17日。
[2] 《北大筑路昨天工》，《北平晨报》1935年2月23日，第9版。

马路东侧一带原有之小饭铺、自行车行多已迁移，其有未及迁移者，亦将家具收拾一空，颇有惨淡之气象。而东斋门前工人扰攘，气势紧张，洽成极有兴味之对比云。[1]

可以想见，伴随着老北大校园在各个时期的不断建设，校方与民间社会围绕着周边的土地和房舍持续进行了几十年无声的争夺。通过种种争夺、互动，在紫禁城东部这片昔日毗邻皇城的区域内，王府的深宅大院、错落的民房屋脊等昔日景观，最终为大学区的校园景观所取代，老北大终于在某种程度上勉强建成了大体完整的校园。

下页图是抗战以前北大三院五斋空间格局和道路建设的简单示意，从图中可以看出，除第三院分布相对独立外，北大一、二院及附属机构在此时已形成一较为完整的空间格局。

第三节　蒋梦麟校长的未竟之志

30年代校园建设的成绩是整个老北大五十年历史上的一个高峰，但在蒋梦麟校长的计划中远不止上述内容。北大为了盖三栋新楼已经花费了三四十万元巨款，这其中尚且包括很多教授的捐薪，校方实在挤不出钱来再有什么新动作了，巧妇难为无米之炊。为此，蒋梦麟这个国立大学最高学府的校长不得已也像那些私立大学的校长一样开始向社会贤达募捐。1935年，蒋梦麟提笔给香港开埠后的首富、第一大望族、慈善家何东（Robert HoTung Bosman，1862—1956）写信求援，其中提到了几项建设计划：

---

[1]　《北大筑路昨开工》，《北平晨报》1935年2月23日，第9版。

| 老北大校园简史——现代校园空间的拓建 |

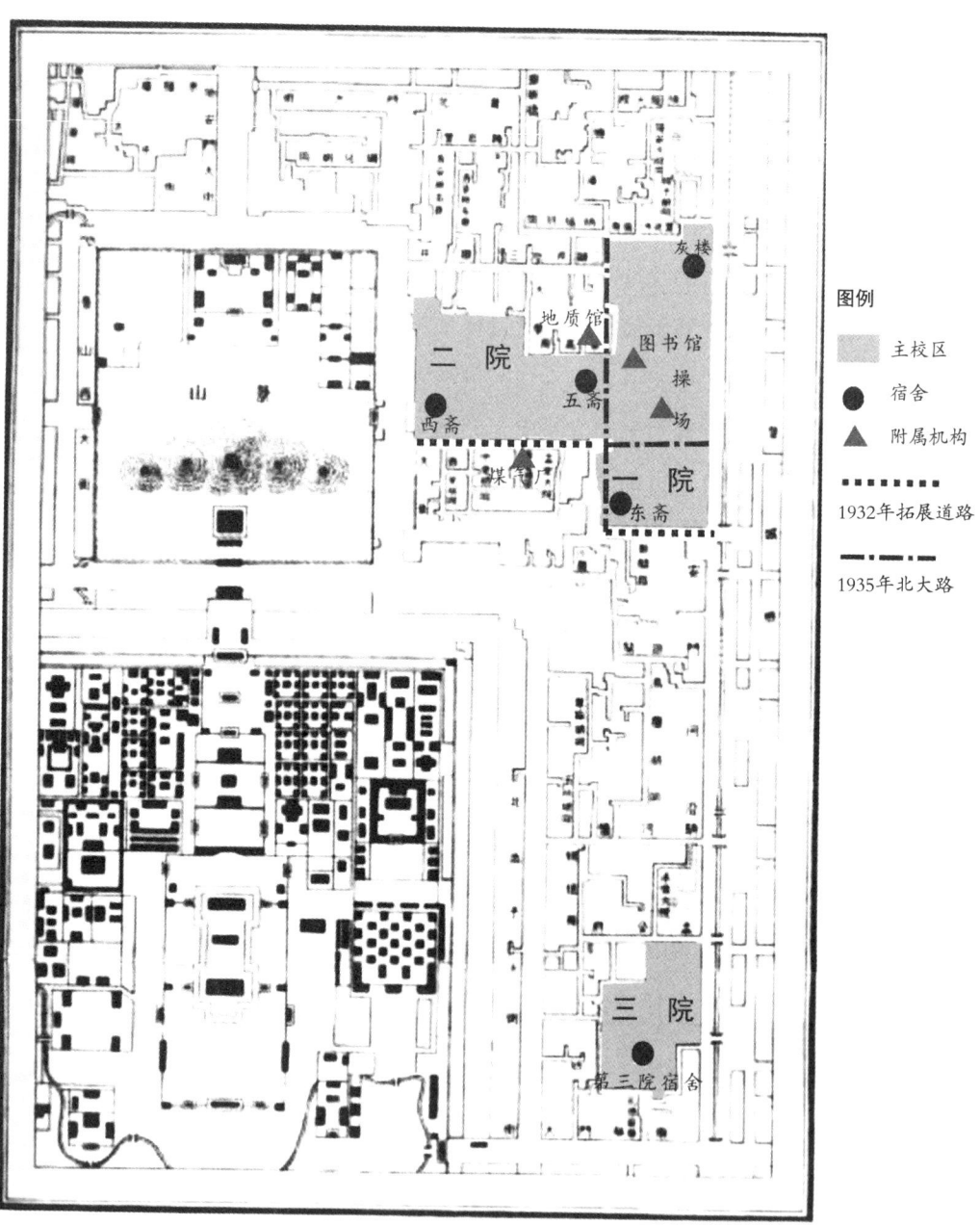

图3-41　20世纪30年代北大空间格局与道路建设情况

正在计划，犹未兴工者为（一）课堂Lecture Hall，（二）大礼堂Auditorium，（三）或大礼堂兼体育馆Auditorium-gymnasium。估计建筑费，课堂需银二十万元，大礼堂需银十万元，如兼体育馆须增加十万元，亦为二十万元。年来国帑支绌，教育经费积欠未清，似此巨款，殊难筹措。无已，唯有从事捐募，以期早观厥成。台端热心教育，夙所仰佩，拟请慨然解囊，襄此宏举。如荷惠允，并祈就上列三项计划中指定捐建第几项，他日落成之后，当以台衔命名（或何东堂Sir Robert HoTung Hall，或何东大礼堂Sir Robert HoTung Hall Auditorium，或何东厅Sir Robert HoTung Auditorium-gymnasium），俾资纪念。[1]

可以看出，这三项建筑计划都是学校必需的功能建筑，属于标配，像大礼堂、体育馆都是师生长期以来所希望的。其中，大礼堂兼体育馆这个想法正是本书前文提到的胡适请美国建筑师亨利·墨菲在20世纪20年代初为北大所做的沙滩校区扩建短期计划中设想的方案。经费有限，土地空间有限，这两重紧箍咒一直紧紧地套在北大主事者的头上，是一个没得商量的硬约束，"螺蛳壳里做道场"，不得已而为之。尽管这个募捐计划没有下文，但从中仍可以看到蒋梦麟校长那一代人为发展教育及校园建设所做的艰辛努力。

---

[1] 《蒋梦麟致何东（抄件）》，选自《胡适来往书信选》（下册），北京：社会科学文献出版社，2013年，第536—537页。

第四章　战时及战后的校园变化

图4-1　傅斯年
（1896—1950）

图4-2　郑天挺
（1899—1981）

全面抗战爆发以后，学校奉命南迁。日本人控制下的老北大校舍，一部分变成了军事营地和办事处，包括设在红楼地下室的监狱，曾经于太平洋战争爆发后关押过众多燕京大学中国籍教师（如邓之诚、张东荪、洪业、侯仁之等）；另一部分则供伪政府设立的"伪北京大学"使用，如为"伪北大"文学院新建了一座三层高的新教学楼，俗称"北楼"。

全面抗战艰苦卓绝，北大和清华、南开先后迁往长沙和昆明，三校共组的西南联合大学成为中国现代教育史上的一段传奇。1945年，胜利的消息终于传来，大后方师生们"漫卷诗书喜欲狂"，总算看到了重返北平的希望。但此时的北平，因为日寇的占领和破坏使变得万分萧索。复校的领导者、代理校长傅斯年及北大秘书长郑天挺成为收复校产、重建校园过程中最关键的角色。经过这一阶段的努力，老北大的校舍借复员之机大肆扩充，院系也在原来文、理、法三个学院的基础上翻了倍，增加了农、工、医三个新的学院。此外，战前原有的校产也基本得以保留。

1946年，胡适由美国归来，正式接掌北大校长之位。历史留给他的时间实在太短，不过，胡适仍屡次向人表示，要效仿蔡元培、蒋梦麟，像红楼和图书馆那样为北大"修建一座值得永久纪念的建筑物"，他所构想的是北大一直缺少的可供全校师生集会的大礼堂（比北河沿的大礼堂体量更大）。只是，胡校长并没有足够的时间去完成这个计划，便踏上了离开北平的南下之路。

本章将对战时及战后老北大校园的建设与发展情况进行介绍，经此阶段，老北大的校园建设正式完成，而老北大也完成了她的历史使命。

第一节　全面抗战期间校园的变化

一、意外收获：北楼

1941年北平沦陷时期，"伪北大"文学院在第一院西北角、松公府的北侧新建了一栋教学楼，一般称作"北楼"（二院曾有北楼，后已改称生物馆）。这栋大楼有3层高，通体白色，有教室近30间。大楼北侧有一个半地下室的大阶梯教室作为小礼堂，面积约200平方米，用作学术报告和集会之用，一些公共大课也安排在这里。复员以后，文、法学院的院长办公室都设在北楼，文、法学院上课则在红楼、北楼都有，更多在北楼。

北楼的建筑师为钟森（1901—1983），北京人，又名东扶，满族。1924年毕业于上海同济大学土木工程科。曾在北平同成工程公司任职，后来担任德资的北平龙虎建筑师事务所在北平的负责人兼总工程师，北

图4-3 "伪北大"时期修建的北楼,前面四合院为松公府子民堂

楼就是由该公司承建。钟森早期的设计作品还有清华大学第七院学生寄宿舍(1935年)、"伪北大"工学院第一院校舍(1939年)。战后钟森被聘为北京大学工学院建筑工程学系教授。新中国成立后,率领龙虎建筑师事务所的员工(从业人员有杨耀、沈参璜、欧阳骖、方伯义)加入新组建的公营永茂建筑公司任设计部经理,1951年调任北京市建筑工程局副局长,广泛参与了北京市各大建设工程项目,是我国最早提倡和推动建筑工业化的专家之一。[1]

从北楼门进去西边第一间是经济系办公室,当时经济系只有这一间房子,大概20多平方米。第二间是政治系办公室,第三间是法律系办公室。再往里有一个套间是院长办公室,其中里间是院长本人的办公室,外边一间是院长会客室,法学院院长秘书熊正文在这里办公,那时候熊正文既是北大总办事处的秘书,又是法学院院长的秘书。周炳琳院长每天上午到北楼办公,熊正文就在周院长的外间办公。每天下午,周院长

---

[1] 刘亦师:《建构与呈现:民族文化宫与民族饭店建设史料汇论》,《建筑创作》2017年第4期;刘亦师:《永茂建筑公司若干史料拾纂(二):制度建设(1949—1952)》,《建筑创作》2017年第5期。

不来校，熊正文就在松公府里院西厢房的北大总办事处秘书室办公。[1]熊正文出身名门，是世家公子，父亲熊炳琦原是北洋军阀曹锟的参谋长，曾任北京陆军大学校长、山东省长。熊正文本人于1928—1937年先后毕业于北平中国学院经济系本科、燕京大学研究院经济系和北京大学研究院文史部，曾在天津做过多年商行经理，战后返回母校北大，除了行政职务以外，还主讲"经济学概论"课程。[2]

在院长办公室北边，是法政经济记录室，也就是经济系的图书室。这个命名来自北大五四时代的经济系主任顾孟余，他于1903年考入京师大学堂，1906年作为译学馆学生被遴选赴德留学，先在莱比锡大学学习电机工程，后转入柏林大学学习政治经济学，并加入同盟会。在北大任教时，他按照德国大学的传统建立了Arkives，德文指文献资料室的意思，后来称为法政经济记录室。该室有书库约20平方米，藏书丰富，包括中英等文字的图书，1952年院系调整时这些书籍都归到北京政法学院去了。书库外有一间40平方米的阅览室，它们之间有一道门相通，当时这个阅览室发挥了很好的作用，张友仁当时在经济系做助教也兼管图书阅览室，北大地下党的教员支部经常在这个阅览室开会，有时通宵达旦。[3]

> 1946年12月底，学校在北楼地下室办了一个教职员食堂，伙食分为全月、半月（午餐）、客饭三种。包月者一日供两餐。包伙每月甲种国币伍万元、乙种叁万陆千元；半月者减半；客饭甲种玖百元，乙种柒百元。开饭一人一菜一汤，二人两菜一汤，四人三菜一汤，六人四菜一汤，八人六菜一汤，荤素各半。早点零售，肉丝汤面四百元，猪肝面或三鲜面五百元，包子一百元，馄饨四百元，油条五十元，豆浆一百二十元。每客早点稀饭一碗，

---

[1] 张友仁：《张友仁师友录》（上），《人民政协报》2015年6月18日，第11版。
[2] 张友仁：《回忆熊正文教授》，《北京大学报》2011年9月5日第1251期，第4版。
[3] 张友仁：《张友仁师友录》（上），《人民政协报》2015年6月18日，第11版。

馒头两个，小菜一盘三百元。菜饭零售，水饺每个二十五元，馅饼五十元，二两烧饼、馒头、花卷七十元一个，两菜一汤二千元，四菜一汤三千六百元，六菜一汤五千元，拼盘五百元。开饭时间，早点七至九时，中餐十二至二时，晚餐五至七时，零售随时可吃。当时物价飞涨，从上述标价中就已经看出来了，学校还特别声明，各种价格每半月或一月视物价之情形会商调整。[1]

1948年五四校友返校节期间，北大各院在北楼礼堂举行文艺晚会，陆志韦、焦菊隐、马彦祥、杨振声、闻家驷等教授及学生500余人参加。[2]

1949年初，在中国人民解放军围城期间，地下党即组织同学们准备迎接解放，政治系赵宝煦老师和学生周其湘的任务是复制迎接解放的宣传画和制作欢庆解放的大标语，在北楼教室里闭门工作数日。[3]

1949年春天，马寅初从香港坐船到大连，路上打扮成大菜师傅，就是做西餐的厨子，然后转车到北京参加新政权的会议。3月18日，他

图4-4　北楼近景

图4-5　马寅初与周炳琳、赵乃抟合影

---

[1] 《通告》，北京大学档案馆·全宗号一·案卷号430，王学珍、郭建荣主编：北京大学史料（第四卷），北京：北京大学出版社，2000年，第849—850页。
[2] 《各校纷庆"五四"北大全校师生工警聚餐》，北平《益世报》1948年5月4日，第2版。
[3] 周其湘：《饱经沧桑沙滩大院》，《北京晚报》2013年11月16日。

一个人来到北大来看他五四时代的两个学生，经济系教授、法学院院长周炳琳和经济系主任赵乃抟，爱好摄影的张友仁在北楼门口为他们拍摄了一张相片。[1]

图4-6　北楼旧址现状

二、西校门与孑民纪念堂

老北大在位于一院和二院之间的松公府夹道开有两座门，一个开在新图书馆附近，称为西门[2]，一个开在战时新建的北楼附近。抗战胜利复员以后，西校门的门口悬挂一块写有"国立北京大学总办事处"的牌子，这座西校门俨然是学校的正门了。

根据现有图像资料分析来看，这座大门可能是之前松公府时期遗留的，从西校门进来的入口处有一座三门四柱类似牌坊的景观。

---

[1] 张友仁：《张友仁师友录》（上），《人民政协报》2015年6月18日，第11版。
[2] 比如1948年7月2日北大学生自治会编印的《北大半月刊》里说："进沙滩北大西门，再往北走上十步，你就面对着'文化墙'了。" 引自朱彤：《北京大学文化服务社战斗的日日夜夜》，选自北京大学校友会编：《北大岁月：1946—1949的记忆》，北京：北京大学出版社，2013年，第590页。

那么它是从何而来呢？从一张"伪北大"时期的老照片（图4-9）可以看见，该景观位于新建的图书馆南侧，位置与图4-8一致，区别在于这张照片里该景观中间有木板，并不是通透的。从图4-10的照片里，可以看到影壁上悬挂三块牌匾，最右边是"国立北京大学图书馆"，中间牌匾字迹依稀是"国立北京大学研究院文科研究所"。

在另外一张题为"北平松公府影壁"的照片（图4-11）里，通过对比可以发现是同一个构件，清晰地显示了这处景观的正立面原貌。因此，可以这样认为，这座西校门可能是原来松公府的一个侧门，进入入口处有一座木制的影壁，形似牌坊。后来随着校长办公室和总办事处从二院迁移到孑民堂，这里就逐渐成为学校行政中心所在地，考虑到该影壁正好位于西校门入口进入学校的干道上影响师生通行和视野，于是把影壁上的木板拆除，形成了一个可通行的类似牌坊的构件，这样一来既

图4-7　1946年复员北平后北大西门

图4-8　1946年北大复员后，由地质馆远眺

图4-9　"伪北大"时期图书馆和影壁

图4-10　30年代影壁及牌匾

图4-11 松公府时期影壁原貌　　图4-12 北楼远眺

能保留松公府原有的这处历史景观，忠实记录了该处的历史地理信息，又能满足作为西校门入口的地理空间转型以后的新需要，在新旧之间巧妙地达成了平衡。

同样位于松公府夹道，西校门再往北在北楼附近还开有一个弧形的小门（图4-12），这个门应该是沦陷时期随着北楼的修建而新开的。进门后前方是一个圆形草坪广场，这条路北就是北楼，路南是孑民纪念堂。图4-14中带有底座的立式钟表也是西校门入口处的一个景观，远处能看到前文提到的影壁，更远处可见景山上的制高点万春亭。

抗战胜利后，北京大学从昆明复员北平，以周炳琳教授为首的北大师生，在原松公府内西厢院举办公祭，纪念1940年3月在香港病逝的蔡元培校长；蔡先生一生低调，他把自己比作水塘中不起眼的孑孓，自号

图4-13 松公府夹道从南向北拍，远处　　图4-14 西校门入口处
　　　　可以看见地质馆　　　　　　　　　　带底座的立式钟表

孑民，因此在当时纪念会场的横幅上写着"蔡孑民先生纪念堂"，"孑民堂"就这样被叫了开来。

图4-15 孑民堂大门

孑民堂坐北朝南，为两进四合院。历史上，垂花门南面还有一进院落，共三进，现在只剩下了两进。院内正房与厢房共20余间，四周是游廊环绕，古朴典雅，韵味十足。院子南有垂花门，门内即为前院，有正殿五间，带月台，殿为灰筒瓦箍头脊，室内为井口天花。另有东西配殿各五间，西边有一独立小院。后院为七间后堂，东西各有配廊五间，带坐凳栏杆，两边廊中各有屏门四扇。如本书前文所述，30年代三大建筑建成以后，学校把总办事处集中到了二院。复员北平以后，学校把总办事处改设在孑民堂，胡适校长的办公室设在东配殿，校长秘书邓广铭也在这里办公，西配殿是秘书长郑天挺的办公室。有趣的是，根据张友仁回忆，胡适校长还在他的办公室东墙上挖了一个可以看见民主广场的小孔。[1]

1946年8月28日，北京大学前校长、时任行政院秘书长的蒋梦麟在抗战胜利光复后首次重返北平，当天下午5时就在蔡孑民纪念堂举行茶会，胡适、傅斯年、郑天挺、汤用彤等40余人作陪。胡适致欢迎词，称赞蒋校长兢兢业业，尤其在抗战期间，艰苦卓绝，缔造北大，功勋殊

---

[1] 张友仁：《回忆熊正文教授》，《北京大学报》2011年9月5日第1251期，第4版。

著。蒋梦麟即席回忆北大过去之掌故，谈笑风生。继有汤用彤和傅斯年致辞。最后胡适说他受命长校只是暂定，俟蒋氏回校后仍由蒋先生长校。引起在座教授哄堂大笑。[1]

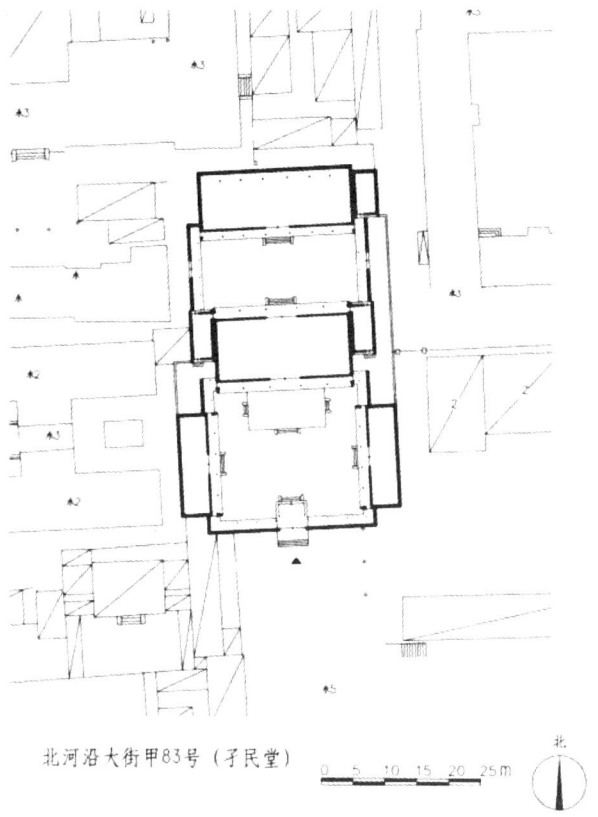

图4-16　孑民堂测绘图[2]

1948年五四校友返校节时，校友会选择在孑民堂举行庆祝会。出席校友有毕业后在北大任教的教授马大猷、邓广铭、许德珩、郑天挺、贺麟等共百余人。会堂北大校旗及蔡孑民先生的画像相对悬挂，上午十一点半庆祝会开始，校友同向蔡先生画像致敬。[3]

---

[1]　《孑民堂昨日盛会胡适欢迎蒋梦麟》，北平《益世报》1946年8月29日，第1版。
[2]　段柄仁主编：《北京四合院志》上，北京：北京出版社，2016年，第356页。
[3]　《疯狂了"民主广场"，北大热烈庆"五四"》，北平《益世报》1948年5月5日，第2版。

a.现状

b.正房

图4-17 子民堂第一进院落现状

a.现状

b.正房

图4-18 子民堂第二进院落现状

图4-19　1948年6月15日，北大校长胡适与出席泰戈尔画展的来宾在子民堂前留影

图4-20　50周年校庆于子民堂前合影

1948年12月17日，北京大学五十周年校庆也在子民纪念堂举行。北平和平解放以后，1949年2月28日，文管会主任钱俊瑞一行代表在子民堂商谈接管事宜，当天下午举行了接管大会，欢迎北京军管会接管北大的大会在民主广场举行，2000多人参加了大会。会后，军管会代表和北

大师生员工一起绕民主广场一周游行。北大师生高呼"北大新生万岁"等口号,还走出校门,上街游行了一个多小时。[1]1949年5月4日这天,周恩来副主席到北大看望教授们,在孑民纪念堂举行了座谈会,有129位教授到场,周恩来发表了关于新民主主义教育的讲话,强调"我们教育的发展要稳步前进","各项工作都要请大家来研究,大家的事要大家一起来做"。到会的教授受到很大的鼓舞。[2]孑民纪念堂在战后成为学校的总办事处,是全校行政的中心,也成了一个重要的集会场所。

该院落保存完好,1995年10月20日公布为北京市文物保护单位。

第二节 战后校产的拓展

北大政治学系教授吴之椿曾说:"北大没有垣墙没有门户,北大的建筑像英国的宪法一样是多年来零星的添建起来的。"[3]抗战胜利后,北大的校产如同清末一般,再次进入了分散化发展的时期,一些校址还轮回一般与其清末的用途存在历史的联系。

一、四院五院:国会街旧参众议院

全面抗战期间及战后,北大主校区外新添的几处校址,用途几经变迁,四院、五院校址便是其代表。明清时期,这里曾是专为皇家驯象的象房或驯象所,直到清末日渐荒废,留下了象房夹道、象来街等一些地名。1906年10月,清廷修律大臣沈家本、伍廷芳等人奏请在此开办京师

---

[1] 杨民华:《迎接北大的新生》,北京大学校友会编:《北大岁月:1946—1949的记忆》,北京:北京大学出版社,2013年,第415页。

[2] 叶向忠:《北大的情缘》,北京大学校友会编:《北大岁月:1946—1949的记忆》,北京:北京大学出版社,2013年,第398页。

[3] 张榆生:《介绍国立北京大学》,《读书通讯》半月刊1948年第158期,第5页。

法律学堂，西洋风格的校舍由日本建筑师设计。1910年9月，筹备立宪的清政府设立资政院，1910年10月3日，第一届资政院开会的地址就设在京师法律学堂，仿国外的国会式样将大讲堂改为议事堂，为半圆形，议员席也是半圆形，上设御座，下设院长席、演说台。清室覆亡后，资政院随之解散，当时由德国建筑师库尔特·罗克格（Curt Rothkegel）主持设计，在建国门内贡院旧址上正在建造中的资政院大楼的地基才刚刚打好。1912年4月29日，南京临时政府的临时参议院迁到北京以后在此举行了开院典礼。

临时参议院的东侧原为京师财政学堂（1909年由清政府度支部设立），其校舍建筑由南向北主要有正对大门的工字楼、大讲堂和两栋宿舍楼等。工字楼体量很大，楼高两层，正中三角门楣上装饰有二龙戏珠图案，东西各有对称的配楼，平面呈工字型。大讲堂同样是二层建筑，拱券式大门，宿舍楼是外廊式砖木结构的两层楼房。

1912年8月25日，教育部将法政学堂、法律学堂、财政学堂三校合并组建国立北京法政专门学校，迁址李阁老胡同原法政学堂旧址，而财政学堂原址因为面积广大而且紧邻临时参议院，被选作建设国会众议院新楼的基址。参议院仍设在资政院旧址，这样参众两院相邻，参议院在西，众议院在东，门前的街道正式更名为国会街，东边的"象房夹道"改称"众议院夹道"，即今天的"众益胡同"。

新建的国会议场选址在原财政学堂校园内西侧的操场，仍由罗克格设计，他沿用了前资政院大楼的平面，但为了节省经费，进行了简化处理，去除掉大穹顶以及所有繁缛的装饰，体现出庄重简洁的风格。建筑高三层，一层会场内的座位呈扇形排列，二层三面围楼为旁听席，两层共有988个座位。国会议场北侧是议长办公楼，又称"圆楼"，因楼内会议厅平面为椭圆形而得名，地上2层，是大总统和议长们开会的地方。议场东面的两层楼房是议员休息厅。议场东北侧的仁义楼、礼智楼（原财政学堂的两栋宿舍）是国会议员起草宪法的办公场所。北洋政府时期，从第一届国会开幕到1924年11月24日国会解散，一共经历了三届国会。

1925年11月，北京法政大学校长江庸提出拨还国会参众两院借用的原财政、法律两学堂校舍，此后这里重新划归北京法政大学使用，该校在后来的合校风潮中改为京师大学校法科（1927）、北平大学法学院（1928）、北平大学法商学院（1934）。曾被国会众议院征用的校舍建筑又重新恢复了本来的职能：原工字楼在众议院期间是办公室和议员们的休息场所，此时一层改为办公室，二层为教室。大讲堂在众议院期间曾作为小礼堂，是第二届国会宪法起草委员会的会场，此时改为图书馆。1931年2月，前北京大学法律系教授、行政法学家白鹏飞就任北平大学法学院院长，力谋学校发展扩充，1932年将原来大讲堂中部的实习法庭改为大阅览室，同时聘请建筑师钟森（他也是北大第一院抗战时期新建北楼的建筑师）在北面设计加建书库，森林木厂中标承建，1933年1月建成，到1933年底时有藏书5万册。1935年，在工字楼东侧空地新建研究馆一座，4月开工，当年10月竣工，中标者公兴顺木厂（土木工程）、中华汽炉行（暖气、卫生工程）也是同一时期北大新图书馆的承建商，电气工程由达明电料行承建。建筑平面呈口字型，楼高两层，中

图4-21　民国国会议场即众议院大楼，1946年被北大接收作为礼堂

间部分三层，造型简洁明快，为现代主义风格。

战时北平大学法商学院西迁组建国立西北联合大学（1938），后又改为国立西北大学法商学院（1939），战后该校留在西安。北平沦陷期间，国会街校址由日伪当局建立的"新民学院"和"华北行政学院"使用，战后一度成为国民党东北行营和熊式辉的驻地。北大接收以后把这里改为北京大学第四院，门牌号为国会街26号院，供文学院、法学院的一年级新生和先修班学生在此学习。仁义楼、礼智楼作为男生宿舍，研究馆大楼改为女生宿舍，原有的工字楼、图书馆则依然用作教学楼和阅览室。国会街50号是原国会参议院，沦陷时是"伪中华航空公司"所在地，北大接收后命名为第五院，作为北京大学出版部和印刷厂使用。特别是第四院原国会议场，在战后长期作为北大集会的大礼堂使用。

1946年10月10日上午10时，从昆明重返古都的北大师生在四院大礼堂举行了复员北平开学典礼。胡适校长在致辞中回顾了北大悠久的历史，盛赞前校长蔡元培和蒋梦麟的贡献，以及战时西南联大在艰苦中奋斗与合作的精神。这次开学典礼，见证了北大从过去文理法三院，扩充到兼有医农工六个学院的综合性大学。学生的规模比西南联大还大一倍，比老北大大三倍。散会后，大家在礼堂外面排成扇形合影留念。1946年11月1日，在这座大礼堂内举行了西南联大九周年校庆纪念大会，这是联大自昆明解散以后的第一次校庆联欢。

图4-22　1946年10月10日国立北京大学在四院大礼堂隆重举行复员北平开学典礼，图为会后师生合影留念

|上 篇 校园空间发展过程|

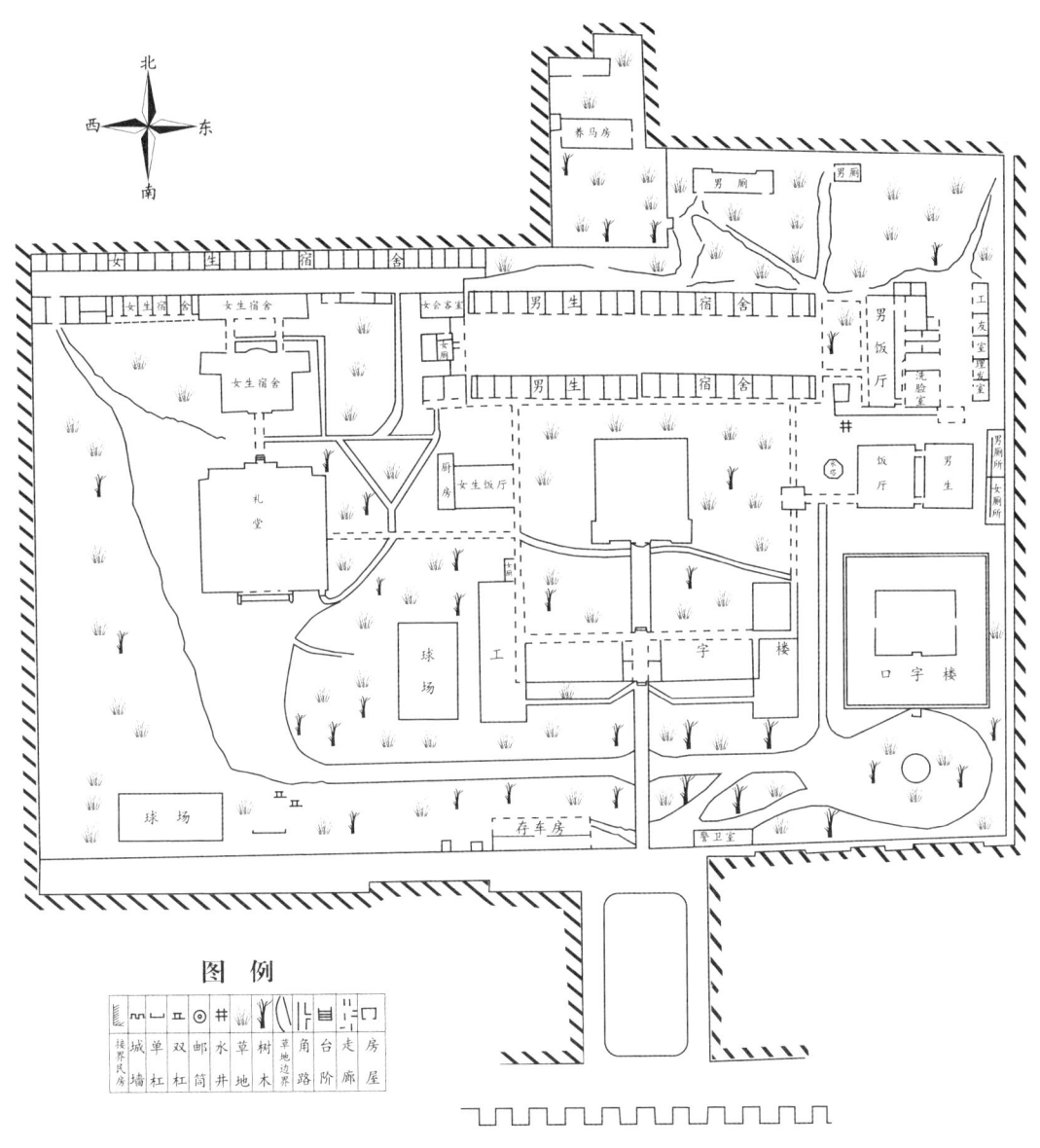

图4-23 第四院平面图[1]

---

[1] 依《国立北京大学五十周年纪念一览》中平面图改绘。

图4-24 四院男生宿舍旧址
（北京大学朱博雅拍摄）

二、农学院：罗道庄

如前文所述，1905年，京师大学堂创办农科大学，其后利用城外望海楼及罗道庄农地建设农科大学校园，成为京师大学堂时期唯一建成并投入使用的城外校园。该校后来发展为国立北京农业专门学校（1914）、国立北京农业大学（1923）、国立北平大学农学院（1928），战时北平大学奉命西迁，该校先后改为国立西北联合大学农学院（1938）、国立西北农学院（1938），战后教育部命令该校留在西北，发展成为今天的西北农林科技大学。农学院西迁以后，日伪政府在北京创办了"伪北大"农学院（1938），因前北平大学农学院原校址被日本军队占用，故将校址设在朝阳门外的私立朝阳学院。战后，北大接收了前北平大学农学院位于罗道庄的校址，并开办了新的农学院。

此处校址自清末建成并于民国时期投入使用后，又有一定程度的发展与建设。如在香山建立实验林场，1922年购南口三岔峪等处土地1100亩筹建第二林场。1920年，逊帝溥仪将建于乾隆年间的钓鱼台行宫（今日钓鱼台宾馆所在地）赐给他的老师陈宝琛作为别墅。陈宝琛非常喜爱，将旧园重新修葺，取名"钓鱼台赐庄"。农学院租用了行宫外的钓鱼台大楼及玉渊潭南岸地域，后来钓鱼台行宫也成为农学院校园的一部分。

图4-25 胜利复员重建后的北大农学院校园

到了1945年北大接收时，罗道庄农学院校址为敌伪占用多年，驻兵毁坏不堪，第一桩事就是如何辟山林、起宫室，以避风雨。老房舍没有倒塌、略事修葺便可利用的只有四幢建筑，一个是图书馆，另三幢是没有一定功用的两幢楼房和一幢平房。稍加粉刷补漏后，勉强排得开教室和教职员每人一张桌子，没有上下水道，更没有煤气装置。在开学前全力以赴抢工建造了学生宿舍，并修葺向市政府借来的新市区平房39幢作为教职员宿舍。少数单身教职员暂时三个人一间挤在图书馆的小房间里，大多数有家眷的教职员只能每天清早搭交通车出城上课，偶尔交通车抛锚还得乘露天卡车出城。[1]当时学生曾描述农学院校园的一片田园风光：

> 几座灰色的建筑，隐现在浓荫里，一条小溪，流过校舍的侧背，穿过了林场，灌溉着无际的稻田；桃花点缀着早春，河柳垂在溪流的两岸，矗立着火杨也增加不少意趣。这些城里的同学们所享受不到的就是西郊十几里外罗道庄农学院的院景。[2]

经过俞大绂院长及同人多年的苦心经营，到1948年底，罗道庄北大农学院各系差不多都拥有了两个试验室，几片小型试验场。全院还有两个大型农场（钓鱼台、卢沟桥），三个园艺试验场（罗道庄、陶然亭、卢沟桥），两个林场（南口、钓鱼台），一个牧场（钓鱼台），其他还有温室、养虫室、家畜诊疗所等[3]，成为当时国内最好的农学院。

---

[1] 干末：《北京大学农学院》，原载《北大化讯》1947年3月1日，第18—19期，选自北京大学校友会编：《北大岁月：1946—1949的记忆》，北京：北京大学出版社，2013年，第24—26页。

[2] 《农学院》，北大半月刊社编印：《北大1946—48》，选自王学珍、郭建荣主编：《北京大学史料》（第四卷），北京：北京大学出版社，2000年，第656—657页。

[3] 苏雅澄、李茂茂、蔡远渊、王玉斌：《俞大绂与中国高等农业教育》，《高等农业教育》2013年第7期。

图4-26 老北大农学院校园平面图

三、医学院：西什库后库

医学院的设置同样可追溯至清末。1903年，京师大学堂设立医学实业馆[1]，馆舍租后门（今地安门）内太平街民房。1904年，医学实业馆改称医学馆，迁入和平门外八角琉璃井由兴胜寺庙宇改建的馆舍，1907年停办，1910年，此馆舍被施医总局（当时的卫生部门）买去。1912年9月，教育部以价银一万两购买了已经停办的医学馆馆舍，划拨给国立北京医学专门学校使用。此后，该校经历了国立北京医科大学（1923）、国立京师大学校医科（1927）、北平大学医学院（1928）等设置变化，战时北平大学奉命西迁，该校又改为国立西北联合大学医学院（1938）、国立西北医学院（1939）、国立西北大学医学院（1946），战后教育部命令该校留在西北，发展成为今天的西安交通大学医学部。医学院西迁以后，原北平大学医学院校址由"伪北京大学"医学院使用，该校由日伪华北政府议政委员长兼教育总长汤尔和主导成立，1938年5月开课。1939年6月，"伪北大"医学院在西什库后库新建校舍，占地67亩，扩建了教室和实验室。战后，北大接收了西什库医学院校址创办北大医学院。

医学院校舍的东门在西什库后库，西门在西皇城根。当时，医学院设医学、牙医和药学三个系，主要建筑有教学楼和牙科楼。教学楼呈X形，前侧两翼为一层，后侧两翼为二层，两翼交汇处称中楼。教学楼内主要是基础医学各科和教室、实验

图4-27　医学院旧照

---

[1] 京师大学堂早在最初创办时即聘有医学教习。

室，药学系屈居一隅。牙科楼仅地上地下各一层。当时男生住在中南海内北大医学院宿舍，是进中南海西门向北的一片平房，女生住在沙滩灰楼，同学多骑自行车代步往返宿舍和学校之间。[1]下图为医学院校园平面图：

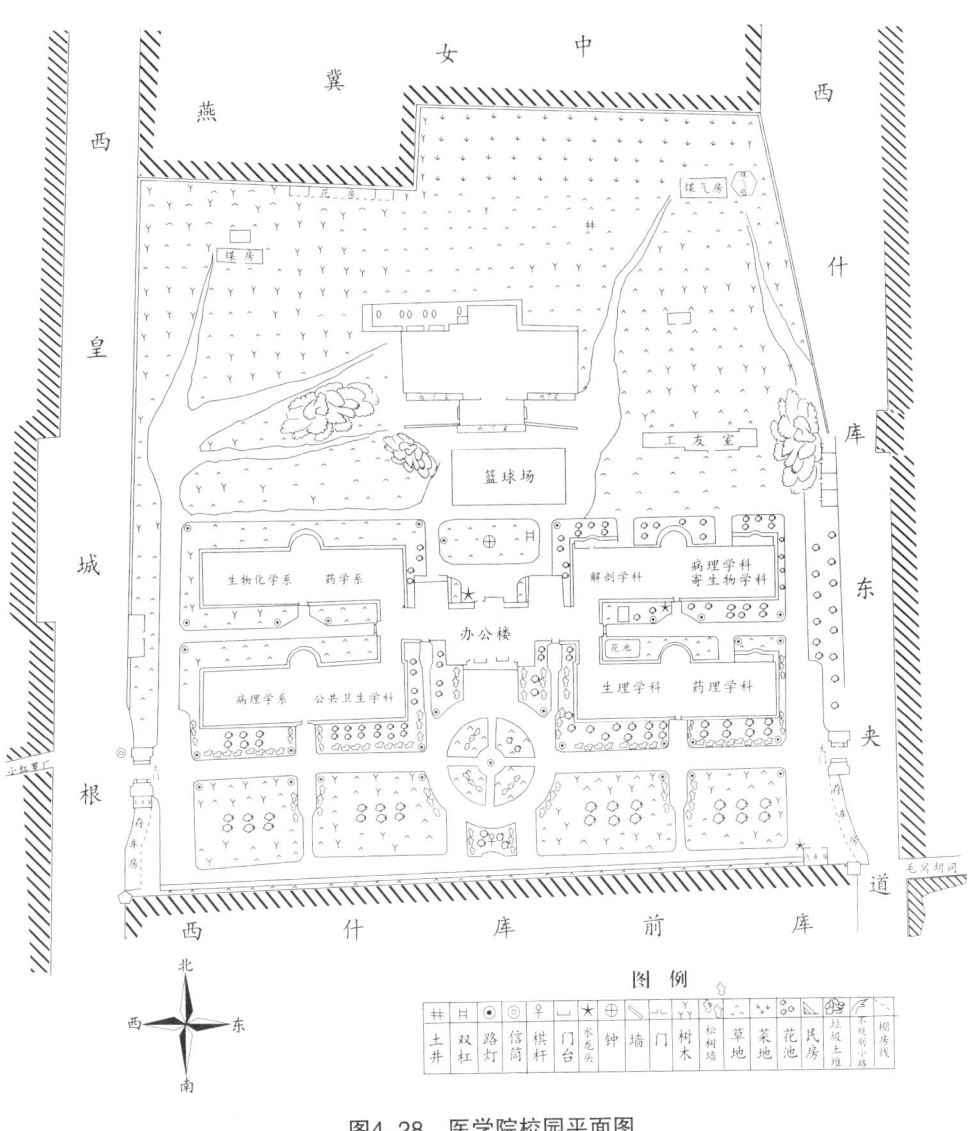

图4-28 医学院校园平面图

---

[1] 江伟洵、应读鳌、许鹿希：《忆北京大学医学院1946级往事》，选自北京大学校友会编：《北大岁月：1946—1949的记忆》，北京：北京大学出版社，2013年，第149页。

四、工学院：端王府

在战后处理"伪北大"的过程中，教育部长朱家骅原打算把农、医、工三个学院的院址、设备都拨给北大，但其中"伪北大"工学院因为内部情况非常复杂，为北大代理校长傅斯年所拒，教育部于是命令改由天津北洋大学接收，定名北洋大学北平部。北大则独立创办工学院，1946年设机械、电机两系，按照规划，第二年添设土木、化工、矿冶三系，第三年添设航空、建筑两系，达到七个系的规模。但是，1947年前述北洋大学北平部发生了平部迁津风波，北洋大学要求北平部暑假后迁到天津本部，遭到大多数学生反对，经过各方再三磋商，最终由朱家骅拍板决定该部还是由北大接收，合校以后北大工学院设机械、电机、土木、建筑、化工五个系，院址设在端王府。

图4-29　工学院大门（1932）

此处校址同样源自清末。1903年，清政府商部为振兴实业设立京师高等实业学堂，校址初设祖家街神机营军械分所，1909年移至端王府旧址新建校舍。民国以后，该校先后改名为北京工业专门学校、北京工业大学、北平大学第一工学院、北平大学工学院，战时该校奉命西迁，先参与组建西北联大工学院，后来独立为西北工学院，战后教育部命令留在西北，没有重返北平。另一方面，北大西迁以后，日伪政府设立的"伪北大"工学院就设在前北平大学工学院校址端王府。

端王府工学院的主要建筑有两层西式教学楼及图书馆。建筑师傅佰锐（1875—1926），字峻山，号"五洲行者"，满族，也称"落广满族"。其家族在康熙平叛三藩之乱后，于乾隆十九年（1754年）从北京调往广东戍边。傅佰锐曾在广东同文馆第二期学习，1895年由广东地方政府送至英国留学，先后在伊顿公学预科、剑桥大学和牛津大学学习英国语言文学和建筑，获得两个学士学位。1903年毕业回国，就职于清政府工部，在北京设计了多处欧式建筑，如农事试验场（今北京动物园）的大门、万牲园、畅观楼和京华印书局厂房等。[1]

1920年学生宿舍的一部分被改建为图书馆，占地9000余方尺，长300尺，横30尺，建筑费7000余元，其规模参合中西，大门内为差役及意见箱室，左为大阅览室，中为杂志阅览室，右为出纳处、档案柜办公室、主任办公室、杂志存储室和藏书库。藏书量很小，1936年出版的《工学半月刊》中对图书馆藏书数目的统计约为13035册，因此，无论从硬件还是软件来说，这个图书馆都只是一个因陋就简之地。1929年修建学生宿舍，各系还分别附设有实习工厂。

1947年北大接收此处校址后，因为距离沙滩主校区有一段距离，同学们往来上课有时候坐电车，当年北京的电车也很发达，间隔短，不拥挤，坐电车到西城再转公共汽车就到沙滩了。

图4-30　工学院大楼

图4-31　工学院图书馆

---

[1] 龚艺群：《中国留洋建筑师的优秀代表——傅佰锐——写在北京动物园建园110周年及傅佰锐逝世90周年之际》，《建筑》2016年第11期。

| 老北大校园简史——现代校园空间的拓建 |

有时候也骑自行车去。[1]下图为工学院校园平面图。

战后老北大校园大规模扩展，其校园的分散性再次体现。这种分散现象可以说是这一特殊时期的短暂局面，同时也体现了老北大对清末北京城高等学堂分布格局的一种传承与整理。

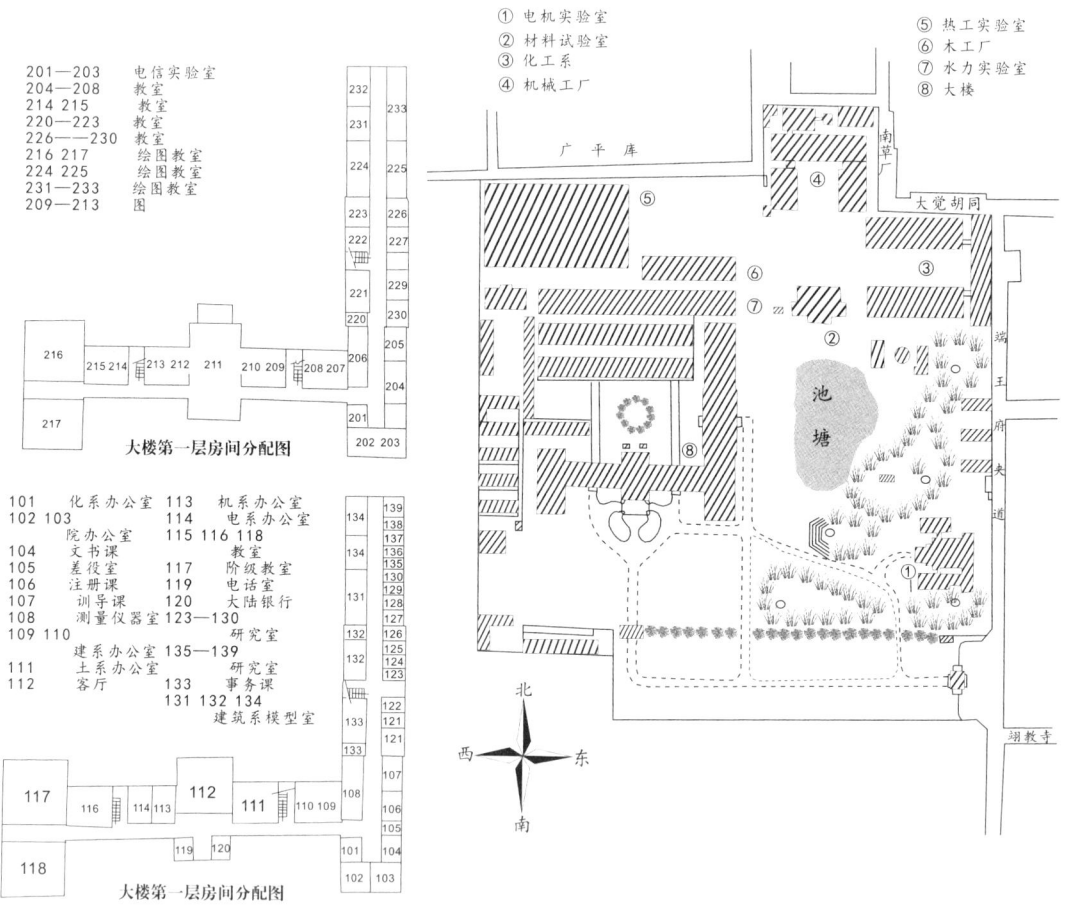

图4-32 工学院校园平面图

---

[1] 赵谨贻：《怀念天字楼》，选自北京大学校友会编：《北大岁月：1946—1949的记忆》，北京：北京大学出版社，2013年，第136页。

第三节　胡适校长任上的建设计划

一、一份设计草图

2017年5月7日，南京博物院的工作人员整理早期院史资料时，在抗战期间有关中央博物院与中国营造学社合作的史料中意外地发现了梁思成、林徽因先生于1947年合作设计之"国立北京大学孑民纪念堂·总办事处·大学博物馆计划草图"二帧，相关情况已由学者撰文论述[1]。此项发现与研究，对于老北大的校园建设史和梁思成的建筑思想研究而言，都是一项重大的发现。

根据披露的情况，设计草图共两张，均为尺幅不大的晒蓝图，一张为此建筑组群的整体外观，另一张为此建筑组群的总平面与立面图。在外观图的右下角题有"梁思成、林徽因草拟/卅六年十二月九日"，也就是说草图设计完成于1947年。

建筑组群由三个相对独立的部分组合为一个整体，居中为大礼堂，名"孑民纪念堂"；另外两座建筑布置在礼堂的两翼，东侧为总办事处，背立面向内与纪念堂东侧合围出建筑组群的东部庭院；西侧为大学博物馆。在总平面与立面图上还附有文字说明：

①孑民纪念堂部分，标注了前厅楼梯、讲台（舞台）、化妆间、道具间、布景室的位置，在观众席位置注明："楼下900人，楼上300人，共1200人。"

②总办事处部分，标注了校长室、秘书长室、办公室、会议室、厕所等功能划分。

---

[1] 张淼宁、殷力欣：《梁思成、林徽因建筑设计作品的最新发现——"国立北京大学孑民纪念堂等"设计草图》，《建筑学报》2017年第12期。

③大学博物馆部分，标注了办公室、临时储藏室、陈列室、厕所、楼梯间位置，入口处为居住中辟门之长廊，可陈列石刻等艺术品（或文物、记事碑等），而对于楼房的布置，又有简要文字说明："大学博物馆主要陈列室在楼上，储藏室可在地下层，博物馆可向后扩充。"

④图面左侧存一处文字，说明了工程的面积和造价。

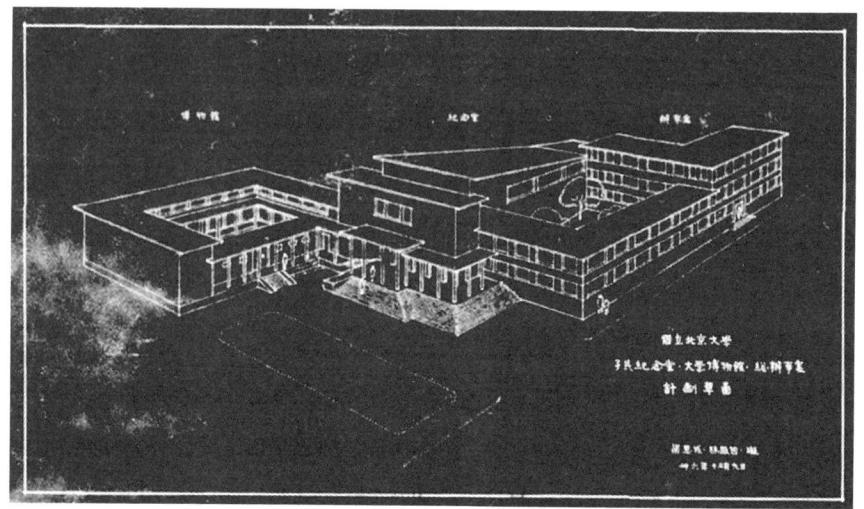

图4-33　梁思成、林徽因为北京大学子民纪念堂·博物馆·总办事处设计的草图

前述研究指出："就此二图所表现的建筑形象而言，其整体似为砖混结构，外墙为清水墙面，廊柱、门、窗等均简洁无装饰，似乎不留任何中国传统建筑痕迹而具有简约至上的现代建筑风格。"博物馆的"入口门廊面阔七间、进深二间，居中布置为带有漏窗的墙壁，又颇具江南私家园林之游廊特征"，"这个设计方案给人的整体印象是：单体建筑异常简练，也似乎看不到中国传统文化的痕迹，但却以3个单体组合出立面构图的多层次递进、叠加，又能自然而然地合围出舒朗的庭院，虽是西方现代建筑外貌，又不失东方建筑整体氛围的悠远意味。"[1]

---

[1] 张淼宁、殷力欣：《梁思成、林徽因建筑设计作品的最新发现——"国立北京大学子民纪念堂等"设计草图》，《建筑学报》2017年第12期。

由此出发，进一步结合有关史料，另一项雄心勃勃的建筑计划又徐徐展现在了我们的眼前，那便是胡适校长的建设宏图。

二、大礼堂

1947年3月13日，胡适与周治春、蒋廷黻同机由北平飞往南京，住在中央研究院历史语言研究所，此次行程安排很满，其中很大部分精力花费在为北大筹集经费上。在14日中华教育文化基金董事会的年会上，胡适提出效仿30年代中基会与北大合作的办法，进行第二次合作的提案："北大向中基会借美金三十万元，分两年支用，为购买图书设备之用。北大担负每年付息五厘，由教育部担保，以美金付还。两年之后，分十五年还本，亦由教育部担保。"[1]17日中午胡适到教育部与部长朱家骅一起吃午饭的时候，"细谈北大经费事"。21日回到北平。[2]24日下午5点在北大松公府校长室举行的第36次行政会议上，胡适首先向出席代表报告了在京与教育部接洽校务的情形，随后谈到了其宏伟的建筑计划以及与教育部部长朱家骅商讨关于落实建筑经费的问题，这个雄心勃勃的建筑计划一共分为三期：

> 第一期建筑费国币五十三亿，部长已经允为筹拨，计：北大医院门诊部，理学院数理馆，理学院化学馆，图书馆两翼延长，第三院大礼堂修理扩大；
> 第二期建筑经费部长允俟暑假后设法，计：医学院加盖一层，农学院兽医院暖房实验室，工学院；

---

[1]　《日记（1938—1949）》1947年3月17日，选自胡适：《胡适全集》第33卷，合肥：安徽教育出版社，2003年，第626页。
[2]　《日记（1938—1949）》1947年3月17日，选自胡适：《胡适全集》第33卷，合肥：安徽教育出版社，2003年，第626页。

> 第三期建筑须从长考虑，计：学生宿舍，新建礼堂，教职员宿舍。[1]

由此可知，至少在1947年3月，建筑礼堂的计划还不在短期考虑之内。

不过，胡适的三期建筑计划却生不逢时，尽管有北大出身的教育部部长朱家骅口头承诺，但内战的升级使胡适认识到同时兴建这么多建筑已绝无可能，他必须冷静而果断地放弃宏大的设想，转而务实地集中全力在一个点上争取突破。与此同时，为北大建造一座纪念蔡元培先生的纪念性礼堂应该是包括胡适在内的众多北大师生与校友长久以来的一致想法，在1948年1月北平北大同学会发起的校友为校庆捐款的通启中就曾写道：

> 敬启者：北京大学自成立至今年十二月十七日恰满第五十周年。往者，各地同学有募款兴建蔡孑民先生纪念礼堂，以为寿礼之议。[2]

胡适对美国大学校友会所发挥的力量一向有高度评价，在他继任校长以后也充分尊重、调动各地校友积极参与校务。最终决定建筑大礼堂的方案也是在征求各地校友意见的基础上提出的，1948年3月28日《国立北京大学致北平同学会函》里称："本校今年五十周年纪念，京沪平津各地校友提议募款建筑孑民先生纪念堂。"[3] 1948年3月，[4]胡适向各地北大校友发函号召捐款，函称：

---

[1] 《第三十六次会议》1947年3月24日，选自王学珍、郭建荣主编：《北京大学史料》（第四卷），北京：北京大学出版社，2000年，第39—40页。

[2] 《北平北大同学会发起全国各地每个北大同学每个北大校友为庆祝母校五十周年校庆捐献金圆五元通启》，选自王学珍、郭建荣主编：《北京大学史料》（第四卷），北京：北京大学出版社，2000年，第1082页。

[3] 《国立北京大学致北平同学会函》，1948年3月28日，选自王学珍、郭建荣主编：《北京大学史料》（第四卷），北京：北京大学出版社，2000年，第1083—1084页。

[4] 这个日期不是李好《民国老北大校庆趣谈》一文中的1947年3月，可以参见欧阳哲生：《胡适与北京大学》，《北京大学学报（哲学社会科学版）》1997年第3期。

北京大学原称"大学堂",是历代太学的继承者。太学之制起于汉武帝元朔五年(民国纪元前二〇三五年,西元前一二四年),故我们很可以说北大已有两千零七十二年历史,是世界最老的大学。这算法总不免有些"卖老",故我们向来只算光绪戊戌年(民国纪元前十四年)开办的。大学堂是本校新生命的开始,到今年整整五十年,在校师生和各地校友都想给北大做寿,所以有北大五十周年纪念的筹备。纪念方法大致分两方面:一是用学术研究的成绩做祝寿礼物,一是立一种五十周年纪念的公共建筑。在学术成绩方面,各学院已着手征集各学院的研究成绩,且已计划各种学术刊物与讲演;在纪念建筑方面,我们征求各地校友的意见,大家都主张集中力量,募款捐款建筑一大礼堂。我们感觉建一个可容一千几百人的大礼堂是北大今日最迫切的需要,所以京、沪、平、津各地校友都赞成集合全国校友力量,募集捐款,在沙滩区建造大礼堂,就叫做蔡孑民先生纪念大礼堂。我们曾请几位建筑工程专家设计,大致计算,建筑与内部设备要国币七百五十亿到一千亿,非有绝大力量不能担负。我们大家都想此事,必须吾兄出来负责提倡,始有成功希望,所以我代表北大在校同人与各地校友,恳请吾兄慨允担负此事,千万请勿推辞。[1]

由此可知,为迎接五十年校庆,胡适校长有意建造一座纪念建筑,在征求了各地校友意见之后,才决定建造大礼堂。建筑大礼堂的决议实际上在1947年的年中就已经做出了,为此,胡适还请30年代曾为北大设计过地质馆和灰楼宿舍的梁思成再次担任设计工作。关于聘请梁思成担任设计这件事,查《胡适全集》与《梁思成全集》均未见明确记载,但当时担任校长秘书的邓广铭先生对此有回忆说:

---

[1] 李好:《民国老北大校庆趣谈》,《北京档案》2017年第10期。

胡先生在担任北大校长期间，曾屡次向人表示说：蔡孑民任北大校长期内，修建了一座红楼；蒋梦麟任北大校长期内，修建了一座图书馆；我在做校长期内，总也应当为北大修建一座值得永远纪念的建筑物，我是想能修建一座礼堂。后来他就正式向总务负责人提出，而且与建筑学家梁思成几次商洽此事。[1]

1947年5月31日，北大第62次行政会议时郑天挺秘书长已经报告了成立礼堂基地委员会及工作进展的情形，礼堂基地委员会委员有：钱思亮、周炳琳、赵乃抟、杨振声、江安才、阴法鲁、龙季和、邓广铭、李续祖、熊正文、郑天挺。[2]显然这个委员会的主要任务是为计划中的大礼堂选址。前述发现的设计图纸是建筑组群之侧上方整体俯视的效果图，并未标示具体的坐落方向，两位研究者经过分析认为："此建筑群在旧北大一院内比邻原北大红楼，总办事处则门对民主广场，其体量与坐落方位，都是与原有校园氛围相融合的。"考虑到当时沙滩校区仅有的富余空间情况，这个分析大致是合理的。

**图4-34　胡适
（1891—1962）**

在《国立北京大学筹建蔡孑民先生纪念堂工程简略说明》中，还明确记载了计划的房屋布置情况：

甲、纪念堂：堂以容纳一千五百座为标准，分上下两层，带

---

[1] 邓广铭：《担任北大校长时期的胡适》，原载《燕都》1990年第1期《胡适与北大》，选自北京大学校友会编：《北大岁月：1946—1949的记忆》，北京大学出版社，2013年，第176—177页。

[2] 《第六十二次会议》，1948年5月31日，选自王学珍、郭建荣主编：《北京大学史料》（第四卷），北京：北京大学出版社，2000年，第62页。

演讲台及穿堂如图。

乙、陈列室：纪念堂左右两翼平地层及地窖层均利用为博物馆陈列室，其过道宽为二公尺，两壁可镶石碑石刻之类。

丙、办公处：本工程二楼利用为大学总办事处，分为校长办公室、会议室、客厅及秘书处、教务处、训导处等。

以上均用钢筋混凝土建造，以资避火，青砖墙身，松木门窗屋架。[1]

这个设计方案与梁思成先生的设计草图基本一致，而且这份说明书的时间是1947年12月8日，而南京博物馆发现的图纸标明1947年12月9日，有理由相信说明书应该与设计草图是配套的。其后，胡适在南京向北大校友呼吁"捐款建筑北京大学礼堂及博物馆"。

1948年1月14日下午3点，北大召开了五十周年纪念筹备委员会第一次会议，议决事项第一条就是"集中财力，建造大礼堂"。并专门设置了"五十周年纪念建筑委员会"，推选杨振声、马大猷负责，并聘请校外研究建筑之人士及本校建筑学系教授协助工作。[2]北平《益世报》还特别提到"至博物馆、体育馆、总办事处各楼，将视募捐情形而定。……决定大礼堂落成典礼于五十周年纪念日举行。"[3]可知，这时或许已经把上个月设计的三合一联体建筑组团方案再次压缩到优先只建造大礼堂一栋建筑了。

只可惜形势比人强，1948年南京国民政府的统治已经风雨飘摇，建

---

[1] 《国立北京大学筹建蔡孑民先生纪念堂工程简略说明》，1947年12月8日，北京大学档案馆·全宗号五·目录号（9）·案卷号1148—1，选自王学珍、郭建荣主编：《北京大学史料》（第四卷），北京：北京大学出版社，2000年，第834页。

[2] 《北大五十周年纪念筹备委员会第一次会议纪（注：此字原文如此）录》，1948年1月14日，选自王学珍、郭建荣主编：《北京大学史料》（第四卷），北京：北京大学出版社，2000年，第1079页。

[3] 《积极筹备庆祝北大五十周年》，北平《益世报》1948年1月15日，第4版。

筑计划最后的妥协也失去了立足之地。1948年5月10日，北大校务会议36年度第三次会议上，胡适校长亲自报告了南京上海校友的意见：

> 关于五十周年纪念募捐事，在京校友以时局不靖，捐募为难，建议本年专以学术纪念，俟六十周年时再作纪念建筑，此意上海校友亦以为然。上海校友并认捐五十亿，作为学术刊物用费。束云章先生担任二十亿，傅沐波先生、徐士浩先生各十亿，李伯嘉、李孤帆先生及各同学共认十亿。[1]

北平同学会也发表声明：

> 因战事未停，民生艰苦达于极点，胡适校长认为构筑非其时，向各地同学建议募款兴建礼堂之举暂缓进行；由学校尽现有之房舍尽量从事于作学术性之纪念，其体念时艰，并恤及我同学与校友之经济负担能力者，至深且切。[2]

建筑礼堂的计划搁浅后，北平同学会继续发起了面向全体校友的募捐，并得到各地校友的热烈响应。一些校友会以及校友个人进行了捐助，以作为对母校建设的支持。[3][4]

---

[1] 《校务会议三十六年度第三次会议》，1948年5月10日，选自王学珍、郭建荣主编：《北京大学史料》（第四卷），北京：北京大学出版社，2000年，第76页。

[2] 《北平北大同学会发起全国各地每个北大同学每个北大校友为庆祝母校五十周年校庆捐献金圆五元通启》，选自王学珍、郭建荣主编：《北京大学史料》（第四卷），北京：北京大学出版社，2000年，第1082页。

[3] 《国立北京大学致徐东学李希程函》，选自王学珍、郭建荣主编：《北京大学史料》（第四卷），北京：北京大学出版社，2000年，第1084页。徐东学、李希程两位校友捐款500万元。

[4] 《武汉校友会来函》，选自王学珍、郭建荣主编：《北京大学史料》（第四卷），北京：北京大学出版社，2000年，第1084—1085页。9月25日收到武汉校友会捐款金圆五百五十八元二角三分。

礼堂计划搁浅，除了上述原因以外，邓广铭先生的回忆还提供了另一种原因：

> 梁回复他（胡适）说：如果想修建一个容纳千人以上的礼堂，那就和一般小型礼堂大不相同。必须设法多造出入口，以便一旦发生事故时，能在一两分钟内把礼堂内的人员全部疏散。无奈那位总务先生是一位顾虑很多的人，他暗自思忖，如果真修成一座大礼堂，各校的学生们要借用这个礼堂作为经常开会的地方，那将如何是好。所以他对胡的这一意图采取了敷衍态度和拖延做法，既没有表示反对，也不认真筹措，以至到1948年冬，胡离开北平之日为止，这个礼堂仍然是个空中楼阁。[1]

三、博物馆

早在西南联大的后期，文学院院长汤用彤在谈到胜利后的复员计划时就曾提出增设考古系的设想，后来并没有实现。不过，胡适就任校长以后决定聘请留美学者韩寿萱、王重民创办博物馆学系和图书馆学系，正式建系以前先设专修科，附设在文学院内。与大礼堂计划完全落空相比，博物馆的筹备倒是稳扎稳打，推进有力。

1947年4月14日，北大发起成立博物馆筹备委员会，聘请胡适、汤用彤、向达、裴文中、杨钟健、韩寿萱、殷宏章、芮逸夫、唐兰、杨振声、冯兰洲十一位先生为委员，由胡适召集，并决议拨法币1000万元为博物馆开办费。[2]最初馆址计划设在国会街第四院。[3]

---

[1] 邓广铭：《担任北大校长时期的胡适》，原载《燕都》1990年第1期《胡适与北大》，选自北京大学校友会编：《北大岁月：1946—1949的记忆》，北京大学出版社，2013年，第177页。

[2] 《第三十八次会议》，1947年4月14日，选自王学珍、郭建荣主编：《北京大学史料》（第四卷），北京：北京大学出版社，2000年，第41页。

[3] 《胡适等筹备北大博物馆》，《申报》1947年4月17日，第5页。

1947年11月18日，行政会议决议：本校博物馆暂设于翠花街三号东院，同时拨本校图书馆后院空房为博物馆之用。[1]翠花街三号原为医学院单身教职员宿舍，北大商请医学院另觅李阁老胡同房屋作宿舍之用。这两处房产中，承担博物馆陈列职能的是图书馆后院空房，有相关记载如下：

> 馆址最初设在沙滩图书馆的后面，只有陈列室三间，参考室一间，储藏室一间。陈列的是古代器物和近代的手工艺品，还有关于美术、考古的书籍和图片。由于地方狭隘，陈列得都难求系统化。所有这些藏品、书籍、图片等，一向是公开的供一般人参观，供专家们研究。[2]

北大博物馆筹备进展很快，新聘主持者韩寿萱教授在美国研究博物馆学及从事博物馆事业已有16年经验，于去岁应北大胡适校长之邀请返国计划创办北大博物馆，在返国时曾代北大及教育部购回大批博物馆照片，其后教育部将这批照片拨给北大博物馆使用。[3]同时在1947年暑假，已经以数百万元购得商周青铜器20余件，连同接收张仁蠡之石器等，暂行布置。[4]

根据1949年9月《北京大学博物馆概要》的统计，截至当时，博物馆已建成了瓷器室、铜器室、手工艺品室、校史资料室、图书室、图片室、照像室、内有幻灯设备的教室、工作实习室。[5]共有文物3700件，

---

[1] 《第五十五次会议》，1947年11月18日，选自王学珍、郭建荣主编：《北京大学史料》（第四卷），北京：北京大学出版社，2000年，第54页。

[2] 《北京大学博物馆概要》，选自王学珍、郭建荣主编：《北京大学史料》（第四卷），北京：北京大学出版社，2000年，第698页。

[3] 《北大博物馆积极筹备中教部拨予大批照片》，北平《益世报》1947年8月31日，第2版。

[4] 《北大博物馆积极筹备中》，北平《益世报》1947年7月12日，第2版。

[5] 《北京大学博物馆概要》，选自王学珍、郭建荣主编：《北京大学史料》（第四卷），北京：北京大学出版社，2000年，第698—700页。

其中捐赠2676件，购买1024件，此外还有照像片2508张，图书1012册，藏品总计7220件，初具规模。热心负责采购藏品的主要是沈从文、杨振声、唐兰三位教授。[1]

热心支持博物馆筹备，积极捐赠藏品的人里有很多我们非常熟悉的著名学者和名人，包括：

沈从文：漆器九件，竹枕一个，漆盒一件，张墨农藏古印押一册，青花串枝莲觥一件，民国十二年宪法起草委员会纪念笺三张，绿釉陶豆一件[2]，彩绘芭蕉瓶一件，乾隆云蝠盘一件，霁兰小碗一件，仿哥兰花小碗一件，青花番莲碗一件，青花碗一件，升官图八幅，清康熙青花碗一件，织绣水烟袋套一件，清宣统二年简报一纸，十月十一日益世报文学周刊一张，绣缎镜帘一件等。

张充和：扣花枕帕两方。

邓广铭：民国七年总统府晚宴菜单一张，新疆石刻一块。

蒋梦麟：戊子科优行贡生榜一通。

李续祖：严复遗札一册。

朱光潜：希腊名像模型一尊。

胡适校长：清乾隆御书药师如来本愿功德经及法隆寺壁画等中外图书十九种，罗斯福总统就职节目请帖等五种，共和党推举竞选人大会入场券二张，民国二十二年抗日将士公墓碑拓片一轴，清银币一枚，中央研究院成立二十周年纪念摄影一张，蝇头小楷四书八股文两篇。

胡校长夫人江冬秀：俄式茶砖一方。

冯至：中国博物馆一览一册。

---

[1] 《北大前校长蒋梦麟赠送博物馆珍品》，北平《益世报》1948年4月23日，第2版。

[2] 案：史料整理者讹误为"绿轴陶豆"。

郑天挺：时节日暑一座。

宿白：清代诰封一件。

袁同礼：钱帖铜版一方，希腊钞票一张，一九一七年俄国卢布钞票一张，美国在柏林发行军用票一张。

韩寿萱：Costumes from the Forbidden City[1]一本及Eminent Chinese of the Ch'ing Period[2]二册又捐国币七百万元。

罗常培：古物陈列所书画目录十册，民国二十四年故宫日历一份，二十三年民国历一本。

马衡：洛阳金村东周墓出土黄肠木一条，周绳纹陶瓮二件，汉陶盉陶奁各一件（案：史料整理者将原文讹误为"盂"）。

向达：江南纸牌十二种，道光十五年陕西乡试题纸二张，敦煌新年用门神神马一套三十七张，敦煌大乘会钤印一纸。[3]

捐赠人中既有前校长、校长及校长夫人，也有普通教授，其中沈从文的捐赠最多，还发动了妻妹张充和。他因为早年在湘西军阀陈渠珍手下做书记员时见过陈氏收藏的很多古董，从此对古物收藏感兴趣，他后来成为文物研究专家其来有自。捐赠藏品更是不分古今中外照单全收，有很多在当时还属于现当代史的范畴，可以说保存史料的意识非常超前。

尤其值得一提的是，北大博物馆的展览是跨学科的综合性展览，并不局限在历史文物陈列这一个方面，这从最初博物馆筹备委员的名单中也可看出。展览包罗万象，五花八门，其中最新展览包括：①北大农学院与中国植物学会合办的生物科学展览，涵盖树木及森林、油料作物、

---

[1] 案：史料整理者将原文讹误为Costumes from the forlidden coty；纽约大都会艺术博物馆1945年版《宫廷服饰》。

[2] 华盛顿联邦政府印刷所：《清代名人传略》1943年版。

[3] 《博物馆筹备处谢启》，选自王学珍、郭建荣主编：《北京大学史料》（第四卷），北京：北京大学出版社，2000年，第691—697页。

北京西郊土壤、华北主要农作物、食用海藻、园艺作物水果及蔬菜、染料植物、纤维植物、药用植物九个部分；②地质系举办的地质矿产展览，涵盖地球的构造和地壳、从猿到人、中国矿产、地质图的说明四个部分；③机械系和建筑系合办的工程模型展览，涵盖机械模型（包括机件、动力机械、交通）、航空模型、建筑模型三个部分；④中研院史语所北平图书史料整理处举办的摆彝民族文物；⑤历代陶瓷器；⑥历代漆器等。[1]

尾　声

本章对抗战及战后这一时期老北大校园的发展进行了梳理，在这个阶段，老北大的校园再次得到扩展。不过由于时局的限制，很多设想最终没来得及实现。

更大的变化发生在1952年全国高校院系调整，燕京大学作为"美帝国主义背景"的教会大学被撤销。政府命令北大从城里迁到西郊的燕园，师生们带着恋恋不舍的心情，挥别了承载着辉煌历史和深厚感情的老北大校园。也许是冥冥中的缘分，蔡元培、罗家伦等北大先哲都特别钟情于西山一带，20年代蒋梦麟代理校长期间也当面托教育总长傅增湘"在西山的地方为大学多觅些地，以备将来把北大迁到西山去，使青年日日在天然景内涵养其身心精神"。并进一步说"我们意思最好请清室把圆明园送给北大，这园有四里阔，六里长，有山有泉，是最好的地方"。最终，北大在燕园展开了继往开来的新篇章。

---

[1]《北京大学博物馆概要》，选自王学珍、郭建荣主编：《北京大学史料》（第四卷），北京：北京大学出版社，2000年，第698—717页。

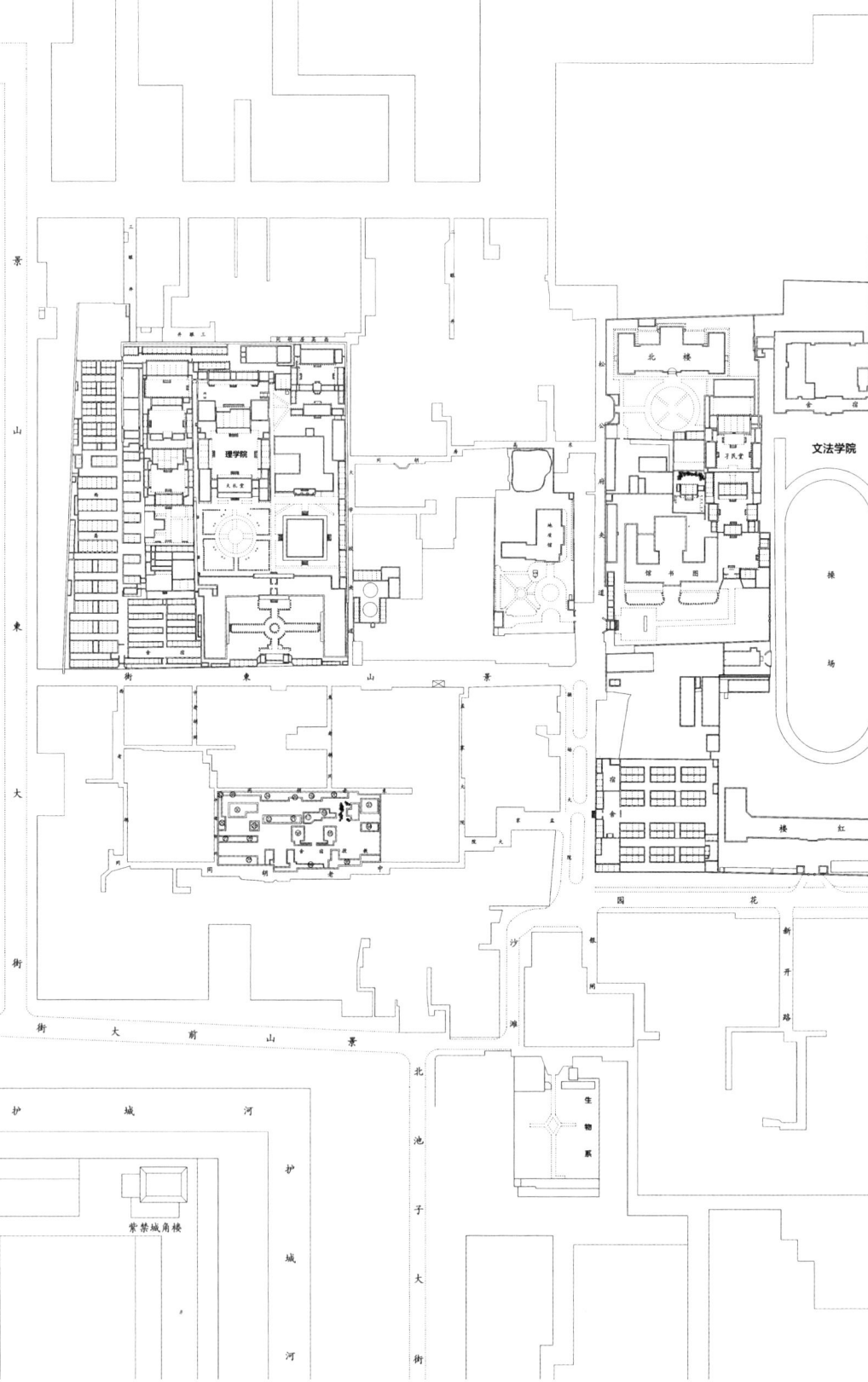

北

学者住宅

1-1	胡适（客厅）	18	王岷源（初杨西孟，张颐）
1-2	胡适（书房）	19	朱光潜
1-3	胡适（卧室）	20	田德望（先李铭新、俞大缜）
2	邓广铭	21	吴之椿
3	王崇武	22	冯至
4	赖家度	23	周炳林
5	俞大绂	24	陈友松
6	梁思永	25	芮沐（原陈占元）
7	张政烺	26	曾昭伦（初蔡枢衡，后徐光宪）
8	傅斯年	27	张景钺（初吴素萱）
9	李孝定	28	费青
10	漆侠	29	孙云铸
11	傅婧、傅尚媛	30	江泽涵
12	汤一介	31	沈从文
13	汤用彤	32	刘椿年、胡思壮（初张颐）
14	陈占元（初陈振汉）	33	庄圻秦
15	贺麟	34	闻家驷
16	袁家骅	35	马寿枞
17	孙承谔		

东皇城根南夹道

王府大街

图4-35 老北大主校区校舍分布图（北京大学人文社会科学研究院提供）

图4-36 1952年以前老北大校园分布图

下 篇
校园生活与文化空间

第一章　校园记忆

在上篇中，我们通过爬梳史料，依时间顺序梳理了自清末京师大学堂时期起一直到1952年迁校至西郊燕园期间老北大的校园建设往事。时光荏苒，一代又一代北大人的勉力探索，一步一步拓展的校园，各具特色的建筑，以及建筑和建筑群间彼此有序的安排，一切依稀重现眼前，引领我们重新见证了一座新式校园在古老帝都中实实在在的生长。

在下篇中，我们将对校友回忆、校史纪念刊、校友访谈等多种类型的资料进行整理，进一步探索彼时校园中老北大人的精神与生活。这一部分史料记载偏于零碎和个性化，却包含着丰富的空间记忆、认知和感受，有助于我们回到历史现场去追溯和触碰一座更加真实而生动的大学校园。

第一节　校园风貌

一、整体格局与景观

触景生情，睹物思人（校）。景观一向是人们情感的寄托，也是学子追忆的重点。在一些回忆文章中，关于校园总体格局的介绍并不鲜见。这是清末民初的情形：

当时的北京大学，只有马神庙（现在的景山东街）和译学馆两处校址，文理两科都在马神庙上课，法科是在译学馆。图书馆就在马神庙的公主楼。1918年才盖起了红楼，文科移到红楼去上课，哲学系在四层楼上。图书馆就搬到红楼的第一层去了。[1]

这是30年代的情形：

北大分三院，一院在红楼，是文科和部分法科；二院在景山东街，叫马神庙，是理科，有一小礼堂，一般名教授在此演讲；三院在北河沿，译学馆旧址，全是法科，有大礼堂。政治系属法科，我在红楼上课，有时到二院听胡适的课（自由选听），外请学者讲演均在二院。如鲁迅先生讲演就在此。[2]

下面一段回忆则较为细致地描述了校园格局形成后，主校区范围内的道路名称、格局关系：

理学院和红楼之间，距离并不远，跑来跑去都是几条短街，但地名却颇为复杂。红楼正前面，东西不过一百多公尺的一条正路，地名"汉花园"，汉花园是清代皇家内务府所掌管的皇家产业，是八百多平方丈的一块空地，光绪末年拨给大学堂，作为增建校舍用地。后来红楼、东斋、图书馆、办公处、灰楼新宿舍都建在这里。往西南斜过去，到北池子北口，短短一段，地名"沙滩"，由西墙外往北去，一直往北走，有一座喇嘛庙叫"嵩

---

[1] 杨晦：《五四运动与北京大学》，选自陈平原、夏晓虹编：《北大旧事》，北京：北京大学出版社，2009年，第41页。
[2] 马珏：《我的大学生涯》，选自陈平原、夏晓虹编：《北大旧事》，北京：北京大学出版社，2009年，第241页。

祝寺",因而文学院新楼外面的地名叫"嵩祝寺夹道",理学院前的东西街叫"马神庙",马神庙东口正对二院西门,进去就是图书馆和总办公处。而就在这短短的几条小街上,本世纪前半期中,真不知有多少世界闻名的学人在此留下过足迹。[1]

如果将视野放大一点来观察老北大校园与周边传统景观的关系,还会找到一些师生们关于校园范围、空间关系等方面的有趣认知:

> （我们北大虽然没有划定区域,但南至东安门,北达三道桥,西迄景山,谁也不能不承认这是我们北大的势力范围矩——而那条河,就是矩的外直边）我们不管它有无旧名,应即锡以嘉名曰:"北大河"。[2]

还有关于校园、传统景观以及城市文化的关联:

> 北京是一座文化城,是中外共同承认的,而景山又是文化城的最高峰。她的西边有北平图书馆,南边是故宫博物院,东边则为北京大学。西斋正在景山脚下,一抬头便看见山上那几个亭子,和山色的苍茫。[3]

当然不乏关于各处景观的描绘,仿佛带领我们神游昔日美丽的校园:

---

[1] 邓云乡:《老北大》,选自陈平原、夏晓虹编:《北大旧事》,北京:北京大学出版社,2009年,第462页。

[2] 刘复:《"北大河"》,选自陈平原、夏晓虹编:《北大旧事》,北京:北京大学出版社,2009年,第484页。

[3] 谢兴尧:《沙滩马神庙——老北大回忆之一》,选自陈平原、夏晓虹编:《北大旧事》,北京:北京大学出版社,2009年,第459页。

"沙滩"却并没有一粒沙。它只是介于汉花园，银闸，北池子，景山东街之间一个路口的街名，但它之在北平，是和马神庙同样，代表了它本身以外的崇高意义——北京大学。这地方看来虽不美，但正和北大一样，有着极深的"内美"（Inner Beauty）。更何况它的周围绕着很美的地区？在东面顺着北大的砖墙，出了汉花园东口，一道小河，两行绿柳，直引你到三院去，这就是"五四"时代大家艳称的："写完于北河沿。"直到今天，当你课前课后，走在那荫道上，还可以平添三分清智。如果你高兴，更可以在大树下静看秋天悬下来的虫子，或观察一只结网的蜘蛛垂下丝来，在你面前摇晃。也许你吹口气将它荡了过去，又看它荡了过来，因此而忘掉了课。但你也不必发愁，因为教授们既决不会来查你缺堂，而你也许就在这小的启示中完成了一篇新哲学或做了第二位伽利略（Galileo）。

汉花园东口峙立着著名的一院大红，虽说个个人都为它的逾龄服役担忧，但每天仍有无数知名的学者和不知名的未来学者进去，出来，做着文化上承先启后的伟大工作。尤其每年夏天，足有三四千青年集中到这里，坐满了上上下下四层楼大大小小的课堂，来做一年一次的龙门竞跃……

沙滩往北走是东斋和松公府，这里藏着我们智慧的源泉。从二十四年以后，这里耸起了三座立体型的洋楼，中间那座图书馆，更是分外的窗明几净。每当我坐在这现代化的大阅览室中读古书时，总涌起了一种极端的愉快。

……松公府往西拐的一条街道通到二院，西斋和五斋。二院是我们的科学家们活动中心，别人除了上大班课是不常去的。但这古式的清代四公主府，却给人以幽静的好感。红柱的大礼堂前砖砌的庭院异常平洁，当中一个小荷池，四面几张长坐椅，左右亭亭对立着两棵罗汉松，"花气袭人知昼暖"，课作小息于此也不亚神仙。转到堂后，又是一番景象，静寂寂的院子，悄悄的不见人影，花池里几棵怒放的玉兰花招来成群蜂蝶，点缀了寂寞中惟一的热闹……

　　沙滩往西就是北平最美最平的那条北池子北口。隔着满开着荷花，宽宽的护城河，耸立着玲珑别透的紫禁城角楼，朱红的隔扇，黄碧的琉璃，在绿树丛中时露出一窗一角。平平的柏油路，覆着两旁交叉成盖的洋槐浓荫，延伸着向南，朱门大宅分列道旁。向西望去，护城河的荷花顺着紫禁城根直开入望不清的金黄红碧丛中，那是神武门的石桥、牌坊，那是景山前的朝房、宫殿。[1]

　　下图选自《国立北京大学廿周年纪念册》，是从景山俯拍的北大校园全景：

图1-1　国立北京大学全景摄影

---

[1] 朱海涛：《北大与北大人》，选自陈平原、夏晓虹编：《北大旧事》，北京：北京大学出版社，2009年，第316—317页。

二、"三院五斋"风貌

除有关校园格局的整体论述外,关于三院五斋各处的回忆更是数量可观。其中许多细节性的描绘,放在大的时空进程中未免零碎,拾捡出来却显得丰富而生动。

一院（红楼）

老北大的景观标志,想来非红楼莫属。无论从抽象精神抑或实体位置来看,红楼均堪称北大校园的核心。关于这一核心区域,更准确的说法应当是以红楼为中心的沙滩—汉花园校园核心区。在校友的回忆中,也常能见到关于这两处地名的记载:

> 汉花园的地点在东城北河沿畔,这个"花园"所包括的区域,南至大学建筑外面的碎石马路,名称叫做花园大街,西至松公府内的北大图书馆及北大文科研究所正门,东面围墙外是两岸夹着细条的杨柳的宽大的河沟。河水是一向干涸的,积尘满天,和中法大学的校舍隔着"鸿沟",遥遥相对。一阵子扑面的狂风卷着黄沙吹来,能够叫你立刻睁不开眼睛,在模糊的影像中可以使你望见金黄色的柳条映着闪烁的太阳光线飞舞。
>
> ……汉花园大街另外有一个比较更通俗一点的名字,叫做沙滩,为什么要叫做沙滩?说起来也正是十分难解。依照北平的天气,特别是从深秋经过了冗长的严冬气候,一直到"江南草长,群莺乱飞"的暮春为止,差不多有七个月的时候,北平都是风沙满天的,除了石砌或柏油的马路外,街上也许只是由于约定俗成的关系,也许在汉花园附近的几条路,通到各个宿舍去的,都是些不很坚固的碎石或黄泥路径罢?[1]

---

[1] 柳存仁:《北大和北大人》,选自陈平原、夏晓虹编:《北大旧事》,北京:北京大学出版社,2009年,第276、279页。

这是邓云乡笔下的红楼生活：

红楼前临马路，后对操场，楼前既少扶疏花木，楼后也无山石林泉，站在五楼上眺望，还可以看周围栉比鳞次的屋瓦，或远处紫禁城景山的凤阙龙楼，其它则再无风景可言了。而我最思念的是它冬日的温暖，这幢大楼锅炉房在中间地下室，冬天每天烧四吨煤，因而全楼暖气无一处不暖，上课时朝南教室更是暖烘烘的，坐在那里，筋骨酥软，昏昏欲睡，如教师讲的无聊，那睁着眼也可能酣然入梦了。下课钟一打，蓦地醒来，跑到楼下外面，冷风一吹，头脑清醒了，但红楼又高又长，坐北向南，正好挡住西北风，饱晒大太阳，因而负暄最宜，靠在地下室窗户边晒太阳，迷迷糊糊，又错然了，上课钟又响了。[1]

图1-2　红楼一角

同为文学院毕业生的田希圣先生如此描述：

红楼矗立于沙滩，前有宽街，后有广场，红楼颇有特然独立之概。登楼之上，西望景山，松苍柏翠；南瞻故宫，碧瓦金甃，岂止是富有诗意！楼前宽街，自校友长平市后，已修成柏油大

---

[1] 邓云乡：《老北大》，选自陈平原、夏晓虹编：《北大旧事》，北京：北京大学出版社，2009年，第465页。

路,不复飞沙。楼后草场,平坦广阔,可以运动打球,可以漫步聊天,尤其是当风清月朗,踏着绿草,望着红楼,却俨然人在画图中!……北大文学院的建筑,在精神方面都充沛着一种博大恢弘的象征。[1]

图1-3 一院红楼

理科生却有一些不同的看法:

> 在一般常把沙滩马神庙连在一起说,其意思即指北大而言。但沙滩在南,马神庙在北,是完全离开的两条街。又普通的印象,沙滩是代表第一院(文科)和"东斋",马神庙则代表第二院(理科)和"西斋"。我不明白的,就是以前北大尚有第三院(法科)与其他的几个宿舍,何以都不大出名?并且一二两院其声名又远不如东西两斋的广大。或者这两斋住的人多,由车夫小贩宣扬起来的。不过沙滩红楼所在的地方是汉花园,马神庙的

---

[1] 田希圣:《北京大学文学院》,原载《北大化讯》18-19期,1947年3月1日,选自北京大学校友会编:《北大岁月:1946—1949的记忆》,北京:北京大学出版社,2013年,第10页。

官名是景山东街。马神庙尚有破庙遗迹可寻（已经好些人不知道了），沙滩则破大马路一条，既无沙亦无滩。勉强的说，马路中间的沙土，倒可以没鞋（还不到膝），路旁的摊贩，也同庙会差不多。这两个地方的风格，至少差着一个世纪。即以代表马神庙的公主府与代表沙滩的红楼来比较，也是觉得旧式建筑的府第，典雅深邃，显得堂皇；红楼虽高虽大，而四面不粘孤伶伶的，显着又干又瘦。楼顶的瓦（实在不是瓦而是片）有好些已经破碎，刷的红色也深浅不一律，刺入眼里就有点"冒穷气"似的。我以为以破洋楼来代表文科的精神文明，以旧王府来代表理科的整洁，这倒是很恰当的象征。[1]

红楼作为老北大的标志性建筑，曾作为北京城内最高的建筑之一盛极一时。虽有一代代学子对其饱含深情，但在后期关于红楼破旧的描述也是屡见不鲜：有人称它"外表是坚实的，不过也已经渗染着一种风吹雨打Weather beaten的色彩"；有人称它是"老气横秋的大红楼"，"它的庄严的仪容里，苍黯的颜面上，深印着它数十年来独立在那风沙霜雪中挣扎的痕迹"[2]。"七七事变"后，日本宪兵队部曾占据红楼长达6年，地下室全部成为牢房，直到1943年才交还当时的"伪北大"。抗战胜利复员后的北京大学迁回北平原校址，红楼的顶层还被改作教职员宿舍。

二院

二院马神庙公主府是老北大起源之处，自然也是校友们回忆的焦点。很多人对二院的古朴景致记忆犹新：

---

[1] 谢兴尧：《沙滩马神庙——老北大回忆之一》，选自陈平原、夏晓虹编：《北大旧事》，北京：北京大学出版社，2009年，第453页。
[2] 张孟休：《北京大学素描》，选自陈平原、夏晓虹编：《北大旧事》，北京：北京大学出版社，2009年，第441页。

你一进二院的大门，就可望见一带典雅的红墙，墙外有几株参天的垂柳，迎风飘荡。那柳枝拂墙，红绿掩映着，极饶佳趣。同时那红墙里透出来的刺鼻的Chemical Smell，可以使你立刻发生一种异样的感觉。

穿过红墙内的甬道，便是一个小小的荷花池，池畔有巍然高耸的宫殿式的大讲堂。[1]

另据谢兴尧回忆：

最令人注意而掀起旧梦的，当然是第二院和西斋，第二院向来是北大本部，她的面貌，还是那样堂皇肃穆。门前两根大红柱，仍然撑着府门头的架式，门内的一对大石狮子，也还是静默默的立在那里。门口似乎清静一点，不如往昔进进出出的热闹，这或者是心理作用。猛然间钻进眼睛的，是东边立着的那个邮筒，真算是久违的老朋友了。[2]

二院古朴，值得回味的旧人旧物也最多：

何况北大二院的退课的大钟从来不是用电机钮去控制，而是有一架高高的，古旧的朽木座子，上面悬挂着一口黑黝黝重

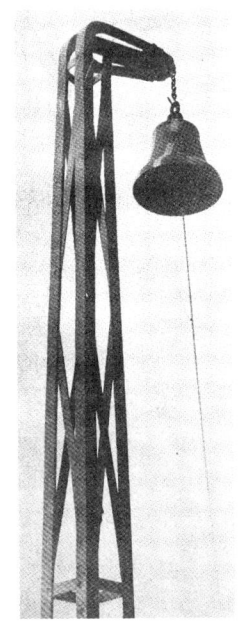

图1-4　文化之钟

---

[1] 张孟休：《北京大学素描》，选自陈平原、夏晓虹编：《北大旧事》，北京：北京大学出版社，2009年，第442页。
[2] 谢兴尧：《沙滩马神庙——老北大回忆之一》，选自陈平原、夏晓虹编：《北大旧事》，北京：北京大学出版社，2009年，第455页。

沉沉的铁钟，至少已有七八十年建造的历史。当初学校开办的时候，办事的人不知道从哪里物色得来，而至今仍由一位年纪已近七十，满面灰白的短胡须，身上穿着一件褪色得发白和起毛的蓝布短袄的老工友来敲打，每次约敲十六到十八响。这钟声，不但在北大二院，清声嘹亮，就是在一院、图书馆、研究院、东西斋、五斋、甚至于附近的景山、景山东街、松公府夹道、五老胡同，也没有不能够很清楚的一声一声的送到耳里的。同学们住在附近胡同里面的什么汉园公寓、宝祥公寓……的，早晨躺在满屋阳光中的床上，一觉醒来，听到清晰的上课钟扬再起来穿衣服漱口都来得及。因此，这种钟声的富有诗意，自非普通的一揿即响的电钟所及其万一。[1]

三院

可溯源至清末的三院，在学子们的记述中，同样占据一席之地：

> 京师译学馆继同文馆开办，校址在东华门内，当时仅办甲、乙、丙、丁、戊五级，即于宣统三年结束，归并北京大学，改为法律院。[2]

> 第三院为北河沿旧译学馆地址，法科方面各系及研究所国学门设于该处。[3]

---

[1] 柳存仁：《北大和北大人》，选自陈平原、夏晓虹编：《北大旧事》，北京：北京大学出版社，2009年，第267页。
[2] 陈诒先：《记译学馆》，选自陈平原、夏晓虹编：《北大旧事》，北京：北京大学出版社，2009年，第23页。
[3] 李书华：《七年北大》，选自陈平原、夏晓虹编：《北大旧事》，北京：北京大学出版社，2009年，第79页。

谢兴尧曾回忆他在三院听课的情形：

图1-5　三院校门

> 有一年我在北大第三院（在北河沿骑河楼，靠近东华门）听胡先生作报告，两个钟头下来，他穿的羽纱大褂，背全湿透，比之现在有电扇空调等现代化设备，艰苦多了。[1]

三院门前为北河沿，著名的"北大河"由此经过，成为三院与一院、二院主校区间的一种连结：

> 在景致方面，北大校园内并无小桥流水，回廊曲榭可言。约略分之，马神庙理学院是府邸大门，完全是旧式的，但里面并非旧式的，都是清末建筑的半西式建筑，如方型的教学楼、数学楼，长型的理化实验室等，楼只二层，不高，校内给人的感觉是庭院式布局。前面有个大水池，也都起不了什么点景作用，只是楼四周有花木，春日丁香、海棠，春花十分烂漫耳。沙滩红楼及西面办公处，更无风景可言。布局是广场式建筑，红楼前没有什么花木风景，虽有长条院子，实际等于临街高楼。后面大操场。一百多米远处，才有新盖的宿舍楼，整个操场，真是形同"沙滩"，只有靠东墙边有几株歪脖子树，实无风景可言了。往西并无门，只是墙豁子过去，办公处大门外，有几株槐树，夏日稍有

---

[1] 谢兴尧：《读书有味聊忘老》，选自陈平原、夏晓虹编：《北大旧事》，北京：北京大学出版社，2009年，第423页。

绿意。图书馆前，略有绿化，面积也很小，点缀而已。三院过去门临北河沿，虽然校内也无风景可言，但门口据说过去很不错。刘半农《北大河》中说："你若到北京城里，找到一点带有民间色彩，带有江南风趣的水，就只有三院前面的那条河……只隆冬河水结冰时，有点乌烟瘴气，其余春夏秋三季，河水永远满满的，亮晶晶的，反映着岸上的人物、草木、房屋……"[1]

旧御河自红楼东侧流经三院门前，河两岸原是树木成荫，而河水流量却日渐减少，以致最终干涸。刘半农对此深感痛心：

十多年来，河面日见其窄，河身日见其高，水量日见其少，有水的部分日见其短。

……譬如目今最重要的问题，是将河中积的土设法挑去，使它回复河的形状，别老是这么像害着第三期的肺病似的。

……要是我们真能把现在的一条臭水沟，造成一条绿水涟漪，垂杨飘柳的北大河，它一定能于无形中使北大的文学、美术、及全校同人的精神修养上，得到不少的帮助。[2]

图1-6　春光明媚的北大河

然而当时的校方经费十分紧张，自然未能实现刘半农的这番心愿。后来"北大河"风光不再，只剩一条地下水道（暗河），以至于今日我们仅能从老照片中重寻它的旧影。

[1] 邓云乡：《老北大》，选自陈平原、夏晓虹编：《北大旧事》，北京：北京大学出版社，2009年，第463页。
[2] 刘复：《"北大河"》，选自陈平原、夏晓虹编：《北大旧事》，北京：北京大学出版社，2009年，第483—485页。

民主广场

除以上校园核心区域外，另有一些对于老北大意义深刻的场所。它们常常与重要的事件关联，亦多见于学生们的追溯，如著名的民主广场：

图1-7　民主广场

> 这回要说之外，即红楼后面的一片空旷地，当时用作操场，后来称为民主广场的。场地很大，却几乎毫无设置，记得除了冬季在北部，上搭席棚、下开冰场之外，长年都是空空的。学校有篮球场和网球场，在北河沿第三院，打球要到那里去。红楼后面的广场，惟一的用处是上军事训练课。[1]

张中行的上述说法不够准确。"操场"的用途并非仅限于军事训练课。1919年5月4日，五四运动爆发，北大学子们便是由此出发。在其回忆中，还涉及多处校园建筑及学生们行动的轨迹：

> 5月3日，各校代表和北大学生在北大的三院礼堂开大会，当时情绪激昂，发言踊跃，有一位同学咬破了手指，血书"还我青岛"四个字，表示决心。……当夜，住西斋的同学一夜没睡，用竹竿做旗子；长竹竿上大旗子，短竹竿上小旗子。
>
> 1919年5月4日，是个星期天。

---

[1] 张中行：《红楼点滴》，选自陈平原、夏晓虹编：《北大旧事》，北京：北京大学出版社，2009年，第376页。

> 那时候，北大的红楼后面还没有灰楼，是一片空场，大家就在那里集合排队。……一进东交民巷就往北拐，从利通饭店的后面，悄悄地穿行过去，到了东长安街……停了一会之后，去赵家楼，默默地穿过了东单、东四，到了赵家楼。曹汝霖的住宅在路北，临街的窗口都是铁丝网。
>
> ……6月2日那天捕了很多人，没处放了，把北大三院做了临时监狱。大家更加愤慨，到了6月3日，就全体出动，大家先到前门那一喧，在那里讲演，喊口号。下午，就拥到北河沿北大三院的对面，去慰问被拘在三院里的同学。北河沿那时有一条小河，在三院门口，河上有桥，水并不深。我们都在河的对岸，军警端起刺刀拦在桥上，我们几次要冲都没能冲过去。北大附近以及三院门前都搭上临时帐篷，驻了兵，被捕的同学们爬在墙上和我们这边搭话。[1]

自20年代起，北大办起了学生军，开设了军事教育课程，学生们直接利用操场进行各种模拟演练。进入30年代，随着"九一八"事变发生，日本侵华的野心已然暴露无遗，东北大片国土失陷，华北也有成为战场的危险。提升学生的国防意识，增进他们对军事常识的认知，已经变得十分紧迫：

> 1932年春，学生军在红楼操场东北空地练习构筑散兵壕、交通沟、机枪掩体、迫击炮掩体及电网、地雷、军桥等工事，经一、二、三、四年级二十余日之努力而完成。[2]

---

[1] 杨晦：《五四运动与北京大学》，选自陈平原、夏晓虹编：《北大旧事》，北京：北京大学出版社，2009年，第44—45、47页。

[2] 钱理群、严瑞芳主编：《我的父辈与北京大学》，北京：北京大学出版社，2009年，第199页。

图1-8　学生军军营

图1-9　为庆祝北大三十一周年校庆，学生军列队组成"北大"二字

在"一二·九"运动中，大操场又一次扮演了五四运动中的角色。对受过军事训练的同学们而言，这块场地的象征意义不言而喻。

1947年6月1日，北大隆重举行"民主广场"命名大会。在两千多名学生的热烈欢呼声中，绿底白字的"民主"大旗升上了大楼顶端。[1]壁报社团此时也在北大积极开展各项活动，他们在团结的北大壁报联合会领导下，利用民主墙这块阵地大贴告示和檄文，吸引了无数学子争相观看。广场上时常举办各种各样的纪念活动或抗暴集会，一年一度的校庆纪念活动和"五四"纪念会通常也都定在民主广场举行。

第二节　校园生活

建筑与景观为人铭记，有时因其宏伟壮观，有时因其中生活的真实。本节聚焦于老北大师生回忆中的生活场景，特别关注其中的场所与感受。通过不同角度的描绘，可略知学生们校园生活的轨迹，也可编织一幅生动可爱的校园画卷。

---

[1] 萧超然、沙健孙、周承恩等：《北京大学校史1898—1949》，北京：北京大学出版社，1988年，第434页。

一、学在北大

学习是校园生活的首要任务。在老北大学子的回忆中,对于学业生活的记述占据了不小比例,有些与我们以往的认知不同,有些感受则十分细腻。

民国时期,老北大的校园和课堂十分活跃,师生的风貌与课堂的多样性是大家时常回忆的特点:

> 北京大学的绝大部分的学生,都穿着一件褪色或尚未褪色的蓝布大褂,手里挟着一本洋装书,个个都精神抖擞的。
>
> ……当时北大校长蔡孑民先生的办学方针,是采取"兼容并包"主义的。在课程中:有"唯物史观",有"现代政治",却也有"孔子哲学"等等;教员当中:有穿着宽袍大袖拖了辫子的辜鸿铭——号"Thomson"(汤生),有筹安会发起人刘师培,有孔教会会长陈汉章,有梁漱溟,去聘请马一浮,因为"礼无往教"不来;但也有李大钊、陈独秀、胡适,以及穿鱼皮鞋子的刘半农、手提着大皮夹的钱玄同(当时黄侃是挟着绛色布书包来上课的)。先生和学生当中留着长髯的也不少。学生中有腋下夹着一本西装书的,也有穿了实地纱马褂来上课的,穿西装的人几乎没有;自来水钢笔那时还不通行,上课记笔记都用铅笔,却也有用毛笔墨盒带着水盂在课堂上写笔记的。学生的年龄,从十八九岁起到四五十岁的都齐全;学生的人数,当时据说有三千。[1]

马珏曾回忆她入学时上课的情景:

---

[1] 川岛:《"五四"杂忆》,选自陈平原、夏晓虹编:《北大旧事》,北京:北京大学出版社,2009年,第194—196页。

> 我记得第一天去沙滩上学，又兴奋又紧张。红楼从一楼到三楼都有教室，每层楼中间有教员休息室。教室的桌椅有分开的，也有在右手处有一扶手可写笔记的。必修课教室固定，选修课任选。同学中大多是男同学，女同学很少，1928年已由几人增至十几人。
>
> 那时在校学习全凭自己自觉努力，老师都是高水平的，图书馆藏书也极为丰富，就是刚一入学，觉得学校太大，搞不清如何利用这好条件去学习。[1]

1950年入学的周清澍曾记述从三院去沙滩上课的情形：

> 三院出门往北，就是我们去沙滩上课的必经之路。我们日常运动、吃饭、上课和进图书馆都在那边，所以每人像今天的中小学生一样，必备一个大书包，把一天生活、学习的必用品都带上。当时的大学生有人穿西服，有人穿长衫，有人衣冠楚楚，有人穷酸邋遢，五花八门，背着书包在这条路上匆匆赶着去上学，也是一种奇特的景观。
>
> ……我们住宿在南河沿的三院，但日常学习、生活都在沙滩（又称一院）校本部。一般在清晨就出门去沙滩，进南门，穿过红楼，就是民主广场，大家在此做早操和运动，早、午、晚三餐都在这边。餐后上课，课后休息，上图书馆，参加文娱、体育、社会政治活动也都在这边。[2]

---

[1] 马珏：《我的大学生涯》，选自陈平原、夏晓虹编：《北大旧事》，北京：北京大学出版社，2009年，第241页。
[2] 周清澍：《沙滩北大二年》，《学史与史学：杂谈和回忆》，上海：上海古籍出版社，2011年，第365—366页。

还有关于北楼的回忆：

> 教室是流动的，换一门课就要另换教室，刚接触大学生活的我们，无不对这种上课形式感觉新奇。北楼一楼当中有一个小礼堂，能容纳百数十人，为全校各系同学开设的公共大课——新民主主义论、社会发展史和俄语，教室就选在这里。[1]

老北大课堂另一项广为人知的特点，便是它的来去自由。旁听生自由出入，学生是否到堂全凭自愿：

> 且说那时候，北大有学生，主要是学文史的，是上学而未必照章上课。不上，到哪里去？据我所知，遛大街，以看电影为消遣的很少；多数是，铁架上的钟（在红楼后门之外稍偏西）声响过之后，腋夹书包，出红楼后门，西北行，不远就走入图书馆。我呢，记得照章应上的课，平均一天三小时，减去应上而理应听的，不应上而愿意听听的，剩余的时间还不少，就也夹着书包走进图书馆。经常走进的房子只有第一、二两进。第一进是卡片兼出纳室，不大，用处用不着说；第二进是阅览室，很大，用处也用不着说。[2]

> 最特别的是在北大听课，不限于本班的学生，甚至不限于本校的学生。别系的，别校的学生甚至不是学生都可以来听课。非本校或非本系学生去听课，谓之"偷听"生。但所谓"偷"者，

---

[1] 周清澍：《沙滩北大二年》，《学史与史学：杂谈和回忆》，上海：上海古籍出版社，2011年，第368页。
[2] 张中行：《北大图书馆》，选自陈平原、夏晓虹编：《北大旧事》，北京：北京大学出版社，2009年，第386页。

非偷偷摸摸之谓，亦不含有歧视或侮辱的意义，许多"偷听生"堂堂正正地自称我是"偷听生"，其与正式生不同只是他不得参加学期或毕业考试，亦无"学分"可得而已。北大附近的公寓里，住有许多这样的"偷听生"，学校当局是从不加以干涉的。[1]

关于旁听一事，还有一则趣闻：

> 记得是1947年或1948年，老友曹君来串门，说梁思成在北大讲中国建筑史，每次放映幻灯片，很有意思，他听了几次。下次是最后一次，讲杂建筑，应该去听听。到时候，我们去了，讲的是花园、桥、塔等等，记得幻灯片里有苏州木渎镇的某花园，小巧曲折，很美。两小时，讲完了，梁先生说："课讲完了，为了应酬公事，还得考一考吧？诸位说说怎么考好？"听课的有近二十人，没有一个人答话。梁先生又说："反正是应酬公事，怎么样都可以，说说吧。"还是没有人答话。梁先生像是恍然大悟，于是说："那就先看看有几位是选课的吧。请选课的举手。"没有一个人举手。梁先生笑了，说："原来诸位都是旁听的，谢谢诸位捧场。"[2]

图书馆也是学业生活的重要部分。关于公主府老图书馆、红楼图书馆、松公府临时图书馆及新馆，前文已多有叙述。在校友的回忆中，不乏关于图书馆亲身体验的描述。如对临时图书馆条件的描述：

---

[1] 千家驹：《我在北大》，选自陈平原、夏晓虹编：《北大旧事》，北京：北京大学出版社，2009年，第218页。
[2] 张中行：《红楼点滴》，选自陈平原、夏晓虹编：《北大旧事》，北京：北京大学出版社，2009年，第371页。

在冬天屋里仅有一个小火炉，炉内的碎煤常常仅是闪烁着微弱的青蓝光的火苗，可以看得出它的温度决不能抵御外面的零度以下的气候的寒冷。有时候飕飕的大风可以把这间屋子的木门吹开，并且把里面的零乱的报纸吹个满地。[1]

1931级国文系的张中行曾回忆松公府临时图书馆的使用情况：

往图书馆，进室，坐在哪里，任随君便，只要那里还没有人坐。但是既已坐下，就会产生捷足先登的独占权。所谓独占，不同于现在的半天一天，而是长时期。这长时期，来于借书还书的自由主义。具体说，自由包括两个方面：一方面是借书多少，数量不限；另一方面是借的时间，长短不限。此外还可以加上一种小自由，比如我们一些几乎天天来的看客，坐位有定，借书，大多是送货上门。这样，借的书，有的短期看不完，有的常常要翻翻，就不是勤借勤还，而是堆在面前，以逸待劳。现在还记得，我的位子在室的东北角，面前的书，经常堆成小山岭，以致对面那位的活动情况，看什么书，是否记笔记，一点也不知道。[2]

在新馆新规实行以前，北大老图书馆沿用着相当粗放的管理方式，这也很符合北大由来已久的自由散漫的传统，对于看书的人来说是十足的方便了。而在全国最高学府中这种近乎"无为"的管理方式，在今天看来也堪称稀奇。

关于建成后新图书馆的记述就更多了，如朱海涛回忆学子们对于新

---

[1] 柳存仁：《记北京大学的图书馆》，选自陈平原、夏晓虹编：《北大旧事》，北京：北京大学出版社，2009年，第383页。
[2] 张中行：《北大图书馆》，选自陈平原、夏晓虹编：《北大旧事》，北京：北京大学出版社，2009年，第387页。

图书馆的喜爱：

> 从二十四年以后，这里耸起了三座立体型的洋楼，中间那座图书馆，更是分外的窗明几净。每当我坐在这现代化的大阅览室中读古书时，总涌起了一种极端的愉快。我感谢自蒋校长以次的各位先生赐给我这种幸福，这是过去在北大的老大哥们所梦寐祈求而不得的。[1]

当时的二年级学生任继愈后来回忆：

> 新建的图书馆，采用钢门窗结构，宽敞明亮，一扫旧馆沉闷幽暗的气氛，这个建筑在当时是最先进的。以中文阅览室为例，常用书、工具书如《四部丛刊》《四部备要》《二十四史》《册府元龟》《说郛》《通典》《通志》《文献通考》《玉海》等书，沿墙排列了一周，随手查阅，十分方便。同学带来的书，从书库借来的书，都可以摊在阅览桌上。中午出去吃饭，摊开的书可以不收拾，回来接着看。需要剪剪贴贴的，还可以把剪刀浆糊放在手边。[2]

校友们关于图书馆的丰富回忆帮助我们清晰地了解到新馆建筑内部的细节。新图书馆内，每间阅览室的四壁都粉刷得雪白，而其中间两面开着自天花板下垂直到齐腰的最新式铁格大玻璃窗，窗内张着厚厚的深色大窗幕。"楼下西端是中文图书大阅览室，它的南壁和西壁

---

[1] 朱海涛：《北大与北大人》，选自陈平原、夏晓虹编：《北大旧事》，北京：北京大学出版社，2009年，第316页。
[2] 任继愈：《松公府旧北大图书馆杂忆》，选自陈平原、夏晓虹编：《北大旧事》，北京：北京大学出版社，2009年，第394页。

都是大玻璃窗。"[1]"极高的长窗，配着深绿布做的窗帘，简洁而且悦目。""每一间阅览室至少有十张极长极大的书桌，每桌可宽坐至少八人，而座椅的舒适，又为全校任何他处的椅子所不及。室内在夏天虽无冷气，自然生风，冬季则有热水汀暖气，和室外的温度相差奚止数倍。"阅览室可自由进出，不会有驱赶学生的事发生，架上书籍随时取用，很是方便。[2]再看朱海涛的描述：

> 冬天时从南窗晒进一屋子的太阳，光明而温暖，夏天则厚厚的大窗帘可以将东西晒的炎阳挡了出去，而在室内留下清凉的福地。二十来张大阅览桌，整整齐齐地排列成两排，每张桌两旁整整齐齐地放着八张很舒适有扶手的靠背椅。每个座位前有一盏漂亮摩登古铜支架的桌灯，电线藏在看不见的地方。只要在那玲珑光滑的小纽上一旋，就可大放光明。靠北墙从这头到那头一字排开放着一式一样高低，宽窄厚薄的大书架，架上放着普通参考书。中文阅览室，架上是二十四史、九通、百子、各大家文集等等一式的蓝布壳子，外面贴着一样大的白纸标签，满满站了一壁。外文阅览室架上则是大英百科全书（好几种不同的版本）、法文百科全书，以及日、俄、德、法、英各国的字典辞典、名人录、年鉴等。报刊杂志阅览室是最近到的新杂志。这些架上的书听凭取阅。每室入口的北手，有一个小柜台隔出来的角落，里面坐着图书管理员，也有些书架，若干地图、辞典放在架上。这些和中文阅览室南墙靠窗玻璃柜中所装的新书，是须要开条子将借书证抵押在管理员手里才能借的。[3]

---

[1] 邓广铭：《我与北大图书馆的关系》，选自陈平原、夏晓虹编：《北大旧事》，北京：北京大学出版社，2009年，第390页。

[2] 柳存仁：《记北京大学的图书馆》，选自陈平原、夏晓虹编：《北大旧事》，北京：北京大学出版社，2009年，第384页。

[3] 朱海涛：《北大与北大人》，选自陈平原、夏晓虹编：《北大旧事》，北京：北京大学出版社，2009年，第329页。

教师指定参考书阅览室是必去的，因为学生们大多买不起书，有些参考书已难买到，所以必须到那里看。进此室必须交出学生证换取出入的铁牌，凭牌借阅参考书。参考书由授课老师拟在一张统一的书单上，图书馆将每位教师开的书单夹成一册，学生可利用它查阅各课应读的参考书。每课参考书又分必读和选读两种，当时并无统一规定，皆随教师的意旨决定。学生有时也对别系的课好奇，翻阅他们读的是什么参考书。如校友周清澍回忆，当时他发现法律系的犯罪心理学有一本学生的毕业论文手稿被列为参考书，作者为了写论文曾自动申请入狱半年，与飞贼燕子李三同住并交为好友。论文内容就是他记录了李三口述自己的生平和犯案经过，这是民国年间广泛流传的奇文轶事的真实记载，因此也吸引了与此课无关的同学去"参考"。[1]

"阅览室的门都开向当中的大厅，厅中北部有一个大柜台，这是通向书库的总出纳处。较专门一点的书，得向这里用借书条递进书库里去取。北大图书目录片虽尚未编好，但也有一种特殊便利，你只要开出书名、著者、版本送进柜台，管理员自会替你去找，不必自己弯腰驼背地去翻目录片。"[2]此处朱海涛所说的这位管理员，可能就是张中行文章里提到的，他们两位都是战前30年代的北大学生。张中行对其回忆更加具体：

> 记得姓李，五十多岁，身材中等偏高，体格中等偏瘦，最明显的特点是头顶的前半光秃秃的。这位老人，据说是工友出身，因为年代多了，熟悉馆内藏书的情况，就升迁，管咨询兼出纳。为人严谨而和善，真有现在所谓百问不烦的美德。特别值得说说

---

[1] 周清澍：《沙滩北大二年》，《学史与史学：杂谈和回忆》，上海：上海古籍出版社，2011年，第373页。

[2] 朱海涛：《北大与北大人》，选自陈平原、夏晓虹编：《北大旧事》，北京：北京大学出版社，2009年，第329—330页。

的还不是这美德，而是有惊人的记忆力。我出入图书馆四年，现在回想，像是没有查过卡片，想到什么书，就去找这位老人，说想借，总是不久就送来。一两年之后，杂览难免东冲西撞，钻各种牛角尖，想看的书，有些很生僻，也壮着胆去问他。他经常是拍两下秃额头，略沉吟一下，说，馆里有，在什么什么丛书里，然后问借不借，我说借，也是不久就送来。还有少数几次，他拍过额头，沉吟一下之后，说馆里没有，要借，可以从北平图书馆代借，然后问我借吗？我说借，大概过三四天就送来。我们常进图书馆的人都深深佩服他的记忆力，说他是活书目。[1]

在那个没有电子检索的年代，馆员极为娴熟的业务能力为师生们解除了许多烦恼。大学四年级学生写毕业论文时可以进书库自己查找。每逢校庆，图书馆常举办展览，宋刻元椠，琳琅满目，同时还开放善本书库，大都是一般学生之前从未见过的珍本。[2]据朱海涛回忆，有一次历史学系主任、西洋史学家陈受颐带领学生们进书库去看有关中西交通史的书，上上下下走了一遍。他时而拿起一本大而厚的洋书来；时而捡出一本金碧辉煌文字像画图似的经典来，说是15世纪欧洲修道院的手抄本；时而拿起一堆小小64开的本子，说这是在巴黎冷摊上访来的，全世界只剩下了几部；时而拿起平平凡凡的一薄本，说这是全东亚（包括日本）唯一的一册。参观的学生张大了嘴，惊叹北大竟有这么许多宝贝。[3]

可惜的是，新图书馆投入使用未及两年，就爆发了全面抗战，学校被迫南迁，图书馆的日常运营也受到了极大冲击。

---

[1] 张中行：《北大图书馆》，选自陈平原、夏晓虹编：《北大旧事》，北京：北京大学出版社，2009年，第386—387页。

[2] 周清澍：《沙滩北大二年》，《学史与史学：杂谈和回忆》，上海：上海古籍出版社，2011年，第372页。

[3] 朱海涛：《北大与北大人》，选自陈平原、夏晓虹编：《北大旧事》，北京：北京大学出版社，2009年，第330页。

二、住在北大

在老北大的校园生活中，宿舍及宿舍生活占据了重要的篇幅。

大学堂师范馆之南楼、北楼

大学堂开办之后，在其东路为师范馆的学生建了一南一北两座宿舍楼，又称南楼和北楼，这大概是北大校史上最早的学生宿舍，但它们并不是民国时期的南楼（数学系）、北楼（生物系）。大学堂师范馆头班生俞同奎曾介绍南北楼宿舍的情况：

> 现在东院大楼房，那时候是南北两座宿舍，称为南楼北楼。师范馆学生都住在这两座楼里面。两排楼房中间空地为运动场，亦略有盘杆、天桥、秋千，种种设备。南楼的南面就是大饭厅。这一类的房子都不是公主府本来面目，是后来添盖的。[1]

对比老北大不同时期的校园平面图可知，这两座楼很可能在西斋建成后不久就消失了，原址改建为新的教学楼。

东斋、西斋宿舍

1904年，大学堂仕学馆迁出。其后的一段时间，整个马神庙校舍归师范馆所有。巧的是，就在这一年，靠近景山东街一侧的原公主府西墙内陆续建起了15排中式平房，即后来居住过诸多知名校友的西斋宿舍。

师范馆的两期毕业生先后于1907、1908年毕业，分别有100人、206

---

[1] 俞同奎：《四十六年前我考进母校的经验》，选自陈平原、夏晓虹编：《北大旧事》，北京：北京大学出版社，2009年，第19页。

人，总计306人。他们是京师大学堂培养出的最早两批毕业生。[1]他们入学大致就是1902、1904年的两批，另外还有1902年招收的仕学馆57名学生；可见，第一批的仕学馆学生住寝宫后屋，师范馆的学生住南北楼宿舍还大体够用，到了第二批就不够住了。而校方显然也考虑到招生规模可能进一步扩大，索性新建一批宿舍以满足学生需求，这或许是西斋宿舍真正的由来。

1904年，就在马神庙校区盖起了西斋宿舍后不久，"八月，借拨内务府所属汉花园（即沙滩旧址）空地南北二十一丈八尺，东西三十九丈，旧房十七间，改建操场。嗣即于此建筑宿舍一百五十四间（即今东斋）。"[2]关于东斋的房屋结构在上篇中已有所介绍，而在学生们的印象中，东西斋同样占据了不小的篇幅。如朱海涛回忆西斋和东斋宿舍的情形：

> 东斋的院子不大，房舍较小，格式很简单，一排排或朝南，或朝北，都是一房间住两个人。位置在一院西墙外，大门也是向西开的。房间比较小，两个人住勉强的还算舒适。但常常仍是白被单中悬，隔成两个转不过来身来的狭窄长间，但房主人却以此为快。……西斋在二院旁边旁，有极深的进道，两旁一排排的房子分作天、地、元、黄等字号。房间较大，在新宿舍未过多成前，是最好的房子了，也是一间两个人。这里隔离的工具却是大书架子，里面充满了臭虫。厕所似乎也比三院的更不舒服些，我还记得那门背后古色古香的大尿桶。
>
> 从深深的进道一直进去，可以到食堂。食堂以北，人就不常

---

[1] 郑诗渠：《论京师大学堂师范馆》，《北京师范大学学报（人文社会科学版）》2002年第5期，第5—16页。
[2] 国立北京大学编：《国立北京大学一览册民国二十三年度》，北京：国立北京大学，1934年，第7—8页。

去了，当然那里仍有好几排宿舍。[1]

在与室友"老死不相往来"方面，著名史学家范文澜先生（1913年入北大预科，1914年升入本科，1917年毕业）堪称身体力行的代表：

> 西斋有些房间，开前后门，用书架和帐子把一间房隔而为二，各人走各人的门。同房之间，说话之声相闻，老死不相往来者有之。范文澜同志告诉我说，他上学时住在东斋，一人独占一房。有一次他把房门钥匙丢了，懒得去配钥匙，就跳窗子进去。他把一张书桌押在另一张床板之上，点一煤油灯（尚无电灯）在上面用功看书，如是跳进跳出者达两年之久，也无人过问。宿舍虽设有舍监一人，但舍监只管事务性工作，如发煤、换灯罩等等，对学生生活，从不敢过问。我进北大后，有些同学经常在宿舍里打麻将牌，通宵达旦；有的甚至留宿女生，还曾发生过女生在男生宿舍自杀事件。宿舍如此，至于住公寓的，更无人过问了。[2]

与这两所古老的宿舍同样"传统"的，是宿舍的申请和获取方式：

> 老北大的住是非常畸形的，不但宿舍分散和局促，并且有着极浓厚的"封建"，不，该说是"英雄割据"的色彩。每一间房子每一张床位，全是"兄终弟及"的，学校总务当局无力过问。如果你有熟人，而刚好他毕业要离开，那么即使你是才入校的小弟弟，一样有床位，而且也许是西斋最好的房。如果你没有

---

[1] 朱海涛：《北大与北大人》，选自陈平原、夏晓虹编：《北大旧事》，北京：北京大学出版社，2009年，第326页。
[2] 千家驹：《我在北大》，选自陈平原、夏晓虹编：《北大旧事》，北京：北京大学出版社，2009年，第219页。

熟人，则你凭着入学证向事务科跑一百遍也白费，没人理你的叉（碴）儿。事务负责人也丝毫没有感到这是他的责任。现象发展的极端，于是常常寄宿舍内住了一大堆校外人，而正牌学生却不能不住公寓。[1]

虽曾作为"最好的房子"，但随着服役年限的延长，东西斋宿舍的设施也日益破旧：

> 东斋西斋的宿舍，都是一排一排的板壁数楹。木板的硬床，粗重而肮脏，臭虫之多，自不待言。窗牖全用白纸糊的，顶棚（承尘，一名天花板）也是，并且黄一块黑一块的，潮霉满目，上面常有鼠嬉，入夜如奏奇乐。一桌一椅，也和它们的环境衬配。西斋的最西的一排房子，是沿着古旧的皇城城墙的，因此就以城墙的墙做宿舍的墙，不料皇城年久失修，某次倒塌一次，宿舍的墙顿失半壁江山。[2]

今天，西斋宿舍的原建筑基本保留下来，现为居民住宅。

红楼

在"大学堂"改为"大学"后，由于扩招之故，原有的宿舍容量已经明显不足。校方原计划收回德胜门外校舍，然而动工申请迟迟未得批复，只好另想办法解决宿舍紧张的问题。红楼在当时便是作为寄宿舍而建设的一项重要建筑。按照校方预期，这座预科学生宿舍大楼建成之

---

[1] 朱海涛：《北大与北大人》，选自陈平原、夏晓虹编：《北大旧事》，北京：北京大学出版社，2009年，第324页。

[2] 柳存仁：《北大和北大人》，选自陈平原、夏晓虹编：《北大旧事》，北京：北京大学出版社，2009年，第302页。

后，将有力解决学生宿舍不敷使用的问题。然而令人始料未及的是，"红楼尚未竣工就已经修改了设计图纸"，"在距离工程竣工还差半年的时候，红楼的用途做了根本性的改变，即从原来的学生宿舍改为文科教室、研究所、图书馆和其他机关。"[1]

由于最初是按照学生宿舍的规制设计，红楼地上四层及地下一层都预留有沐浴室，相关内容在上篇中已有介绍。30年代，伴随松公府的获取和建设，沙滩校舍的功能也有所调整。抗战复员后，红楼再次恢复了部分住宿功能，其顶层被改作单身教工的宿舍，后来在海外成为著名学者的夏济安、夏志清兄弟便是其中的住户。据他们回忆，在当时的住宿生活中，洗澡着实为一难事，如果不去外面的澡堂子洗，就只好憋住了不洗，有时不凑巧在楼梯上遇到刚下课的学生们，那感觉简直是"奇臭无比"。[2]与此前五层楼都有浴室的情况相对照，可知红楼中的澡堂到这个阶段已经废弃了。

三斋宿舍

三斋的变化比较曲折，可细分为老三斋与新三斋。老三斋设在八旗先贤祠旧址，自清末便开始租用，相关情况在前文已有介绍。30年代购得松公府后，文科研究所国学门从三院迁回一院，新办公处设在松公府后院。此前法科所在的北河沿三院原址重新改回宿舍，不再有院系上课和办公，彻底成了学生宿舍区，成为"新三斋"的组成部分，原本设在八旗先贤祠旧址的三斋宿舍被撤销。新宿舍多由原先的教室所改，"主要为一年级学生及部分研究生住"，面积很大，每间可容纳七八人甚至十余人不等。改造后的三院宿舍延续了老宿舍空间分隔、各自为政的一贯风格：

---

[1] 郭俊英主编：《北大红楼历史沿革考论》，北京：文物出版社，2012年，第174页。
[2] 夏志清：《红楼生活志》，选自北京大学校友会编：《北大岁月：1946—1949的记忆》，北京：北京大学出版社，2013年，第50页。

图1-10　第三院宿舍（新三斋）

住宿学生每人一桌、一榻、一凳、半扇书架，只是北大隔离风之盛在此尤甚，高高低低、纵横交错的白被单，竟把大屋分隔成若干零乱的小空间，宿舍如同一座座迷宫，而每个小天地的主人则乐此不疲，独往独来，互不干涉。研究生的宿舍叫"乙巳楼"，是由四大间屋各隔出六个小间，每人一室，每室一炉，这在当时条件算是很好的，只是屋中的隔板只有丈余高，因而板上六室相通，六人"鸡犬之声相闻"，倘若大屋内所居人少，一两个火炉就无济于事了。[1]

得益于三院留下的运动场地，有一些同学在这里打网球，不过人气不算太旺。更多同学还是习惯在红楼后的大操场一带锻炼身体。

灰楼宿舍

灰楼是老北大30年代著名的三大建筑之一，是继红楼后学校为了解决学生住宿问题而开展的重要工程，在当时的校园建设和学生生活中均占据着重要的地位。

---

[1] 肖东发、李云、沈弘主编：《风骨：从京师大学堂到老北大》，北京：北京大学出版社，2014年，第135页。

灰楼建成后,学校决定由四年级学生入住新宿舍。各宿舍床位由学校事务组抽签决定,1935年11月9日上午10时在二院宴会厅当众抽签,办法是将各房舍分为ABCD等各组排定号数,然后将四年级各学生姓名装入票匦内,由该组职员抽取,依序补入各房,计四年级生寄居者190余人,房舍数恰正相当,抽签于中午12点完毕。学校特别提醒,新宿舍的门钥匙及衣柜钥匙均属特制,一经遗失,须另行更换;门锁价值5元,柜锁价值1元,住宿各生务须留神保管,倘有遗失及迁出时带走等情,须照价赔偿。[1]11月11日凭入学证发给房门钥匙及衣柜钥匙,12日正式迁居,下午4时全部完毕,庶务组贴出通告,尚有5个房位无人居住,各生如有不满意已抽房位者可于13日上午到庶务组重新抽签,但须将已抽定之房者加入重抽。[2]如此优质稀缺的资源抢手是必然的。在得知新宿舍还有十余间空房以后,部分三年级学生和研究生分赴秘书处、庶务组两方面请求居住,秘书处方面认为该项请求不易解决,故提交16日的行政会议讨论。由于房少人多,分配难度很大,最后决定将几间空房租给北大教员居住,每月一间房租为10元,期限自当年12月起,至次年7月止。[3]

灰楼的建造花了很大功夫,设计颇为别致,入住学生的体验如何呢?学生朱海涛回忆:

> 蒋校长为新宿舍费了不少的心血,而这楼完成之后,北大宿舍乃压倒了燕大清华。这是四层楼立体式的钢骨水泥建筑,在一院空场的最北头,远远看来像一座兵营,里面的格局也很特别,里面每层七八间形式各别,处处不同的房,十分适合北大爱好各别发展的胃口,更妙的是一人一屋,偿了几十年来北大同学求

---

[1] 《北大各宿舍床位昨日抽签决定》,《北平晨报》1935年11月10日。
[2] 《北大四年级生乔迁新宿舍已于昨日下午四时竣事》,《京报》1935年11月13日。
[3] 《北大新宿舍空余房租与教员居住》,《北平晨报》1935年11月17日。

隔离的宿愿。每间屋附着一小间放箱子挂衣服的暗室。热水汀、弹簧锁。配合而调和的特制家具,摩登舒适,使你完全忘了这是老北大。每一层有一间盥洗室,冷热水管,应有尽有;大小便抽水设备不必说,还分成了马桶和坑两式,于是"南北咸宜"。光线、空气、清洁,一切卫生的条件都具备了。[1]

今日北大学子在饮食口味方面盛传南北差异,未料得民国时如厕习惯也有如此南北之争,而在字里行间,学子骄傲和心满意足的情绪也是溢于言表。

战后,老北大对宿舍进行了调整。西斋、北河沿校舍仍然是学生宿舍区,东斋安排部分带家眷的教职工入住,灰楼各门都给了女生。灰楼作为女生宿舍的功能由此一直延续到战后。1946年,北大刚从昆明复员返回北平,梁思成的女儿梁再冰考入北大西语系读书,像北大一样,她也刚从西南大后方回来,抗战时期她的父母所在的中国营造学社跟傅斯年先生主持的中央研究院历史语言研究所都搬到了四川李庄。考入北大以后,她恰好被分配住在灰楼宿舍这座她父亲设计的建筑里。当初梁思成把这栋楼全部设计为三层,林徽因觉得有些呆板,便在其中的一侧上面加了半层,梁再冰恰巧就住在这半层中。

同年考入北大的还有许鹿希,她是新创办的北大医学院医学系第一届七年制学生,头两年预科阶段归理学院管理,在沙滩本部完成。据她和同班同学江伟珣、应读鳌等人回忆,40年代后期的灰楼宿舍:

灰楼有很多间屋子,每间约七平方米,两人一间,玻璃窗明亮,条件很好。马蹄铁形的灰楼中间围成一大片长方形的空地,空地的西半边是存自行车的地方,有一个老头给看车。灰楼唯一

---

[1] 朱海涛:《北大与北大人》,选自陈平原、夏晓虹编:《北大旧事》,北京:北京大学出版社,2009年,第327页。

的电话也在这里,外面打来的电话,老头接到后,就大声喊:某某电话!女生听到后,冲刺下去接。……灰楼的北边也是一片空地,爱好运动的同学冬天向地上泼水冻成溜冰场,练习滑冰,虽然又小又不平,也玩得很开心。[1]

就在这段时间,从昆明西南联大毕业的邓稼先受聘为母校北大物理系助教,当时年仅22岁。邓稼先担任一年级新生的普通物理学课程实验老师,许鹿希正好在他的班上。1947年邓稼先通过了赴美研究生考试,1948年10月启程前往美国普渡大学(Purdue University)留学。邓许两家几代人都跟北大结缘:邓稼先的父亲邓以蛰曾经是北大哲学系主任,许鹿希的父亲许德珩曾在1915年考入北大,是蔡元培的得意门生;许德珩和劳君展在法国留学时结婚就是由蔡元培介绍的,1931年开始许德珩担任北大政治系教授。战后,傅斯年担任北大代理校长期间为北大争取了多处校产,包括学校附近的中老胡同、翠花胡同、麒麟碑胡同(后改名府学胡同)、东四十条、南锣鼓巷等十几处房产作为教授宿舍,许德珩和物理系教授、教务长郑华炽是同住在麒麟碑胡同的邻居,郑华炽娶了邓以蛰的大女儿(就是邓稼先的大姐)邓仲先。1950年邓稼先获得博士学位后毅然回国,在邓仲先和劳君展的撮合下,和许鹿希喜结良缘。邓稼先本人、妻子、父亲、岳父、姐夫一家五口都是北大人,堪称佳话。这里面既有北大文化传统在校友代际之间认同传承的因素,也有同校共事、同处居住这种地理空间无形的连结。

图1-11　邓稼先(1924—1986)与许鹿希(1928—)

---

[1] 江伟珣、应读鳌、许鹿希等:《北京大学医学院1946级往事》,选自北京大学校友会编:《北大岁月:1946—1949的记忆》,北京:北京大学出版社,2013年,第146页。

校外公寓

灰楼的建成,改变了老北大分隔宿舍的传统,也使校外寄宿舍最终退出了历史舞台:

> 北大的公寓生活向来是有名的,但自从二十四年秋新宿舍完成以后,除了有特殊原因者外,很少住公寓的了。所以新宿舍在北大住的方面是划时代的一块界碑。[1]

"寄宿舍"可以说是民国北京(北平)城内大学的一种独特现象。在北大学子和旁听生的回忆中,对此多有提及:

> 公寓是适应不住宿舍或无宿舍可住学生需要的一种,沙滩一带很不少。又可以分为两类:一类是明的,门口挂牌匾,如我的坐落在银闸的大丰公寓就是。另一类是暗的,数目更多,门口没有牌匾,可是规制同有牌匾的一样。所谓规制,由一个角度说是中间形,就是既不像旅店那样流动,又不像民房那样固定;由另一个角度说是方便形,即应有尽有而价钱不贵。[2]

沙滩附近号称为"中国之拉丁区",这一带有着许多许多的小公寓,里面住着一些不知名的学人。这些人也许是北大的学生,也许不是。这些小公寓通常是一个不太大的四合院,院中种上点鸡冠花或者牵牛花之类,甚至有时有口金鱼缸,但多半是并不十分幽美的。东西南北一间间的隔得自成单位,里面一副铺板,一张窄窄的小书桌,两把凳子,洗脸架,运气好也许还有个

---

[1] 朱海涛:《北大与北大人》,选自陈平原、夏晓虹编:《北大旧事》,北京:北京大学出版社,2009年,第324页。
[2] 张中行:《沙滩的住》,选自陈平原、夏晓虹编:《北大旧事》,北京:北京大学出版社,2009年,第475页。

小书架。地上铺着大小不一的砖,墙上深一块淡一块,裱糊着发了黄或者间是发黝黑的白纸,衬着那单薄、残废、褪色的木器,在十六支灯光下倒也十分调和。公寓的钟通常比学校的快半点,这样,老板娘好早点关店门。

在这里的物质设备,尽量保存着京师大学堂的原状:不干净的毛房,雨季从墙里往外渗的霉气,每天早晨你得拉开嗓门洪亮地喊"茶房!打水!"但是有着成百成千的人从几百几千里路外来到北平,住到这十九世纪的公寓里,恋恋地住了一年,两年,甚至三年,四年,直到逼不得已,才恋恋不舍地离开。甚至到了西北,还有一位不是北大的朋友,三番两次地向我赞叹中老胡同(著名的三老胡同就是沙滩附近布满了公寓的东老、中老、西老三条小胡同)的公寓生活。他说他第一次到北京,冬天的半夜里出了车站,坐着辆洋车在漆黑中摸索到一位朋友住的公寓里,轻轻地推开门,小小的房,小小的煤炉已经冷冷的只剩下了一点烬火,万籁俱寂,一支短短的洋烛,伴着那位朋友伏案疾书。这一幅图画给了他一个永世不磨的印象。[1]

教员住所

除几处主要的宿舍建筑外,自清末起,北大一直通过租用或购买等方式,获取一些校园外的私人民房,用作教员或学生宿舍。[2]这其中最让人印象深刻的,包括中老胡同32—33号、府学胡同甲26号、南锣鼓巷13号等院落。

全面抗战爆发之前,教员们普遍收入可观,住宿条件也令人称羡:

---

[1] 朱海涛:《北大与北大人》,选自陈平原、夏晓虹编:《北大旧事》,北京:北京大学出版社,2009年,第317—318页。
[2] 具体的宿舍名称及地址,参见露桥《1948年北京大学的校园校舍》一文,选自北京大学校友会编:《北大岁月:1946—1949的记忆》,北京:北京大学出版社,2013年,第5—6页。

> 北京生活便宜，一个小家庭的用费，每月大洋几十元即可维持。如每月用一百元，便是很好的生活，可以租一所四合院的房子，约有房屋二十余间，租金每月不过二三十元，每间房平均每月租金约大洋一元。可以雇用一个厨子，一个男仆或女仆，一个人力车的车夫；每日饭菜在一元以内，便可吃得很好。有的教授省吃俭用，节省出钱来购置几千元一所的房屋居住；甚至有能自购几所房子以备出租者。[1]

曾有学生描述胡适居住的米粮库胡同：

> 他家那时在米粮库。米粮库不失为一个文化人区域，短短的一节胡同，一号住着陈垣、傅斯年，三号住着梁思成、林徽因，四号住着适之先生。这是个很阔的大红门，里面一个很不小的栽满花木的院子，北头一座相当大的洋楼，这房屋的东家，大概过去很有点势力，所以平台的石栏和小径的瓦砌，都是从圆明园搬来的旧物。[2]

教授们出行多靠人力车，也有一些例外，如"马寅初则乘中国银行的马车到校上课"，蒋梦麟和胡适均配备汽车：

> 他（蒋梦麟）的汽车是大众熟悉的，一部深蓝色的轿车，挂着七十八号的牌子（很巧，胡适之先生的车牌是八十七号。这是北大教职员中仅有的三位汽车阶级中的两位）停在二院门口，于

---

[1] 李书华：《七年北大》，选自陈平原、夏晓虹编：《北大旧事》，北京：北京大学出版社，2009年，第78—79页。
[2] 朱海涛：《北大与北大人》，选自陈平原、夏晓虹编：《北大旧事》，北京：北京大学出版社，2009年，第306页。

是大家知道校长来办公了。[1]

20世纪40年代后期，北大复员以后，代理校长傅斯年力争扩充校产，包括集中安排教授住宅区。中老胡同32号院落居住的大都是学术史上的名家，如贺麟、朱光潜、冯至、周炳琳、曾昭抡、江泽涵、沈从文等。前些年，一批在中老胡同32号出生或长大的老北大教师子女代表曾经下了很大力气详细考证这处群居型大宅子的使用情况和内部构造，为后人了解他们的父辈在老北大一带的生活环境、相互之间的交往、家庭氛围等重要信息提供了丰富翔实的材料。[2]府学胡同这处住址也是藏龙卧虎，有许德珩、饶毓泰、袁翰青、郑天挺、王铁崖、楼邦彦、杨人楩、游国恩等著名学者居住。

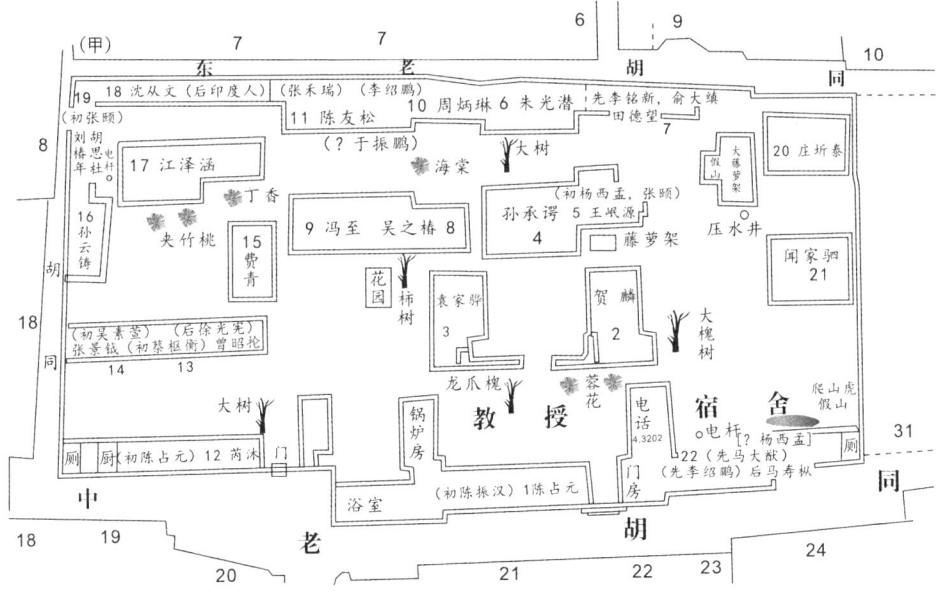

图1-12　北京大学中老胡同32号宿舍内房号及住户分布图
（参照《中老胡同三十二号：老北大宿舍纪事》插图重绘）

---

[1] 朱海涛：《北大与北大人》，选自陈平原、夏晓虹编：《北大旧事》，北京：北京大学出版社，2009年，第304页。

[2] 参见江丕栋、陈莹、闻立欣等编著：《中老胡同三十二号：老北大宿舍纪事》（增订本），北京：北京大学出版社，2019年。

三、食在北大

对那些日常心系家国天下的老北大学生而言，生活中最重要的一件事极有可能不是吃饭。不过即便他们在历史书写中早已光环加身，也无法改变一个事实：只有吃饱了饭，这些精力旺盛的年轻人才拥有足够的力气改变中国、创造历史。

由于老北大日常承担了太多已然超出高等教育本身的功能，校方和师生自然很难将注意力集中于生活条件的改善上。实际上，当时的学生若有机会来北大求学，便已经感到莫大的荣幸。至于物质生活的要求，本来也不是什么要紧事，毕竟他们中的多数都是从小过苦日子出身，这一点和同时期的清华、燕京学生形成了鲜明的对比。为应对学校发展的现实需要，校方只能绞尽脑汁，东拼西凑；后来基本成型的三大校舍恰是东拼西凑的结果。因此，高规格的食堂、宿舍都很难出现在老北大的校园里。由于空间紧缺，校园里的学生食堂多半只能依附于学生宿舍，或是在那些暂时闲置的空旷屋子里开设。综合各家论述可知，老北大虽然陆续盖起了新宿舍楼、新图书馆，但始终没能建成一座能够容纳成百上千人的新食堂。毕竟，缺乏足够宏大宽敞的校园空间是个由来已久的问题。

不太把校园里的吃饭问题当一回事，大概是老北大从上到下的共性，这与对住宿问题的高度关心形成了有趣的对照。柳存仁在《沙滩上的骆驼》一文中形容："北大的吃似乎是独立的，它不属于北大的任何宿舍的任何一个规模极小的食堂，它也并不强迫这种小食堂立刻关门。"[1] 这里的"独立"一词用得非常到位，精准地点出了老北大人不喜拘束、各行其是的特质。更何况吃饭这件事向来就是众口难调，每个人都不免有自己习惯的吃法。退一步说，就算老北大真的拥有轰动北京

---

[1] 柳存仁：《北大和北大人》，选自陈平原、夏晓虹编：《北大旧事》，北京：北京大学出版社，2009年，第280页。

城的汇聚美味佳肴于一身的食堂,生活常识也早已揭示了一个真理:任何食堂的饭菜,无论做得多么好吃,只要天天吃,也一定会腻味,在食堂之外"改善生活"的需求总是存在的。饭馆老板对这种持续的旺盛的需求想必心知肚明,所以"美食一条街"往往成为大学围墙外的标配。

老北大的食堂显然不是让学生们印象深刻、回味无穷的所在,否则关于它的回忆不可能如现有材料所呈现的那样苍白。如此一来,老北大学生当然更愿意走出校门,到不远处的小饭馆吃饭。今天我们仍能读到不少描述老北大饮食文化的名文,它们大多是异时异地的追忆之作。从这些文章作者就读或活动于老北大的时间段,大致可以判定他们所记录的主要是自20世纪20年代至全面抗战爆发前的十余年校园周边饭馆的情形。因为史家几乎不可能专注于研究和记录这些毫不起眼的小饭馆的"历史变迁",所谓"史料"也只能从众人的回忆文章中发掘。由于每位作者的口味与生活习惯不尽相同,他们对饭馆及菜品的印象与评价也不免带有主观色彩,我们只能尝试将这类主观印象同作为地名的具体饭馆联结起来,重新加以梳理,力求再现老北大校园周边笼统意义上的美食地图。这些小饭馆何时开业、何时停业、是否有前后承继关系、高度精确的地理位置等细节信息,仍有待进一步考证。

校内

老北大校园饮食文化孕育于京师大学堂时期。请看邹树文的回忆:

> 我在壬寅年入学开学的时候,还记得每日天还未亮,每桌点了蜡烛吃早饭,学生与教职员同桌进餐……[1]

另有王画初回忆:

---

[1] 邹树文:《北京大学最早期的回忆》,选自陈平原、夏晓虹编:《北大旧事》,北京:北京大学出版社,2009年,第3、10页。

> 早晨起床，鸣铁钟为号，上堂以摇铜铃为号，就寝亦然。开馆则高锣为号，仅饭食一项，早粥，午晚皆四碟八碗，米面食皆备，可谓国以大烹养士罢！而学员中的贵公子哥们，也往往闹饭厅。但究竟来自乡间的人多，而附合起哄的殊少。在管理的提调们，还能善处，从未酿成过风潮。[1]

俞同奎也有相似的回忆：

> 我们不仅不缴学费，并且由校供应伙食。每餐八人一桌，六菜一汤，冬天则改为四菜一火锅，鸡鸭鱼肉都有。有所谓堂提调者，就是现在舍监或庶务科长这类职员，跟我们在一处吃饭。如果饭菜不好，堂提调马上发起威风，惩罚厨子，倒用不着我们学生操心。有一次我记得因为某样菜偷工减料，堂提调大怒，叫来厨子，罚他长跪在饭厅阶前，后来反是学生替他求情，方才饶恕。[2]

早期的校内食堂与学生宿舍相伴共生，西斋、东斋宿舍都有。在宿舍的公共区域里辟出一间大屋子，屋里再摆上七八张方桌，就算一处食堂。校内食堂流行包餐制度；所谓"包餐"指的是一次性交钱给食堂，即可包下未来一个月的伙食。柳存仁说包饭须7—8元/月，张中行记得是6—7元，数目上相差无几，应该就在7元左右。据朱海涛回忆，西斋食堂供应的是"小盘小碟小馒头，馒头两个对粘在一起。菜少的四分一碟，很好的纯荤菜八分一件"[3]。而在柳存仁的印象中，西斋

---

[1] 王画初：《论优级师范馆》，选自陈平原、夏晓虹编：《北大旧事》，北京：北京大学出版社，2009年，第10页。

[2] 俞同奎：《四十六年前我考进母校的经验》，选自陈平原、夏晓虹编：《北大旧事》，北京：北京大学出版社，2009年，第20页。

[3] 朱海涛：《北大与北大人》，选自陈平原、夏晓虹编：《北大旧事》，北京：北京大学出版社，2009年，第324页。

食堂的菜种包括回锅肉、冬瓜烧肉、炒辣青椒丝、花卷或干饭等。[1]看起来似乎西斋可以满足学生的需要了,但问题是"包饭对学生来说显得很不自由,而北大附近的零吃既方便又便宜,相比之下包饭并非必需"[2]。包饭固然省事,但的确"很不自由",基本无法按自己的意志选择爱吃的食物,加上性价比不算太高,故不受学生们的欢迎。如果不包饭,学生们就有了"自由"的空间:想宅在宿舍就宅着,"托人拿一毛钱买十个包子或烙两张饼加葱花麻酱,分外节省时间,还香了一屋子"[3]。若想出去吃更是不愁,毕竟校门外饭馆云集。若害怕吃腻,则可采取轮流切换口味之大法——无论主食、小吃还是点心均可饱腹。

抗战胜利复员后,1946年12月底,学校在北楼地下室办了一个教职员食堂,伙食分为全月、半月(中餐)、客饭三种。包月者一日供两餐。包伙每月甲种国币50000元、乙种36000元;半月者减半;客饭甲种900元,乙种700元。开饭一人一菜一汤,二人两菜一汤,四人三菜一汤,六人四菜一汤,八人六菜一汤,荤素各半。早点零售,肉丝汤面400元,猪肝面或三鲜面500元,包子100元,馄饨400元,油条50元,豆浆120元。每客早点稀饭一碗,馒头两个,小菜一盘300元。菜饭零售,水饺每个25元,馅饼50元,二两烧饼、馒头、花卷70元一个,两菜一汤2000元,四菜一汤3600元,六菜一汤5000元,拼盘500元。开饭时间,早点7至9时,中餐12至2时,晚餐5至7时,零售随时可吃。学校还特别声明,各种价格每半月或一月视物价之情形会商调整。从上述标价中,我们可以获知战后的人们正面临物价飞涨、通货膨胀的

---

[1] 柳存仁:《北大和北大人》,选自陈平原、夏晓虹编:《北大旧事》,北京:北京大学出版社,2009年,第280页。
[2] 朱海涛:《北大与北大人》,选自陈平原、夏晓虹编:《北大旧事》,北京:北京大学出版社,2009年,第323页。
[3] 朱海涛:《北大与北大人》,选自陈平原、夏晓虹编:《北大旧事》,北京:北京大学出版社,2009年,第324页。

困难形势。[1]

校外

据回忆,当时校外比较热门的饭馆主要有以下几家:海泉居、德胜斋、福和居、集贤村、林盛居、一条龙、悦来居、华盛居、中山食堂等。从饭馆起名来看,"居"字当是主流,或可见当年风气。它们的分布情况如下:

一院(红楼)大门附近:集贤村、一条龙;

一院(红楼)东斋大门附近:海泉居、林盛居;

二院(马神庙)大门附近:德胜斋、福和居、华盛居、悦来居、中山食堂。

其中,明确位于红楼对面的只有集贤村一家;而马神庙校门周边则比较热闹,至少聚集五家有名号的饭馆。由此不难得出结论:在校门之外,老北大"商圈"真正的美食中心应该是二院所在的那条街。

为何此地能成为"美食中心"?一种相对合理的解释是马神庙原系北大校舍最早的所在。建校初期,学生多富家子弟(直到蔡元培主校后这种阶层构成格局才被打破),属于稳定且有钱的主顾。由于学校食堂不太发达,学生们又有很强的消费能力和消费欲望,请客吃饭或改善伙食已成为他们生活中不可缺少的一部分。店家只要厨艺过硬,又懂得揣摩客人心思,赚钱总是比较容易的。这样一来,餐馆云集于马神庙一带也就毫不奇怪了。

学校先后增加了北河沿和沙滩两处校舍后,在北河沿设有专门的食堂,沙滩则很可能迟至蒋梦麟时期才随着校舍扩张而添设。不记录并不代表不存在,但红楼南侧的饭馆极少得到追忆的情形起码可以证明一点:这一带缺少令人印象深刻的饭馆。至于通往北河沿校舍的沿途是否

---

[1] 王学珍、郭建荣主编:《北京大学史料》(第四卷),北京:北京大学出版社,2000年,第849—850页。

有一些可观的小饭馆,同样缺少相应的材料印证。

按一日三餐划分,早餐是一类,午晚餐是另一类。早餐吃得相对简单,却也有档次高低之分。据沈仲章回忆,当时学生吃早餐共有三种办法,"最低档的是在学校食堂用早餐,既省钱又省时间。常例是每人一份大豆,甜甜的,浇些麻油一拌,再加烤馒头和稀饭。虽然简单便宜,营养味道都还不错。"中档吃法是"中西合璧"的:"到外面私人开的面包房去。买个刚出炉的热面包,有夹豆沙的,也有夹核桃的。面包房也有豆浆卖,可来上一碗。"最高档的吃法,莫过于"品尝各种各样的面条"。其中,地处二院大门对面的华盛居"做炸酱面最拿手。师傅把面和好后,用手拉成面条,细的、宽的、扁的,都可以拉出来。面拉好了,就一堆一堆放着。顾客来了,再根据具体要求偏好,做成炸酱面或打卤面什么的。"[1]另一版本的说法来自朱海涛:"上等的在一院对过吃那五分钱一件的西点,喝西米粥或糖牛奶。中等的在东西斋对过面包铺喝'酱冲整',吃豆沙、山楂面包。下等的在沙滩路口,风雪无阻,有一位和善的老头歇着一挑担子卖三大枚一碗的杏仁茶",配上刚炸好的焦黄果子夹热烧饼,竟也不失为值得留念的美食。[2]这里所说的档次差异,可能主要体现在制作工艺和就餐场地条件等方面,并非口感上的,否则他们就不会这样饱含深情地回味起当年吃过的哪怕只是"下等"的早餐了。

午晚餐是全天品尝美食的重头戏,自然也是回忆的重头戏。如果要问老北大一带饭馆最流行的菜肴是什么,那就得首推"张先生豆腐"了。据柳存仁回忆,供应"张先生豆腐"的饭馆是位于景山东大街的悦来居,最早是由一位姓张的同学发明。[3]张中行的叙述略微有些差别:

---

[1] 沈亚明:《父亲说老北大的"吃"》,《文汇报》2016年7月26日。
[2] 朱海涛:《北大与北大人》,选自陈平原、夏晓虹编:《北大旧事》,北京:北京大学出版社,2009年,第324页。
[3] 柳存仁:《北大和北大人》,选自陈平原、夏晓虹编:《北大旧事》,北京:北京大学出版社,2009年,第282页。

"其他几家非回教的饭馆都有一种名菜,名叫'张先生豆腐'。"他进而依据这道菜里放入的竹笋,推测这位张先生应是江南人氏。[1]还有一种看法认为"张先生豆腐"是四川风味的。孰是孰非,同样有待进一步考证。不过,悦来居很可能不是独家售卖这道菜的饭馆,毕竟"张先生豆腐"早已"驰名全北平"了,配方和手艺大概也不难模仿,故各处可纷起而仿效。

海泉居可能是沙滩一带"最贵族化"的小饭馆,这里"最拿手的一道菜是炒腰花,要卖四毛多。"[2]但它的名声大噪,首先要归功于一幅曾经被广为传诵的对联;在众人的记忆中,它甚至演化出了多个版本。先看柳存仁的:"学术文章,举世咸推北大老;羹调烹饪,沙滩都道海泉成。"柳氏称此对联挂在海泉居二楼的墙上。[3]张中行的版本是:"化电声光个个争夸北大棒,煎炸烹炒人人都说海泉成。"[4]另有朱海涛版的回忆:"学问文章,举世皆推北大棒!调和烹饪,沙滩都说海泉'成'!"[5]各版本毕竟都是主观追溯而成,其内容有所出入也实属正常,最大的差异不过是"学术(学问)文章"与"化电声光"之别。前者重在人文,后者重在自然科学,或许都代表了时人对于老北大学术成绩的某种期许。前述的那副对联,柳、张的版本皆云其乃胡适手书。消息一出,果然一传十,十传百,食客们纷纷慕名前来观瞻,可见名人效应历来是商家屡试不爽的一个套路。除了对联远近闻名,海泉居还有一

---

[1] 张中行:《沙滩的吃》,选自陈平原、夏晓虹编:《北大旧事》,北京:北京大学出版社,2009年,第478页。
[2] 柳存仁:《北大和北大人》,选自陈平原、夏晓虹编:《北大旧事》,北京:北京大学出版社,2009年,第283页。
[3] 柳存仁:《北大和北大人》,选自陈平原、夏晓虹编:《北大旧事》,北京:北京大学出版社,2009年,第283页。
[4] 张中行:《沙滩的吃》,选自陈平原、夏晓虹编:《北大旧事》,北京:北京大学出版社,2009年,第478页。
[5] 朱海涛:《北大与北大人》,选自陈平原、夏晓虹编:《北大旧事》,北京:北京大学出版社,2009年,第323页。

个特殊人物，那就是跑堂伙计。这位伙计不愧在老北大一带熏陶多时，主张"中学为体，西学为用"，经常向前来吃饭的北大学生请教诸如"炒木樨肉怎么说""等一等就来"等几句话的英文表达法，后来渐渐地便"满口不中不西的英文了"[1]。可见，自愿自觉地卷入时代的趋新风潮，早已不是那些"喝洋墨水派"的专利。

德胜斋以供应清真风味、只售卖牛羊肉菜肴闻名，比较好吃的是一道菜是烧饼炖牛肉。但有特色的饭菜却被一位姓于的跑堂伙计遮住了光芒。这位于伙计"和气，勤快，却很世故。几乎能够叫出所有常去的学生的姓名，见面离很远就称呼某先生，点头鞠躬，满面笑容，没话找话献殷勤。如果时间长些，还要尽恭维之能事，说不久毕业一定会升官发财，最低也是局长。"显然，他比海泉居那位虚心学习、活学活用的"文"同行要"俗"得多。此君"世故的顶峰是一次大聚敛，说是死了父亲，足穿白鞋，腰系白带，见到熟学生就抢前一步，跪倒叩头。"按照老北京的风俗，这是所谓讨丧礼。对讨丧礼的人，民间有一条不成文的规矩是给他一元大洋。那段时间，常光顾德胜斋的北大学生一见面便互相打听："小于的钱你给了吗"[2]？老北大餐馆文化内涵的日益丰富，离不开这些自带喜剧效果的小人物所做的贡献。

位置靠近景山东街的福和居，消费层次与海泉居相近。这是一家川菜馆，原本店面只在景山东街路南，后来扩展到路北。这家餐馆"共占了三开间的铺面，虽然价格贵（两毛以上），但菜品好，生意兴隆。"[3]上面提到的悦来居则比海泉居和福和居低一档，所以柳存仁说，这家"门口挂着三个红黄蓝色的纸穗子做成的圆形的标帜"的餐

---

[1] 张中行：《沙滩的吃》，选自陈平原、夏晓虹编：《北大旧事》，北京：北京大学出版社，2009年，第477—478页。

[2] 张中行：《沙滩的吃》，选自陈平原、夏晓虹编：《北大旧事》，北京：北京大学出版社，2009年，第477页。

[3] 朱海涛：《北大与北大人》，选自陈平原、夏晓虹编：《北大旧事》，北京：北京大学出版社，2009年，第323页。

馆体现的"正是北平第四流或者第五流的饭铺的门口所最容易瞧到的特征。"[1]尽管柳存仁的评价看上去不太客气,但朱海涛却夸赞悦来居"以稳快价廉著称,种类丰富,口味也不错。"[2]可见,哪怕"第四流""第五流"的饭馆,在穷学生眼里也都有出彩之处。

每到饭点,喜欢吃面的学生只要走出校门,日子还是很好过的:沙滩和马神庙一带有好几家面馆。除了上文提到过的华盛居、悦来居,还有北池子北边的"一条龙"以拉面见长。拉面、炸酱面、打卤面,再加上川菜馆里各式放了辣子的面条,老北大学生还是顶有口福的。吃面的另一个好处是价钱便宜,用朱海涛的话说,"吃面最经济,三碗面皮六分,小碗麻酱四厘,六分四就能吃饱。"[3]令张中行回味无穷的是沙滩路南的切面铺;这里的面不仅分量大,性价比高,还能充分领略老北京下层市民的朴实、愉快和幽默。[4]

去这些小饭馆吃饭,通行的结账方式与今日流行的"花呗""白条"功能倒是有几分相似:只要是店里的老主顾,就不用担心手头缺钱的问题;要是肚子饿了,先进去吃饱喝足再说。何以如此?"店家有块小黑板,上面记着某某人欠多少钱。欠钱的人手头松了,可先归还一部分,记个余数。若手头紧又欠上一笔新债,老账新账加在一起,写个总数。等到欠的钱都还清了,便可擦去名字。"[5]若读者诸君熟悉鲁迅小说名作《孔乙己》,定会觉得这个场景似曾相识。校园周边,渐已形成讲信用的风气。如果有哪位学生长期欠债不还,他的名声就会坏掉,就

---

[1] 柳存仁:《北大和北大人》,选自陈平原、夏晓虹编:《北大旧事》,北京:北京大学出版社,2009年,第282页。

[2] 朱海涛:《北大与北大人》,选自陈平原、夏晓虹编:《北大旧事》,北京:北京大学出版社,2009年,第323页。

[3] 朱海涛:《北大与北大人》,选自陈平原、夏晓虹编:《北大旧事》,北京:北京大学出版社,2009年,第323页。

[4] 张中行:《沙滩的吃》,选自陈平原、夏晓虹编:《北大旧事》,北京:北京大学出版社,2009年,第477页。

[5] 参见沈亚明:《父亲说老北大的"吃"》,《文汇报》2016年7月26日。

会失掉周围所有人的信任。后来成为著名作家的哲学系学生徐訏说过："偷听课是永远不会查你，而偷吃饭是只有一次的，下次去时，掌柜或者伙计会向你讨上一次的饭钱，他们有好的记性与眼光，你别以为他们傻。"[1]不过，这一约定俗成的制度只适用于确定在校就读的学生。如果对那些神龙见首不见尾的旁听人士也执行同样的操作，老板的买卖就很可能会赔进去。

平常的饭钱看上去都挺便宜，同学们又隔三差五地欠账吃饭，这些小饭馆靠什么赚钱？无须多虑，这些店家是非常精明的，"他们也有很贵的菜，……你有时想换一个新的口味，他就会突然来敲你一下，……无论什么菜你不好都是可以换，但是你下了筷可就不能换了"，毕竟"你叫新奇菜名时，那就是有钱的主顾，或者主顾在有钱的时候了，大大敲你一下不是不很要紧么？"[2]久而久之，食客们也免不了要和店老板斗智斗勇。最"聪明"的学生，会选择在毕业前修炼成"老主顾"，一到毕业时间立刻远走高飞，店家对此也只能徒呼奈何。几十年过去了，随着当事人纷纷远行，那帮吃饱饭就意气风发、指点江山的英杰才俊，昔日到底有多少黑历史记录在"板"，已注定成为永远的悬案了。

拾遗

除了校内外的美味与饮食文化，还有一种特别的记忆也同样不能忽略。这种记忆主要是那些没有正式学籍的旁听生留下的。

"三子两，两子三！"

如今我每次经过以前北京大学的第一院，总要回想起这种叫

---

[1] 徐訏：《北大区里的小饭铺》，选自陈平原、夏晓虹编：《北大旧事》，北京：北京大学出版社，2009年，第470页。

[2] 徐訏：《北大区里的小饭铺》，选自陈平原、夏晓虹编：《北大旧事》，北京：北京大学出版社，2009年，第472页。

卖柿子的声音来。无论当初我住在会馆里,和后来在銮舆卫夹道做工,从北池子走过来,到了柿子摊旁,总已有点饿,有点渴。花三两个铜子,买柿子,大的两个或者小的三个,饥渴都解决,得以甜一甜。这不仅嘴巴里的味道,尤其是精神上得到安慰,吃了柿子就可以溜进教室去听讲。[1]

这段文字的作者许钦文,因仰慕当时在北大教中国小说史的绍兴同乡鲁迅先生,自愿"北漂",租住在条件很差的校外小公寓,一边写作一边旁听鲁迅讲课,后来果然受到鲁迅器重,成为著名乡土作家。尽管时常面对饥寒交迫的窘境,但柿子的滋味却总能让他回想起那段很值得留恋的"北大边缘人"时光,精神上的慰藉已经足以让他忘却现实的艰苦。事实上,有不少像他这样不为文凭而来的青年,都曾受益于北大的开放包容。许钦文的例子让我们相信,他们对北大的感恩之情是可以通过味觉记忆承载和传递的。

第三节　北大师生对校园的评价

前文以校友回忆为基础,细数了校园生活的方方面面。本节我们试图探讨两个问题:第一,如此校园,对于新生报考选择到底有多大的影响?第二,北大人对其校园又作何评价?

民国时期基本上不存在类似今天的全国统一高考,一般来说都是各校自己命题,在北京、上海等若干大城市安排考场,由考生就近参加考试选拔。30年代以后,有所谓北京"四大名校"的说法,指的是北京大学、清华大学、燕京大学、辅仁大学,燕京和辅仁两所教会学校当然也

---

[1] 钦文:《忆沙滩》,《文汇报》1959年5月4日。

是佼佼者,但北大、清华更是很多人的首选,既然那时候考生可以同时报考好几个学校,有的人还有幸被几所大学同时录取,那么在面临这样艰难的选择时,考生择校的主要考量是什么?校园这个因素在这其中能有多大影响呢?这里,我们无意穷尽搜罗回忆录来个大数据式的统计分析,只是从浩渺的史料中撷取几个例子来反映一下这个问题。

1930年夏天,山东青年季羡林来北平赶考,同时报了北大和清华两个学校并幸运地同时被录取。他最终选择了清华大学,原因是他认为清华出国留学的机会更多。清华虽然一向以宽敞气派的校园著称,水清木华的皇家园林配合上美式的校园建筑,两者相得益彰,令众多校友引以为自豪。这个硬件条件固然有巨大的吸引力,但是跟出国留学的便利相比还是稍逊一筹。何炳棣9岁的时候就聆听了父亲的教诲:"这种年头,如不能出洋留学,就一辈子受气。"受此影响,他从9岁开始就以考清华作为第一项大志愿,将留学作为第二项更大的志愿。[1]当然,为清华园的硬件条件吸引的学生也不乏其人。1947年资中筠从天津耀华中学毕业考上了燕京大学,但是1948年她就放弃燕京学籍,重新考入清华大学外文系,理由是:"实际上我当年执意要上清华,那图书馆和大礼堂的吸引力起了很大作用"[2]。

湖南人周清澍在1950年夏天同时报考了北京大学、武汉大学和新成立的大连大学三个学校,由于堂兄在武大农学院上学,他就借住在武大,饱览了珞珈山武大壮美气派的校园。他之所以选报武大政治系,是因为只听说过政治学家周鲠生教授的大名,而且他就是校长,据悉前几任校长也出自政治系。[3]据他陈述:

---

[1] 何炳棣:《读史阅世六十年》,桂林:广西师范大学出版社,2005年,第9—10页。
[2] 资中筠:《士人风骨》,桂林:广西师范大学出版社,2005年,第30页。
[3] 实际上武大首任校长王世杰是法学家,只是在政治系也兼课。继任校长王星拱是化学家。

> 我最感兴趣的学科是地理,其次才是历史,选报华北的大学时,发现只有清华有地理系,但不知因何产生一个印象,认为选学校则应首选北大,所以填报北大史学系为第一志愿,填报清华地理系为第二志愿,结果我进了北大的史学系。

这个理由堪称直接,只不过他对北大的认知还要经历一番波折:

> 按学校的入学通知,应先到三院的宿舍安顿下来,然后再去学校报到。我带着简单的行李,在前门车站出站后,听从临行前有出门经验的朋友嘱咐,找到一个三轮车夫,让他把我载往三院。北京的路很直,也较别的城市宽,没过几条街,就从柏油路朝北转到东面是河沟的土路上,西面都是有院墙的房子,走不多远,车夫就在一个院落的大门前停下。这个门开在一个门楼的底层,虽设而常关,只在两扇门中的一扇挖了一个窟窿,又在上面装了一个仅容一人出入的小门。武汉大学有一座巍峨的牌坊式大门,从大门外就可遥看琉璃瓦覆盖的雄伟校舍散落在珞珈山上,遍布绿树高墙的秀丽校园,宽广超过我生长的小县城,我想象的大学就应该是这样。我在考取武大后,舍而远就北大,原因是印象中北大比武大名气更高,当然也认为校舍和校门应比武大更雄伟高大,再差也不应像我眼前所见的如此不堪。当时我的反应是车夫听错了我的湖南话,就重申一句:"我是要去北京大学。"但车夫立即明确地回应:"这就是北大三院。"[1]

一个是被誉为最美大学校园、流风甚美、物外桃源的武汉大学,一个是因陋就简、逐年修修补补、甚至校园都不成片的北大沙滩,硬件条

---

[1] 周清澍:《沙滩北大二年》,《学史与史学:杂谈和回忆》,上海:上海古籍出版社,2011年,第359—361页。

件可谓是天壤之别,难怪他用"如此不堪"这几个字了。不过,他很快就被宿舍新同学各显其能的神通和豪气干云的气概所折服,更对北大云集的众多大师学者的风采所倾倒;相比之下,校园虽然简陋了些,好歹也能勉强接受。只是不知假如报考之前就见识过北大校园的穷模样,他是否还会心甘情愿选择北大。

由于北大名声在外,很多考生在报考之前对北大的印象都来自他们自己想象中的幻影。比如1932年还在上中学的柳存仁收到住在北大西斋的朋友寄来的一封信,介绍西斋的幽静和几株丁香,他想象中的北大"又有清香袭人的丁香,又有积水没胫的阶石,又有古树交映青苔满目的宿舍",深感"信里所说的话的情趣令人陶醉。"可当他真正到了北大,亲眼看见的东斋和西斋宿舍是什么样的呢?"木板的硬床,粗重而肮脏,臭虫之多,自不待言。窗槅全用白纸糊的,顶棚也是,并且黄一块黑一块的,潮霉满目,上面常有老鼠嬉,入夜如奏奇乐。"至于汉花园一带呢,"东面围墙外是两岸夹着细条的杨柳的宽大的河沟。河水是一向干涸的,积尘满天,和中法大学的校舍隔着'鸿沟',遥遥相对。一阵子扑面的狂风卷着黄沙吹来,能够叫你立刻睁不开眼睛。"

看来,现实的骨感着实让这个原本怀揣着丰满理想的新生大跌眼镜了:

> 如果你是怀着一颗远道"慕名"而来的诚心,已经在广州的岭南大学,武昌的武汉大学,或杭州的之江大学住了一年,负笈远来投奔名校转学的话,那我真不敢想象汉花园——北京大学第一院(文法学院)——给予你的第一个印象或打击,将是怎样的惨酷、无情和冷淡。汉花园的建筑,外表是坚实的,不过也已经渗染着一种风吹雨打Weather beaten的色彩,很容易叫你引起和陋旧、保守、陈腐、甚至于龌龊……相像的联念。
>
> 如果你坐到了汉花园的门口,觉得这个大学的校舍真是简

陋，比不上岭南、武汉、之江的大礼堂的金碧辉煌，那也难怪。[1]

不过，在北大待上一段时间以后，作者笔锋一转，念起这里的好来：

> 北大虽然堂堂皇皇的创办了四十多年，至今盖不起一座足够几千人聚集的金碧辉煌的礼堂，它的天花板是要圆顶式的。可是，倘若要做起什么真正有益于学生的智识的开扩或深入的事情来，北大绝不惜钱。[2]

他举例说明："在旁的大学里面，选课这两个字不过是一个名，强迫却是实际的形容。"说在上海就是由院长或系主任强迫学生选自己的课。"惟有一个从其他的大学转学到北大来的学生，才会领悟北京大学的选课，真是贯彻了真正的民主的精神行为。"北大把有限的经费花在了刀刃上。资源是稀缺的，如果必须在物质和精神上做出艰难的抉择，北大毫不犹豫地选择后者。

文中所说的"圆顶式的礼堂"，就是指清华的大礼堂。在这篇文章中，柳存仁针锋相对地谈清华硬件条件的优越，称之为"北平某著名洋化的大学"。说北大的教授们"从来不羡慕北平城外的另外一家著名的洋化的大学，在图书馆里的楼下划分出一间一间的规定时间的指定的教授办公室，在凸花纹的玻璃上漆着系主任、教授或讲师的名字。"在他看来，清华图书馆因为优越的条件使教授有自己的办公室反而与学生分

---

[1] 柳存仁：《北大和北大人》，选自陈平原、夏晓虹编：《北大旧事》，北京：北京大学出版社，2009年，第277页。

[2] 柳存仁：《北大和北大人》，选自陈平原、夏晓虹编：《北大旧事》，北京：北京大学出版社，2009年，第289页。

隔开来了,而北大教授呢,"他们和学生生活在一起,时常关心,同情和鼓励。"

又如,讲到食堂,柳存仁说:"在南方,一般的大学宿舍必然的附着广大的膳堂,在北平呢,像清华、燕京等校不但有广大的膳堂,而且它的数目还不仅是一个。……清华的广敞无比清洁卫生的大食堂的照片,是用了精美的铜图印在《清华周刊》的新生入学的向导专号上面的。"不过,他并不想夸赞清华的环境,马上就说"有时候我很容易想起美国式的幽默一则,这一则大约知道的人已经很多了,就是:某大学以比赛足球著名。有人甚至于说:某人在某地设立了一座球场,附设大学一所。"他的用意再明显不过了,就是指斥其物质胜过了精神,这里自有一些北大人的意气存在。一个鲜明的例证是,面对局促老旧的北大校舍,他非但没有言辞激烈地提出批评,反而喜欢用半带调侃半带温情的方式对其进行描述。比如他形容体育馆的建筑:

> 其实非常像什么讲武堂的练拳场,里面是刀枪剑戟斧钺钩叉。每一件兵器上面都罩上了一层厚厚的灰尘,附近的壁角也结好了两个颇大的蜘蛛网,时常要断不断的随风摆动。这座体育馆的内外墙都是涂着灰灰的颜色,四面有着很多的窗,窗棂是铁柱做的,也都生了锈,玻璃也破了不少。地面上是砌着四四方方的大砖,但是并不常常清洁,因为扫除的时候并不多。[1]

不过,请你不要误会,像这样的特殊的建筑,在北大决不止一所两所,而且综合的说起来,它们给予学生们的印象仍然是极为崇高的。这天然的是一种容易引起思古之幽情的地方。过去的光辉的记忆,历史的陈迹,往来古今的人物的变迁,似乎都可以

---

[1] 柳存仁:《北大和北大人》,选自陈平原、夏晓虹编:《北大旧事》,北京:北京大学出版社,2009年,第291页。

从这些建筑的半埋在土里面的基石上面看得出来。[1]

他不但没有批评这种陈旧，反而觉得是一种能体现出"北大老"的骄傲。既然这样，那么他是不是就完全"喜旧厌新"呢？也不是，在谈到新落成的地质馆时，他说：

> 地质馆的建筑是最新的，完全依照最新的立体式的样子建筑，有四层高楼，里面也有热水汀的设备，也有柔软的地毯，也许可以说是全国唯一的一座地质馆。[2]

也就是说，一方面他对清华气派的建筑几乎没有赞赏甚至几近揶揄，对北大古旧的房屋却充满温情。但另一方面，对北大的新建筑他又毫不吝惜地夸赞，摆明了就是双重标准，两校学生暗中较劲的意思跃然纸上。

不过，他也承认：

> 北京大学的第一个缺点，很可能的也是它的最重要的缺点，无疑的是它的没有钱。……在过去的四十多年里，北京大学所受到的物质上的补助真是太少了，同样的，它在物质环境上所给予它的学生和教授们的享受，也太少得可怜了。以它那样简陋的校舍，即使在过去曾经支撑了四十多年的危局，风雨飘摇，弦歌不辍，但是，倘若没有大量的继续不断的经济上的供给，使它可以进行改进和复兴，它的摇摇欲坠的危楼将不再能够支持更多的

---

[1] 柳存仁：《北大和北大人》，选自陈平原、夏晓虹编：《北大旧事》，北京：北京大学出版社，2009年，第291页。

[2] 柳存仁：《北大和北大人》，选自陈平原、夏晓虹编：《北大旧事》，北京：北京大学出版社，2009年，第291—292页。

十年。[1]

在文章结尾,他取得了物质与精神两方面的调和,如此评价:"北京大学的著名,固由于精神,而理想中的建设,则要看重物质。一张一弛,才合中庸。"

他这一长篇文章中的心态很能代表一些人,北大学生并不排斥优越的校园环境和建筑,哪怕有一点长进、一栋新楼也足以引起他们不吝赞扬和欢欣,但眼看着别人起高楼,自己家却无能为力,无奈之下,只好把对母校的感情和骄傲全部寄托在北大那悠久的历史长河中形成的独特的精神传统之中。所以,他才说:

> 我不愿忘记,也猜想其他的师友同学们也永远没有忘记那霉湿满墙,青苔铺阶的北大二院宴会厅,更决不会忘记那光线黑暗的宴会厅里,东边墙上悬挂的一幅蔡孑民先生的全身的油画,和他在画中的道貌盎然和蔼可亲的笑容。我们一坐在那里喝茶,一抬头就可以瞧见蔡先生了,同时也就可以回想起整整四十年的越是物质古旧,越见精神革新的北京大学的身世。[2]

这完全是刘禹锡在《陋室铭》里所说"山不在高,有仙则名。水不在深,有龙则灵。斯是陋室,惟吾德馨。苔痕上阶绿,草色入帘青。谈笑有鸿儒,往来无白丁"的气派了。无形的精神传统和大学气质在这里代替了有形的校舍建筑,在学生的心里完成了一个置换的过程,原本拿不出手的校舍反而因此成了骄傲的象征。在简陋的条件中,师生们安贫

---

[1] 柳存仁:《北大和北大人》,选自陈平原、夏晓虹编:《北大旧事》,北京:北京大学出版社,2009年,第301—302页。

[2] 柳存仁:《北大和北大人》,选自陈平原、夏晓虹编:《北大旧事》,北京:北京大学出版社,2009年,第263页。

乐道，破败的校舍与师生们修习争鸣、培养人才所取得的辉煌成就形成了强烈的反差。在这种对比中，凸显了北大之所以是北大的意义，升入"一箪食，一瓢饮，在陋巷，人不堪其忧，回也不改其乐"的境界和气象，简陋于是反而成为高尚的代名词。

北大的历史博大而丰富，它在中国近现代历史进程中扮演着重要的角色，名师大家云集于此。在另一些例子中我们会看到，事实上对很多的人来说，校舍问题事实上微不足道，甚至完全不必在意。

1936年，江苏青年唐敖庆在考大学选专业时，有人告诉他北大化学系很好，那里有一位曾昭抡教授当系主任，治学有方。他自己也看过曾先生在《大公报》上的日记体连载文章《东方日记》，写他到日本的见闻和感想，文笔出众。于是，怀着对曾先生的尊崇，唐敖庆如愿考上了北大化学系。入学后，他深得曾先生青睐；1946年曾昭抡应国民政府兵工署之邀赴美考察原子弹时，就把唐敖庆作为青年助手一同带去了美国，还安排他在哥伦比亚大学读书，1950年又邀请他回北大化学系任教。[1]

1946年秋天从上海的交通大学转学到北大的戴逸说："乍来北方，气候、水土很不习惯，生活不能适应，但北京大学浓厚的学术氛围、活泼的自由风气深深地吸引住了我。……初进北大，如同步入了一个洋溢着民主自由气息的学术殿堂……我第一次走进沙滩图书馆的大阅览室，琳琅满目，心境豁然开朗，很多我以前听说而从未见过的书籍，都陈列在眼前，真是'如入山阴道上，目不暇接'，可以随心所欲地尽情饱览"[2]。

虞福涛从小就知道，"只有成绩最优秀的学生，才能考上北京大

---

[1] 唐敖庆：《我的老师曾昭抡教授》，选自北京大学校友会编：《北大岁月：1946—1949的记忆》，北京：北京大学出版社，2013年，第252—254页。
[2] 戴逸：《初进北大》，选自北京大学校友会编：《北大岁月：1946—1949的记忆》，北京：北京大学出版社，2013年，第34页。

学"。所以，在1946年夏天第一次考北大落榜以后，1947年又参加考试，终于考上了北大地质系。[1]

1942年夏，沈叔平放弃了广西大学学籍，辗转到昆明考上了西南联大政治系。他说："当年的青年学生，谁不仰慕西南联大？它云集北大、清华、南开三校大师，恐怕当时国外的著名大学不见得都有如此强大的师资阵容。有名师方有名校。北大、清华、南开是五四与一二·九运动的发源地。北京大学更有民主、科学的校风为国人所颂赞。不是说别的学校没有这种学风，而是不如北京大学之突出。"正因为这样，在1946年三校复员分家时，他选择进入了北大，1947年又成为北大法科研究所政治学部录取的唯一一个研究生。[2]

从以上事迹可以看出，自全面抗战爆发，北大南渡组建西南联大以后，名师云集和民主科学的传统这两个方面日益成为学生择校时首先考虑的因素。特别是胜利复员以后，国民党政府节节败退，学生运动风起云涌，作为"民主堡垒"和学生运动大本营的北大更加吸引学子报考。

1948年，贵阳考生乐黛云搭车到重庆，在10天内先后参加了北大、中央大学、中央政治大学三所大学的入学考试，并同时被录取。她的父亲坚决反对她北上，理由是北平眼看就要被共产党围城，兵荒马乱。后来她自己对父亲只说是去南京，母亲另给了10个银圆，默许她到武汉后改道北上。之所以这么迫切地要上北大，乐黛云说她当时只是一心一意要北上参加革命。抗战胜利后，她的一个表哥从西南联大回来，给她讲了闻一多如何痛斥国民党，如何被暗杀，哀悼的场面是如何悲壮，学生运动如何红火。她听得目瞪口呆，只觉得自己过去原来不是个白痴也是个傻瓜，简直是白活了。她坚定地认为国民党统治暗无天日，不打垮国

---

[1] 虞福涛：《无尽情思忆母校》，选自北京大学校友会编：《北大岁月：1946—1949的记忆》，北京：北京大学出版社，2013年，第103页。
[2] 沈叔平：《三进北大》，选自北京大学校友会编：《北大岁月：1946—1949的记忆》，北京：北京大学出版社，2013年，第55—57页。

民党，是无天理；而投奔共产党闹革命，则是多么正义，多么英勇！她很向往这样的生活，觉得它又浪漫，又新奇，又神秘。[1]

1946年昆明的西南联大结束时，由学生自愿决定转入三个学校中的任何一所，根据1946年5月29日教务处的统计，选择进入清华的有1004人，北大709人，南开20人。南开原是私立大学，师生人数都不多，不做比较。清华总数虽多，但最重要的原因是清华比北大多了一个工学院，机械、电机、土木、航空、化工5个系有425人之多。除此之外，中文、外文、历史、哲学心理、教育、政治、法律、商学、数学、生物、地质各系，都是选择进入北大者人数居多，清华方面只有物理、化学、社会（北大不设社会学系）3个系的人数超过北大。[2]

正是北大的上述特点深深吸引着众多青年学生，在这些宏伟的理想面前，校舍是简陋还是华丽便无足挂齿了。

---

[1] 乐黛云：《1948年，我上北大中文系》，选自北京大学校友会编：《北大岁月：1946—1949的记忆》，北京：北京大学出版社，2013年，第41—42页。

[2] 参见《国立西南联合大学分入三校学生人数统计表》，原载北京大学档案·全宗号二·案卷号75，选自王学珍、郭建荣主编：《北京大学史料》（第四卷），北京：北京大学出版社，2000年，第274页。

第二章　校园周边

老北大的校园不是一个封闭的空间，它天然地与市井生活和周围环境融为一体。它不在远离繁华的郊区，而正处在老城的核心地段，和老城的肌理和生态是相连共生的，这是老校园的地理背景和文化背景。所以，在三院五斋狭义的"领土"范围以外，还存在一个广义的校园空间，它们同样是老北大人活动的舞台，影响和塑造了师生们的生活和记忆。甚至再把这种原本无形的空间固定为某种明确的势力范围，理所当然地对其进行接管，如前文曾提到刘半农教授对北大空间范围的描述："南至东安门，北达三道桥，西迄景山，谁也不能不承认这是我们北大的势力范围矩。"[1]

这样的文化生态空间同样值得关注。

第一节　接收景山与蒋梦麟校长的危机

一、旧都北平繁荣计划与北大的重生

1928年6月20日，南京国民政府宣布改"北京"为"北平"，设立北平特别市，由行政院直辖。迁都这个重大决策使北京丧失了自辽金元

---

[1] 刘半农：《"北大河"》，选自陈平原、夏晓虹编：《北大旧事》，北京：北京大学出版社，2009年，第484页。

明清到民国北洋政府以来长达800多年的都城地位，主导了此后20年间这座古都的盛衰起落。随着北平失去首都地位成为既定事实，各方随即展开热烈讨论，如何能使北平继续维持繁荣，失去政治中心地位的旧都应该如何重新定位和转型。1930年1月国民党中央委员吴铁城发表《繁荣北平的我见》，提出把北平建成世界游览中心、中国教育中心、北方工业中心和中国练兵区域等办法。[1]1931年3月北平市长何成浚发表《繁荣北平计划草案》提出，把北平建成工业中枢、文化中心和练兵区域三项方针。[2]在各方提出的建议里，利用北平丰富的教育资源建成全国的学术教育文化中心几乎成为一致的选项。这一时期，北平各大学刚刚摆脱北洋政府时期的动荡，获得了一个相对平稳的发展环境，各校都在逐步恢复元气并谋求进一步扩充发展。

从1926年到1929年，北大始终处于风雨飘摇之中。"三一八"惨案爆发后，大批北大学人南下厦门、广州、武汉、上海等地。1927年6月18日，张作霖在中南海怀仁堂被推为中华民国陆海军大元帅，行使大总统职权。8月6日，北京军政府发布大元帅令：将国立九校合并组建国立京师大学校。1928年6月6日，北伐军进入北京，合并不到一年的京师大学校解体，各校纷起要求复校。当时，蔡元培、李石曾又提议效仿法国教育制度实行大学区制改革，根据《北平大学区组织大纲》，将北平、天津、保定三城内各国立学校整合院系后，统一合并成国立北平大学。这个政策甫一颁布就立即遭到群起反对，其中以誓死护校的北大学生反抗最为激烈。1928年11月1日，国民政府下令取消大学院，改为教育部，蔡元培推荐蒋梦麟为教育部长。1929年6月，国民党二中全会遂决议正式废止大学区制。8月6日，国民政府正式决定将北大学院脱离北平大学独立设置，恢复为国立北京大学。这段时间里，学校管理层出现了

---

[1] 吴铁城：《繁荣北平的我见》，《华北日报》1930年1月31日，第2版。
[2] 《何成浚氏关于繁荣北平的三项方案已向四中全会提案》，《华北日报》1931年11月18日，第6版。

下篇 校园生活与文化空间

图2-1 民国时期景山俯瞰

权力真空,学生自治会就顺势承担了一部分治校职能。这其中,以北大学生会提出的接收景山计划最为突出。

根据文献记载,景山在辽代以前只是永定河边的一个土丘,名为青山。到元代时,景山被纳入了宫殿建筑群中,是后宫延春阁所在地。明永乐时修建北京城,把拆除元代建筑的废料以及开挖护城河的泥土一起堆积于此,人工砌成一座土山,名叫"万岁山",由于土山主峰正好压在元代延春阁的基址上,意在压胜前朝的风水,所以这座土山又被称"镇山"。清顺治十二年(1655年),"万岁山"改名为景山。无论是衬托北京的气势,还是加强中轴线在城市规划、布局中的地位和作用方面,景山都称得上是最成功的杰作。[1]民国以后,在时任北洋政府内务总长、京都市政公所督办朱启钤的倡导下,昔日的皇家园林被陆续改建成公园并向市民开放,1928年景山也被辟为公园。根据1928年10月5日国民政府公布的《故宫博物院组织法》第一条之规定:故宫博物院直隶于国民政府,景山公园归故宫博物院管辖。[2]

---

[1] 侯仁之、邓辉:《北京城的起源与变迁》,北京:燕山出版社,1997年,第107页。北京市文史研究馆:《古都北京中轴线》(上册),北京:北京出版社,2017年,第222页。
[2] 吴十洲:《〈故宫博物院组织法〉诞生始末》,《中国博物馆》1993年第2期。

北京是一座文化城，是中外共同承认的，而景山又是文化城的最高峰。她的西边有北平图书馆，南边是故宫博物院，东边则为北京大学。西斋正在景山脚下，一抬头便看见山上那几个亭子，和山色的苍茫。[1]

图2-2　30年代景山北海航拍照片右下角就是老北大校园

1926年考入北大的谢兴尧寥寥几笔就勾勒出景山与周边的关系，老北大跟景山是天然的邻居。景山本不是名山，只是因为挖掘河流湖泊用泥土堆积而成的人工山丘，不过却是附近一带的一个制高点，登临景山，整个紫禁城尽收眼底一览无余。同时，山上营建的亭台楼阁和山下遍植的林木相映成趣，也算得上一个消遣的去处。

"中国氢弹之父""两弹一星"功勋奖章获得者、著名核物理学家于敏院士（1949年北大物理系本科毕业，1951年北大研究生毕业）在接受采访时曾回忆："每年夏天，我暑假回不了家，因为没有路费，常常跑到景山顶上去，乘着景山的凉风，拿着课本，做着习题，勤奋得很。"

景山占地有23公顷，约合300多亩地，这个面积对于饱受校舍狭小而

---

[1] 谢兴尧：《沙滩马神庙——老北大回忆之一》，选自陈平原、夏晓虹编：《北大旧事》，北京：北京大学出版社，2009年，第459页。

且分散之苦的北大来说已经很可观了，当然最主要的还是离得近，如果北大在周围扩地，东有松公府，西边就是景山，自然可得近水楼台之便。

二、学生会接收景山计划及与校长的冲突

1926—1929年期间，短短四年里历经段祺瑞、张作霖和南京国民政府三个政权对教育界特别是北大的并校折腾，到1929年8月，北大刚从被并入北平大学的亡校危机中成功复校，但此时教授星散，校内群龙无首，校长职位一直空缺，这个权力真空期给了学生会一个干预校务的机会。在《致中央电》中，学生会直接上书政府请求拨景山为校址，电文如下：

> 南京国民政府、行政院、教育部钧鉴：属校规模宏大，校址不敷，查景山地址宽广，毗连属校。内中除空亭数座及枯松荒草而外，别无所有，拨充校址，最为适宜。用是敬恳明令拨归属校应用，无任感祷。北京大学学生会叩养。[1]

1929年8月28日，北大学生会直接派出南下代表余锡嘏、陈泽恩赴南京国民政府行政院请愿，陈请蔡元培校长北来、旧教授返校、预算经常费与特别费、划拨景山诸问题。这次行政院秘书长接见了北大学生代表，答称："校长待教育部提出行政会议，即通过任命。景山即日转教部办理。"随后，教育部1062号批示回复："景山问题，事关学校行政，应由学校呈请"[2]。1929年9月1日，学生会继续召开暑期委员会，其中两项议案是：

---

[1] 《北大学生请明令蔡元培长校并电教育部请拨景山为校址》，《京报》1929年8月23日，选自王学珍、郭建荣主编：《北京大学史料》（第二卷），北京：北京大学出版社，2000年，第2434页。
[2] 《蔡长北大问题将由教部提出行政会议通过》，《华北日报》1929年9月4日，第5版。

（三）景山问题，由交际股请学校当局正式向教部呈请拨给。

（四）由交际股向文物维护会调查景山、故宫博物院之关系，宣传股发表宣言，述景山应归校理由。再由本会正式致函文物维护会，请其不得政府命令不得将景山转拨他用。[1]

图2-3　1929年北大学生会草拟的《发展北大计划大纲》封面

在这个权力真空期，学生会把本来就有的自治传统发挥得淋漓尽致，管辖的范围直接扩大到全盘谋划校务。1929年10月3日，学生会在《北京大学日刊》上发布《发展北大计划书草案》，分为组织、教员、课程、校址、建筑、设备、经费等七个部分[2]，洋洋大观，非常详尽。第一章"组织"部分提出的理想是"俾与欧美各著名大学并驾齐驱"，"首求组织之完善"，为达到这个目的，提出要添设东方文学系、日文学系、俄文学系、天文系、地理学系、社会学系、新闻学系、工学院、农学院、医学院，并附设艺术专科（下设音乐、美术、戏剧三系）和体育专科。沙滩狭小的空间显然无法承载这个伟大的梦想，于是校址问题必然要首先解决，《草案》的第四章写道：

本校校址颇不敷用，若再谋发展，校址必须扩充。本会计划

---

[1]《北大学生请教部速解决校长问题并请蔡元培立即北上》，《京报》1929年9月2日，选自王学珍、郭建荣主编：《北京大学史料》（第二卷），北京：北京大学出版社，2000年，第2439页。

[2]《发展北大计划书草案》，《北京大学日刊》1929年10月3日，选自王学珍、郭建荣主编：《北京大学史料》（第二卷），北京：北京大学出版社，2000年，第2440—2445页。

将西至北海，东至北河沿，北至嵩公府北端，南至御河桥畔，划为北京大学区。此长方形区域内，多古庙废府及破旧小屋，可由学校陆续收买，辟为校址。至译学馆第三院，因距本大学区较远，将来可划作预科及附设专科之地址。至详细规划，另制图标志，附于本篇之末。

第五章为"建筑"部分，一共九大项，包括宿舍（学生宿舍和教员宿舍）、图书馆、大礼堂、体育馆、大钟楼、气象台、无线电台、试验学校、校医院。特别值得一提的是计划中有好几个建筑预备建于景山上：

> 大钟楼——吾校校址宽宏，同学众多，如无统一之时计，诚有碍于作业，故必建筑大钟楼，以定标准时间。此楼当建于景山高处，或附属于图书馆。
> 气象台——气象台为天文系必须之设备，应与天文系同时添设，亦宜建于景山上。
> 无线电台——此为物理系必须之设备，亦应建于景山上。

各项建筑地址的分配如下：

> 1.本计划为谋集中各学院，构成一大长方形之校址为原则。
> 2.各研究院院址须邻近于各该学院之院址，俾各学系便于彼此沟通。
> 3.体育馆办公处，大礼堂与大操场，建筑于各学院中心地点。
> 4.图书馆、生物院、医学院。医院、校园建于景山内，因该地幽静，宜于潜修学业，陶冶性情。

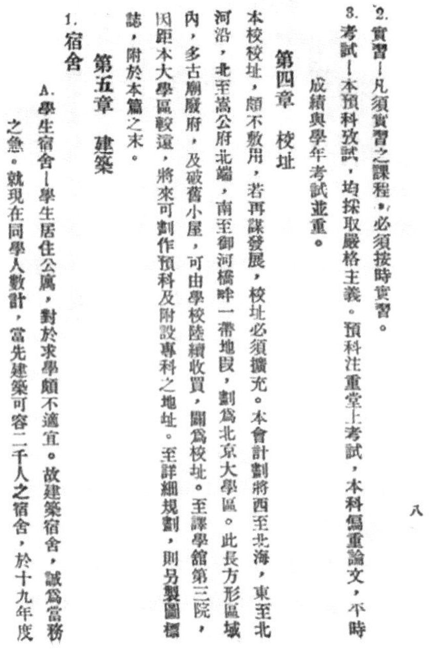
2. 實習—凡須實習之課程，必須按時實習。

3. 考試—本預科致試，均採取嚴格主義。預科注重堂上考試，本科偏重論文，平時成績與學年考試並重。

第四章 校址

本校校址，頗不敷用，若再謀發展，校址必須擴充。本會計劃將西至北海，東至北河沿，北至嵩公府北端，南至御河橋畔一帶地段，劃爲北京大學區。此長方形區域內，多古廟廢府，及破舊小屋，可由學校陸續收買，闢爲校址。至譯學館第三院，因距本大學區較遠，將來可劃作預科及附設專科之地址。至詳細規劃，則另製圖標誌，附於本篇之末。

第五章 建築

1. 宿舍

A. 學生宿舍—學生居住公寓，對於求學頗不適宜。故建築宿舍，誠爲當務之急。就現在同學人數計，當先建築可容二千人之宿舍，於十九年度

八

a.校址、建筑部分之一

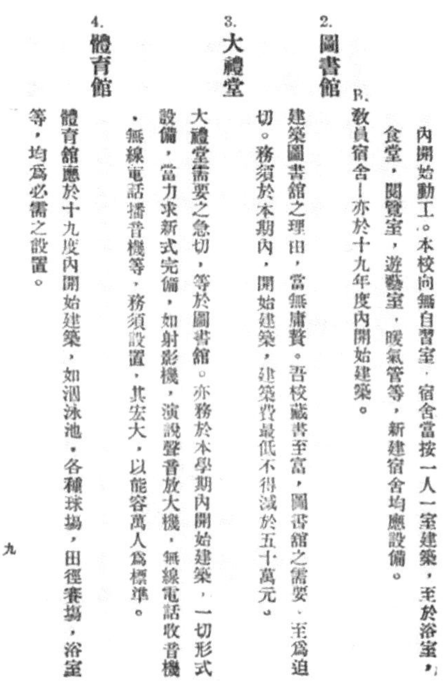
內開始動工。本校向無自習室，宿舍當按一人一室建築，至於浴室，食堂，閱覽室，遊藝室，暖氣管等，新建宿舍均應設備。

B. 教員宿舍—亦於十九年度內開始建築。

2. 圖書館

建築圖書館之理由，當無庸贅。吾校藏書至富，圖書館之需要，至爲迫切。務須於本期內，開始建築，建築費最低不得減於五十萬元。

3. 大禮堂

大禮堂需要之急切，等於圖書館。亦務於本學期內開始建築，一切形式設備，當力求新式完備，如射影機，演說聲音放大機，無線電話收音機，無線電話播音機等，務須設置，其宏大，以能容萬人爲標準。

4. 體育館

體育館應於十九度內開始建築，如泅泳池，各種球場，田徑賽場，浴室等，均爲必需之設置。

九

b.校址、建筑部分之二

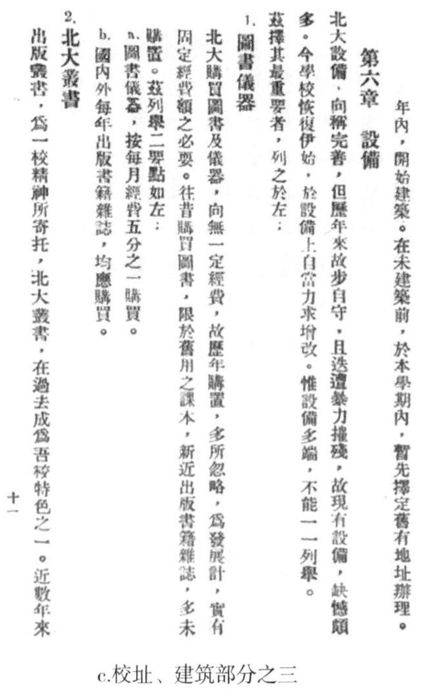
年內，開始建築。在未建築前，於本學期內，暫先擇定舊有地址辦理。

第六章 設備

北大設備，向稱完善，但歷年來故步自守，且迭遭暴力摧殘，故現有設備，缺憾頗多。今學校恢復伊始，於設備上自當力求增改。惟設備多端，不能一一列舉。茲擇其最重要者，列之於左：

1. 圖書儀器

北大購買圖書及儀器，向無一定經費，故歷年購置，多所忽略，爲發展計，實有固定經費額之必要。往昔購買圖書，限於舊用之課本，新近出版書籍雜誌，多未購置。茲列舉二要點如左：

a. 圖書儀器，按每月經費五分之一購買。

b. 國內外每年出版書籍雜誌，均應購買。

2. 北大叢書

出版叢書，爲一校精神所寄托，北大叢書，在過去成爲吾校特色之一。近數年來

十一

c.校址、建筑部分之三

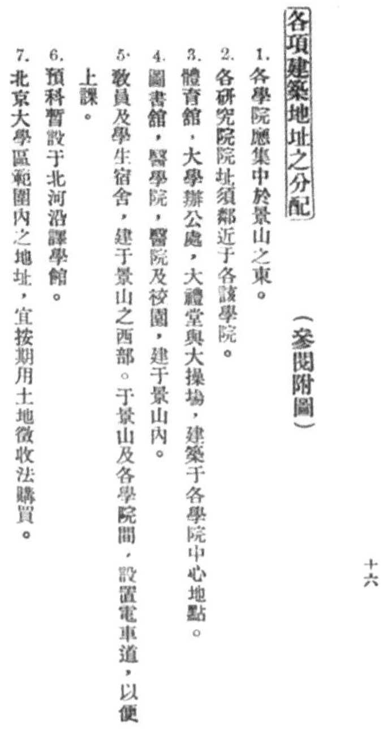
各項建築地址之分配 （參閱附圖）

1. 各學院應集中於景山之東。
2. 各研究院院址須鄰近于各該學院。
3. 體育館，大學辦公處，大禮堂與大操場，建築于各學院中心地點。
4. 圖書館，醫學院，醫院及校園，建于景山內。
5. 教員及學生宿舍，建于景山之西部。于景山及各學院間，設置電車道，以便上課。
6. 預科暫設于北河沿譯學館。
7. 北京大學區範圍內之地址，宜按期用土地徵收法購買。

十六

d.各项建筑地址之分配

图2–4 《发展北大计划大纲》

5.教员学生宿舍,建于景山之西部,虽距离稍远,但将来须于景山及各学院间设置电车或汽车。

6.预科暂设于北河沿译学馆。

7.北京大学区范围内之地皮,宜按期用土地收买法购买。

在北大复校运动中,学生们热情高涨,八仙过海各显神通,这份《北大发展计划图》是由地质学系卫梓松、郁士元两位先生指导胡、李、潘、高四位同学测量并绘制的。[1]计划图分为两张,第一张图的作用是圈定校址,并且附有说明:"红线以内,即圈定之校址",校址范围已如前文所述,基本上是一片长方形区域,北河沿第三院因为不在此连片区域内,按照设想将来用作预科或专科,可见北大同学对于谋求一个完整校园并在此基础上扩充现有校园的渴望。

第二张图是具体的建筑分配设想。按照这个设想,原有校址上第一院红楼和第二院理学院不动,大学办公处仍设在第二院。松公府区域征收后规划为运动场、体育馆、大礼堂,这里后来还真的有部分成为操场,另外新建的图书馆、地质馆也在这里。松公府以北得区域规划为增设工学院及附设工厂,后来工厂位置新建了灰楼宿舍,工学院的位置在日伪时期新建了北楼。计划中,曾经把第一院和第二院分隔开的大学夹道、松公府夹道都取消了,校园连成一个整体,并且从西至东依次布置师生宿舍、风景区、教学区,符合按照功能分区的理念,师生宿舍夹处于北海公园和景山公园之间,风景优美,心旷神怡。整个教学区集中布置在东侧,具有公共功能的大学办公处、运动场、大礼堂、体育馆等建筑规划在中间区域,距离各学院的距离相差不多,从历史地理学的意义来说,颇有些周公营建成周洛邑时所说的"此天下之中,四方入贡道里

---

[1] 胡伯素:《北京大学之地质系》,《国立北京大学地质学会会刊》1930年4月第4期,王学珍、郭建荣主编:《北京大学史料》(第二卷),北京:北京大学出版社,2000年,第1678—1682页。

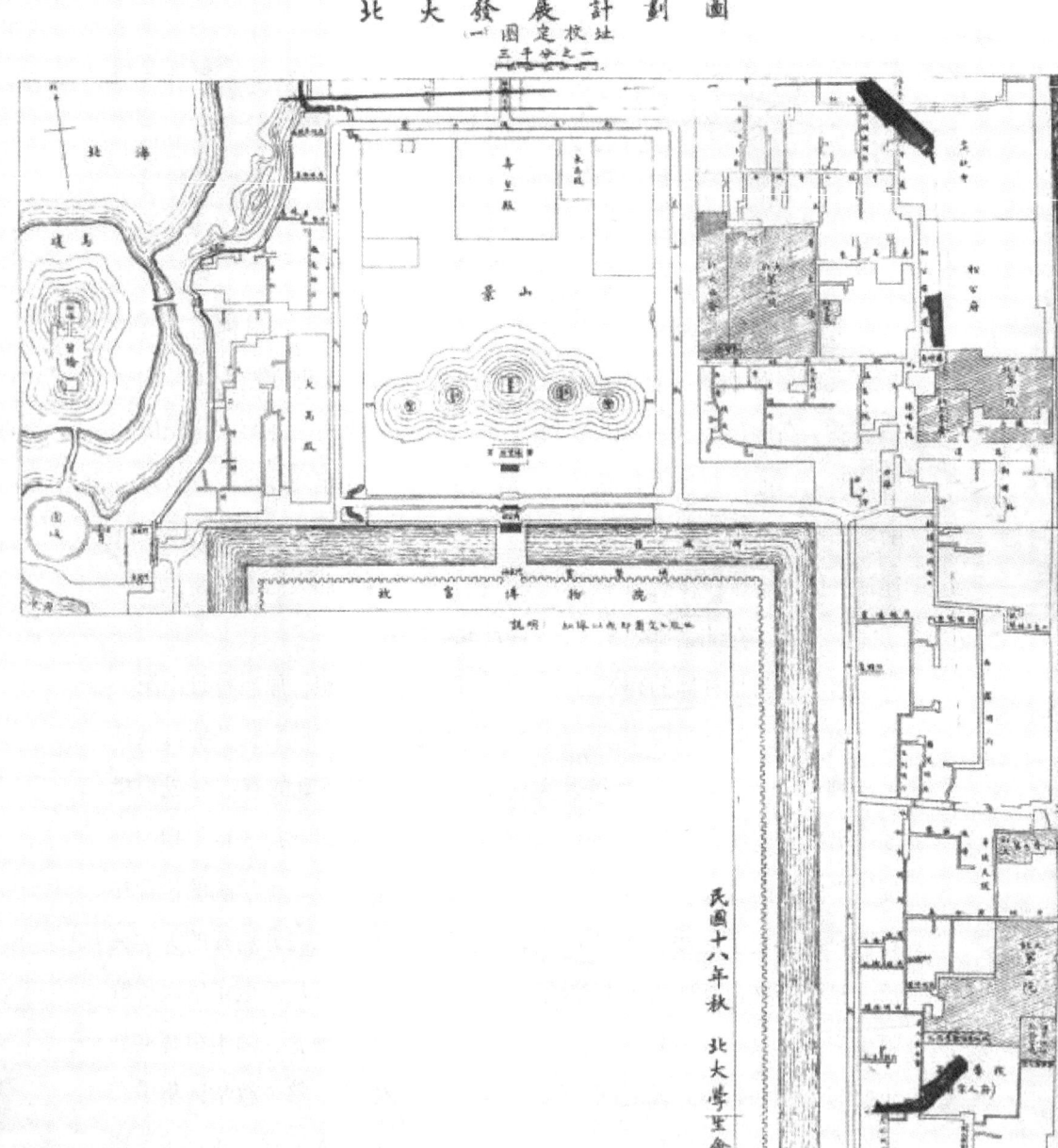

图2-5 北大发展计划图（一）圈定校址

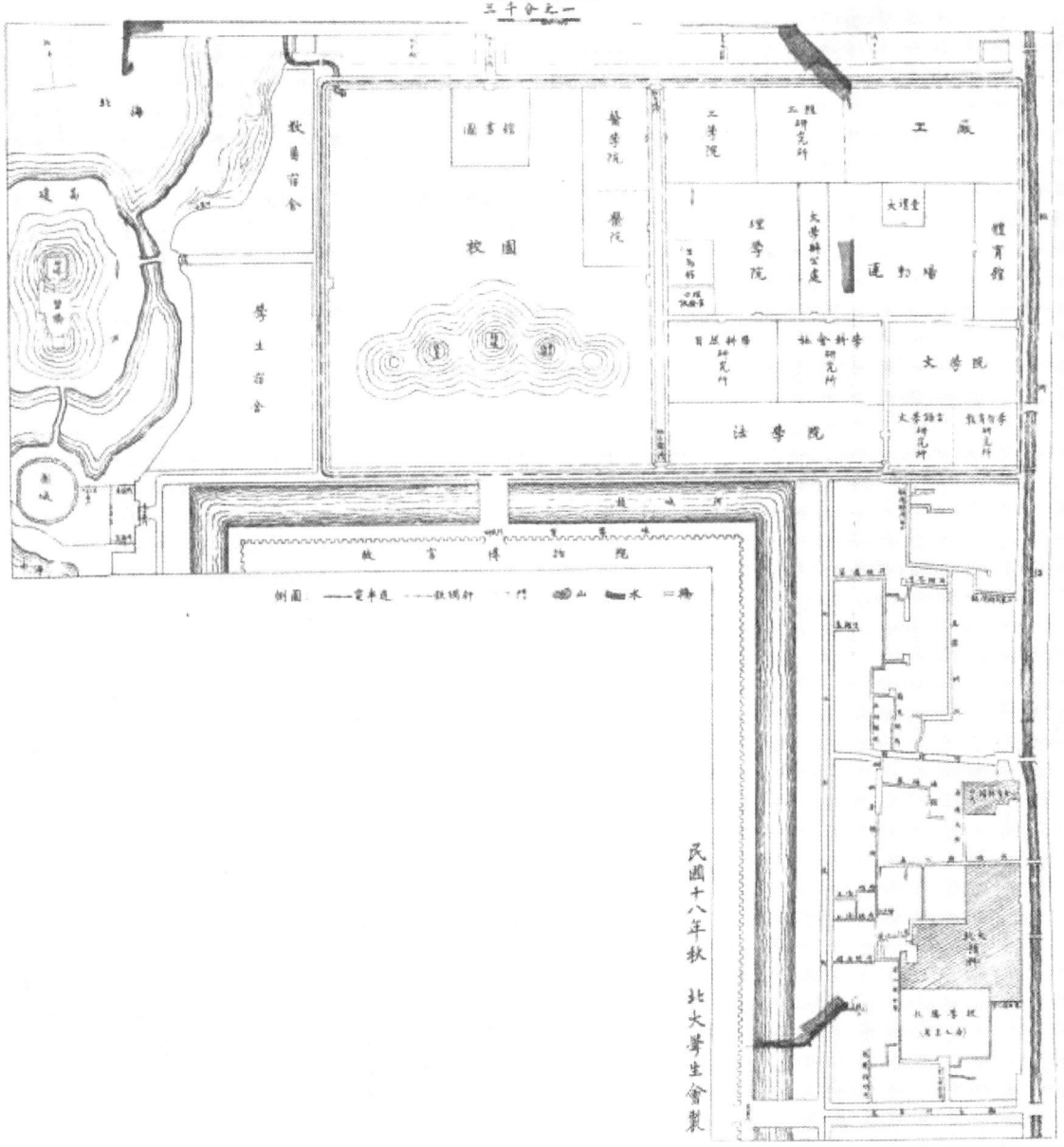

图2-6 北大发展计划图(二)建筑分配

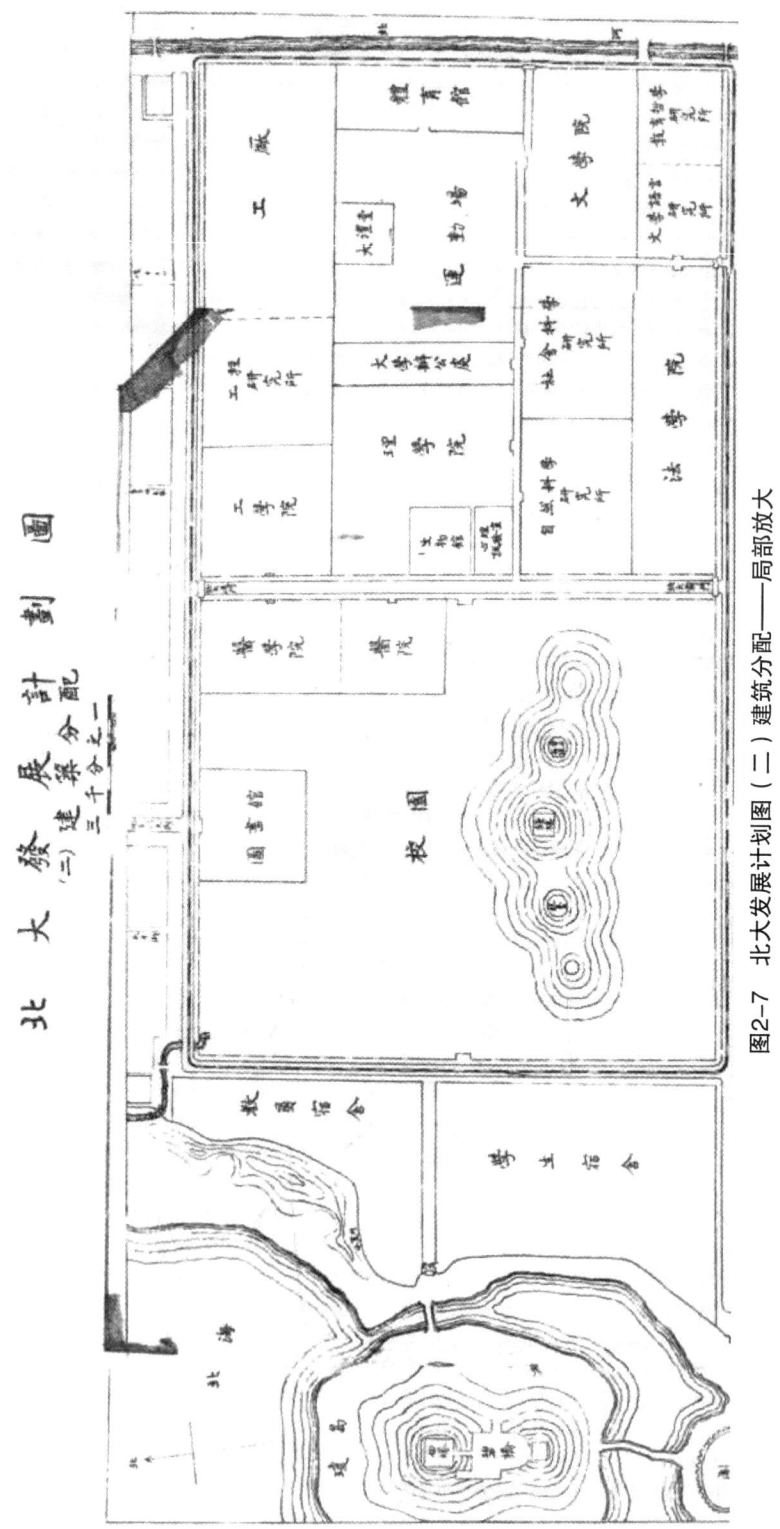

图2-7 北大发展计划图（二）建筑分配——局部放大

均"(《史记·周本纪》)的意味。各学院的研究所紧邻学院大楼布置,文学院与法学院构成文科组团,理学院、工学院和医学院相近构成理工医组团,医学院及校医院规划在景山内,有利于病患康复,也都合情合理。原景山北侧寿皇殿似乎改建为图书馆,观德殿位置附近改建为医学院及医院,原景山制高点万春亭位置改为钟楼,辑芳亭位置改为天文系附设气象台,观妙亭位置改设为无线电台,以上是对景山公园原有古建筑的改造利用设想。学生宿舍的位置是大高殿。新校园开有三个校门,在原景山东大街的南北两端各开北大前门、后门,在师生宿舍区以西开一个通往北海公园的侧门,这样原来的景山东大街就变成一条校内道路,并且成了扩建后新校园的轴线。新的规划和布局不但使老北大的校园空间实现了完整连片的设想,而且表达了一种更加清晰的秩序关系。

如果不考虑可行性,上述计划是一个在当时条件下,为了实现完整校园并有所扩充这一目标的、有一定合理性的方案。关于经费,学生会的设计是:"一切建设,在在需款,故发展北大,非确定预算,增加经费不可。"图书馆建筑费60万元,大礼堂建筑费36万元,扩充校址(如收嵩公府、修理景山等)15万元,这个宏大的计划反映了大学生的青春朝气和豪气干云的魄力。平心而论,这个计划的规模和手笔就一个国家最高学府的定位来说,没有夸张之处,甚至照比之前北大有过的几个新建校园建设方案来说还是小巫见大巫。不过,学生会一口气提出兴建这么多建筑,很多还属于锦上添花的建筑而非必需品。更重要的是,整个计划需要拆迁大量的胡同民房,尤其是接收景山公园并拆除或改建寿皇殿、大高殿等古建筑,牵涉到中央、北平市政府、媒体和公众等方方面面,简直是牵一发而动全身,对时局和北大的处境显然缺乏现实考量,属于典型的纸上谈兵,"不当家不知柴米贵"了。

但学生会还是要把这个计划贯彻落实。他们先是直接给教育部发电请求增加经费,理由是同城新近合并成立的北平大学每月已经增拨经费五万元了,但教育部却把球踢给了俄国庚款委员会,因为北平大学增拨的经费是该大学直接商请俄款委员会议决之后才呈国府核准的。学生会于是转向俄款委员会发电请求增拨五万元，结果自然是石沉大海。[1]

在《发展北大计划草案》里，通过接收景山来扩充校址是一个核心问题，增加院系、兴建楼馆这些理想的实现都有赖于先把景山争取到，为此学生会在对外、对内两条线上同时行动，甚至在努力一段时间没有结果后，在1930年11月13日开会时提出了"先由交际股交涉接收，如交涉不成，再行自动接收"的终极方案[2]，充分彰显志在必得的决心。

这是学生会执掌校政的高潮，也是其完成使命的尾声。半个月以后，1930年12月4日，国民政府首任教育部长、前北大总务长、代理校长蒋梦麟被任命为北大校长，蒋梦麟就任以后，不但学生会过问校政的权力被收回，而且就连蔡元培时代教授治校的制度也被改革，把行政事务和学术事务分开，一般教授只安心教书，由擅长处理行政事务的教授担任院长和教务长、秘书长等行政职务，以提高行政效率。这以后，学生会在过去四五年里养成的参与校政的习惯一时间并没有立刻消除，而是就学校发展大计与蒋梦麟为首的行政领导团队展开了旷日持久的斗争，下文将其大致概括为四个回合的交锋。

第一回合：学生会推定纪元、罗盛尧、翟永坤、胡嘉椿、王龙舆五人负责起草建议书，呈送新校长蒋梦麟。所建议事项共有15条，其中重要者有：

> （一）从速筹办研究院，（二）增加宿舍，（三）筹办实验学校，（四）转呈国府，请将景山拨归北大，（五）免除学宿等费，（六）从速收买松公府，（七）建筑图书馆体育馆大礼堂，

---

[1]《学生会通告，附教部训令》，《北京大学日刊》第2379号，1930年4月9日，选自王学珍、郭建荣主编：《北京大学史料》（第二卷），北京：北京大学出版社，2000年，第2448页。

[2]《学生会第一次执行委员会纪录》，《北京大学日刊》1930年11月15日，第2495号第1版。

（八）改善教授待遇，并限制教授在外兼课兼职，（九）切实整顿图书部，切实注重学校卫生及同学健康。[1]

可以看出，学生会起草的这一版建议书相比之前的《发展北大计划书草案》已经务实多了。蒋梦麟对其中扩充校址方面的答复是：

> 收买嵩公府业已办妥。景山问题，蒋校长谈称，景山只有几间破房，对于北京大学并无大益。且向政府交涉，亦非易事，即使政府允可接收，学校亦无修理费，现既有嵩公府，勉强够用，景山问题可暂时不谈。
>
> 其他几项，建筑图书馆体育馆及大礼堂，在原则上，学校已接受学生会的建议，并有相当计划，但在最近之将来，恐不能实现。增加宿舍，学校拟在嵩公府建筑宿舍或俟嵩公府教室建筑成功后，即将第一院大楼充作宿舍。[2]

可以看出，蒋梦麟的计划是以买下松公府扩充校址，而根本无意于景山，态度表露无遗。至于盖楼，当时北大的现实是缺乏经费无法实现。但学生会并没有就此打消主意。

接下来两年，随着九一八事变骤起，学生会忙于抗日救亡运动，分批组织南下示威团到南京抗议，甚至为是否应该罢课分为两派，竟至发生流血冲突。由赞成罢课的一派另组"非常学生会"，与原有学生会对峙，校长蒋梦麟一度辞职。分裂的双方学生会"难于博得多数中立同学之拥护，而销声匿迹，两年以来学生组织久告停顿"。一直到1933年11月，由北大政治学会发起，联合英文学会、史学会、经济学会、化学会

---

[1] 《北大革新声》，《华北日报》1931年2月7日，第5版。
[2] 《北大学生会向蒋梦麟建议结果》，《京报》1931年4月3日，选自王学珍、郭建荣主编：《北京大学史料》（第二卷），北京：北京大学出版社，2000年，第2458页。

重新组织学生会，11月17日成立筹备会，[1]12月4日在二院大讲堂选举代表，重新成立了学生会。[2]

第二回合：新学生会成立的一个重要背景就是上篇中提到过的物理系二年级学生邹绵昌浴室坍塌压死案，在成立当日的首次代表大会上，学生会首先为邹绵昌默哀一分钟，并筹备追悼会。由于该案激起了学生们对校政的大不满，他们提出了包括撤销事务主任、教授之去留须得同学之过问、学生会参加校务会议等再次要求直接过问校政等在内的来势汹汹的动议，其中自然也包括接收景山的旧事重提。[3]

1933年12月10日，学生会在二院宴会厅招待北平市新闻记者，干脆绕过学校召开了一场新闻发布会。主席赵在田开门见山，直言"本会成立之意义系受全体同学之要求，代表同学争取利益反抗压迫"。之后学生会代表常荣德起立致辞进一步阐述，矛头直指蒋梦麟为首的行政领导不作为，火药味十足：

> 关于本会成立之意义约分为两端，一为对内，一为对外。对内问题则为二年来北大行政方面有许多不能使同学满意，譬如不久以前吊死之李静淑，浴室压毙之邹绵昌，均为当局不真正负责所致。此后本会决代表全体同学之意志，督促当局改善。对外问题，则为连日非法逮捕同学摧毁人权达于极点，此后如再发现此种事情，绝对反抗。至最后之希望，则为促起全国学生共同起来，恢复五四时代故有之精神。

---

[1]《北大五学会筹组学生会》，《北平晨报》1933年11月12日，选自王学珍、郭建荣主编：《北京大学史料》（第二卷），北京：北京大学出版社，2000年，第2469页。

[2]《北大学生会今日正式成立》，《北平晨报》1933年12月4日，选自王学珍、郭建荣主编：《北京大学史料》（第二卷），北京：北京大学出版社，2000年，第2471—2472页。

[3]《北大学生会昨开首次会决议追悼邹绵昌》，《北平晨报》1933年12月5日，选自王学珍、郭建荣主编：《北京大学史料》（第二卷），北京：北京大学出版社，2000年，第2472页。

新闻发布会上,学生会重提接收景山:

> 关于接收景山,一般人颇引为惊讶,殊不知清华大学即可接收圆明园,本校何独不能接收景山。故接收景山无论何种压迫与阻碍,势在必行。且本校果能接收,则生物及地质二系,即可迁入扩充,而每日仍照常开放不收门票以示普遍,且四年前本校即已与当局交涉成功,不料因政治之转变竟致搁浅,现本校只是旧事重提并据旧案,想接收当不成问题也。

12月25日,学生会第三次执委会议决了包括建筑新宿舍、大礼堂、体育馆、图书馆、取消临时考及期考、取消点名、学生会代表参加校务会议、审查学校账目、建立工学院、接收景山等多达19项需要向校长接洽的事件。[1]12月27日上午11时,在二院校长室,蒋梦麟接见了学生代表并逐条答复:建筑新宿舍等学校已有计划,取消点名、建立工学院须由校务会议解决,接收景山无问题,校方可向主管机关接洽。蒋梦麟表示,学生要求学校当局各事,如在可能范围内,当可酌予采纳。[2]可见,处于校内反蒋高潮中的蒋梦麟已经相当克制,并做出了很大让步,接收景山这个之前被他彻底否定的方案不得不暂时又应承下来以缓和矛盾。不过他的克制与让步并不是无底线的,在票选教授和学生派代表出席校务会议两个事关干涉学校行政、企图越界分权的根本问题上,蒋梦麟坚决反对,并抬出了教育部已三令五申本校自当奉行的上级指示来为自己背书。学生会在第二回合利用危机事件成立组织,发动学生,开展对抗,占据了上风。

---

[1] 《北大学生将票选教授》,《北平晨报》1933年12月27日,选自王学珍、郭建荣主编:《北京大学史料》(第二卷),北京:北京大学出版社,2000年,第2474—2475页。

[2] 《北大学生代表昨谒蒋梦麟》,《北平晨报》1933年12月28日,选自王学珍、郭建荣主编:《北京大学史料》(第二卷),北京:北京大学出版社,2000年,第2475页。

第三回合：12月29日北大召集第5次校务会议，专门讨论学生会一口气提出的19项议案，认为：

> 第八项，请求取消临时考试及期考，第十四项，请求取消点名，实属全无理由，学校对于学生自有督查勤惰，考查成绩之责，决不能因一二贪懒畏难者之请求即与考量。第十三项，要求教授去留应得同学之同意，实属蔑视师道，荒谬已极。第十五项，要求学生代表参加校务会议，不特为本国法令之所不许，抑且为世界任何国家任何大学之所必无。

最后重申：

> 凡学生会之所请求，苟无背于师生合作之精神，而确有利学校之进展者，本会议无不乐为考量；如其不顾事理率意要求，唯有概置不理。[1]

校务会议所作决议的措辞相当严厉，对于学生借突发事件企图越权过问校政甚至反对校长的行为严加申饬。参加校务会议的教授们坚定地站在校长这边，以维护教授的权力和学校的秩序。由此可见，两天前蒋梦麟接见学生代表时的那种妥协，不过是暴风雨来临之前的片刻平静和沉闷。

1934年2月5日上午10点，学生会再推代表5人向蒋梦麟请愿，蒋梦麟没有到校，由郑天挺接见。此番请愿，学生会也做了一些退让，将原来的19项要求压缩为8项逐条说明后，郑天挺答称，"当竭力采纳，惟限于经费，须徐图发展，至各斋舍开禁及接收景山等问题，因关系重大，俟请示蒋校长办理。"

---

[1] 《国立北京大学布告》，北京大学档案·全宗号（一）·目录号·案卷号276，选自王学珍、郭建荣主编：《北京大学史料》（第二卷），北京：北京大学出版社，2000年，第2476页。

学生代表认为郑天挺的答复极为空洞,怏怏辞出。不满的学生代表当即给蒋梦麟住宅打电话,请蒋到校谈话。蒋的回答因是"日公务纷繁,不克分身,安排次日接见"[1]。

2月6日,蒋梦麟在校长室接见各代表,这一次已经被激怒的蒋梦麟没有含糊,对学生会的要求分别驳斥:

> 建筑图书馆及宿舍已在进行,无提出要求之必要;
>
> 建筑大礼堂、体育馆、医院及养病室,建筑范围牵涉太广,不但限于经费,无法一时举办,而兴工亦不能同时举行,此须分别缓急,视环境之需要,按部就班为之,此时提出此类要求,全系昧于事实之论,无驳复之价值。
>
> 接收景山,事实上无此项需要,且接收亦不易实现,此等于分割故宫博物院,该地直辖政府,岂有任意听任接收之理。假令即接收来,保管及修缮费,亦属不赀,学校焉有此项闲款作为如此开支。故宫博物院因修缮五亭,须经费洋二万元,该院限于经费未曾举办,本校接收景山,除令其荒芜外,对建筑之保管焉有其他神妙办法。且景山接收亦无用,同学如需前往游览,本人与故宫博物院商洽——只须佩戴本校徽章,即可自由出入。

不仅如此,蒋梦麟还公开表示:

> 外间言近来中国教育法西斯蒂化,本人深觉师长对学生之管教,宜采严厉主义,即法西斯化,亦殊无反对之理由,学生如有不对,吾人站在师长地位,惟有严厉管教,必如此方可对得起学

---

[1] 《八项要求重提蒋梦麟定今晨召见学生代表》,《北平晨报》1934年2月6日,选自王学珍、郭建荣主编:《北京大学史料》(第二卷),北京:北京大学出版社,2000年,第2476—2477页。

生家长，亦必如此，方可对得起国家兴办教育之苦心。

最后，蒋梦麟连本带利，严正警告学生，说：

> 本人绝不吓怕学生，如办不好不办，学生赶我不见得我就走，学生留我不见得我即留。北大如本人办不好，谁也不能办好，如我不办，试问有谁来办。

学生代表强调，所提议案全部出于全校学生公意，其中几项尤其是同学一致迫切要求，学生会代表受全体同学之付托，站在维护全体学生利益及发展北大立场上，并无其他用意，亦无任何背景。蒋校长之训话，出语过于严厉。学生会认为学校实行的是高压政策，表示将继续力争到底，决不畏缩，自亦不顾忌。[1]

话虽如此，这以后学生会的活动一度又归于沉寂，随着各执委相继毕业离校，无人负责，实际等于无形解散。正所谓铁打的学校流水的学生，学生在校时间毕竟有限，双方没有条件长时间对峙下去。这一回合，蒋梦麟总算以决绝的强硬态度把学生压了回去。

第四回合：1935年12月，沉寂了一年多的学生会重新选出新执委，这时的背景是日寇势力扩张，华北危难局势千钧一发。1936年2月，学生会议决实施《非常时期教育方案》的救国教育，并将校方指定的出席中央召集各地代表谈话的两名学生的书物砸毁掷出校外，以再次对抗校方。之前被蒋梦麟的强硬一度压下去的学生情绪并没有彻底平复，蒋梦麟在校内虽然得到众多教授的支持，但始终没有得到学生的拥护。炸弹没被彻底拆除，这个时候再次爆发。

---

[1]《蒋梦麟昨对八项要求——驳斥学生会仍拟力争到底》，《北平晨报》1934年2月7日，选自王学珍、郭建荣主编：《北京大学史料》（第二卷），北京：北京大学出版社，2000年，第2478—2479页。

1936年2月20日，蒋梦麟召集全校学生谈话。这次，蒋梦麟吸收了教训，采取刚柔并济的策略，首先承诺不翻旧账，对于学生以往错误，校方决不追究。但希望此后对两名学生代表不要再加危害，他表示如果不能保护二人安全，决即辞职。这一次是在三院大礼堂，除了校长本人出席以外，还有法学院院长周炳琳，理学院院长张景钺，课业长樊际昌，秘书长郑天挺及各系主任教授50余人，出席学生500余人。这个场面不同于面对几个学生代表，有这么多与学生朝夕相处的教授加持，对处境困难的蒋梦麟是一种帮助。蒋梦麟很好地抓住了这个缓和矛盾的机会，就学生会提出的非常时期教育的问题，耐心细致地解答，指出其不具备实施的条件，并以一种不同于前的开明姿态表示："希望大家有何意见，尽可向校方提出，校方决尽量采纳。"最后，蒋梦麟声情并茂，语重心长地与大家交心，说：

> 自民八到校后，所有全副精力均用在北大，个人与北大不能分开，无论如何，能维持北大存在一天，决与同学共同努力。

说这句话时，蒋梦麟泣不成声，全场为之动容。[1]

这次谈话收到了良好的效果。学生们在希望北大有更好的发展这点上与学校是一致的，蒋梦麟抓住了这个关键点，以情动人，表明他并不是真的法西斯独裁者，展示了开明合作的正面形象。事实证明，强硬和高压只能缓和一时，但冲突的根源并没有被去除，特别是人的负面情绪依旧存在，他们将以消极、积极等各种方式继续抵抗。只有畅所欲言，把话说开，用平等的对话和真挚的感情才能彻底化解矛盾。当然，蒋梦麟这次讲话是有底气的，学校已经买下松公府地皮并相继建成三座新楼，校舍矛盾已

---

[1]《北大校长蒋梦麟昨召集全校学生谈话训示校方对救国教育意见》，《京报》1936年2月21日，选自王学珍、郭建荣主编：《北京大学史料》（第二卷），北京：北京大学出版社，2000年，第2480—2481页。

经得到缓解，学校以实际行动告诉学生，校方的方案是向东侧松公府发展，而不是向西往景山发展。生米已经煮成熟饭了，学生也没奈何了。

1936年10月17日，蒋梦麟及文理法各学院院长，邀请各年级学生五百多人到景山秋游，每人发给点心一份共同野餐，随后自由登山，增进了师生的感情。在活动临结束时，蒋梦麟在景山门内大亭前集合作简短讲话，指出：

> （一）北大同学之间，感情方面缺乏联络，嗣后宜打破此种隔阂。（二）各年级同学，尤其是新来的同学，对于外国文宜特别下功夫研究，因为这是求学问的工具知识。（三）学生会选举时，希望能够举出真正代表同学意见的人来负责一切。[1]

蒋梦麟正按照他早年对北大的观察来矫正他认为的北大学生普遍存在的缺点，并把他们从学生运动引导到专注学业上来。与此同时，学生会正在组织选举新的代表，于1936年12月11日正式宣告成立，新学生会组织成立新北大建设委员会，发起"新北大运动"，实施方案虽然也有5项21款之多，但已经没有涉及要求直接参加校政的内容了。甚至还提出"本校全体师长同学向无经常集会，致使个人主义风靡北大，团体精神，无由发挥"，请求添加每周固定集会联络感情，这正是按照蒋梦麟在景山秋游时提出的希望来进行的，与之前学生会的抗争简直天壤之别，蒋校长被学生接受了。虽然方案里也提出了一些建筑食堂、新浴室、体育馆、疗养室、美化校景等建设计划[2]，但都只是事关学生日常生活的民生方面的需求，而接收景山这个提案此后再也没被提起过。

---

[1] 《蒋梦麟昨率学生游景山》，《京报》1936年10月18日，选自王学珍、郭建荣主编：《北京大学史料》（第二卷），北京：北京大学出版社，2000年，第482—483页。

[2] 《建设新北大运动实施方案已经建委会制定公布》，《京报》1936年12月24日，选自王学珍、郭建荣主编：《北京大学史料》（第二卷），北京：北京大学出版社，2000年，第2497—2499页。

三、对学生会接收景山计划的分析和结论

北大、清华两校在这一时期都有扩充校园空间的计划[1]，但比较起来还是有很大的区别。北大接收景山计划是由学生会方面提出，并由学生会向校长施压，是从下到上的传导过程，而校方始终不赞成这个计划，因此北大接收景山计划的争论几乎始终限于学校之内，即使学生请愿代表尝试越级与国民政府行政院直接沟通，最终还是被挡了回去，从来也没有进入政府的政策议程之内。北大校方对于扩充校址也并非没有考虑，只是在此之前几任校长提出的方案都没有成功。到了30年代初，北大校方已经认清实际，放弃幻想，转而寻求在周边购买了松公府地皮，虽然面积不大，但陆续建起了图书馆、地质馆和学生宿舍三大建筑，可解燃眉之急。相比之下，清华接收圆明园计划的提出，本来就是奉教育部要求该校设立农学院命令的合理延伸，加上罗家伦在中央的鼎力支持，属于自上而下的决策模式。罗家伦早在清华由外交部改隶教育部和废除清华董事会两件决定清华发展前途的大事上发挥了独特作用，民国时期，政治还没有上轨道，各方面争取资源很大程度上依赖与中央高层关系的亲疏，甚至可以说是决定性的因素，这是清华能够达成接收圆明园计划的一个极为重要的原因。

迁都以后的历届北平市政府都把建设教育学术中心作为繁荣北平计划的最重要的目标之一，但实际上，北平市政府始终缺乏直接有效的实质性支持措施，多半只停留在口号上而已。北大、清华两校计划扩充的校址景山公园和圆明园都是清代皇家园林，30年代，相比建设教育学术中心这个目标而言，北平市政府在建设游览区（旅游城市）方面着力更大，因为后者能为北平市政府带来更加立竿见影的收入。两校的扩充校址计划与北平市政府存在根本利益冲突。北平市政府对待圆明园的态

---

[1] 有关清华接收圆明园的情况，参见金富军：《20世纪30年代清华大学接收圆明园风波》，《百年潮》2007年第4期。

度，与其说是为了保护，毋宁说是当作敛财的工具。因此，在不得不同意清华接收以后，仍然附加条款声明清华需要继续每年缴纳税收，尤其露骨的是"园内砖石，在不妨害历史遗迹前提下，北平市政府随时商明清华大学酌量提用"这条，与保护原则背道而驰，使圆明园历经英法联军的"火劫"之后再遭"石劫"。政府不但纵容默许这种破坏行为，而且竟是始作俑者，令人愤慨。当然，迁都以后北平市政府拟定的各种繁荣计划都需要经费支持才能施行，而南京新政权并没有给予北平这种支持，与规模宏大、计划周详的南京《首都计划》相比，身为旧都的北平显然不会得到这种特别待遇了。

这里还牵涉到错综复杂的中央地方关系和人事纠葛。当时景山公园划归北平故宫博物院管理，而故宫博物院又直隶于行政院。圆明园归北平市政府管理。李石曾本是蔡元培故交，曾一同在法国创办留法勤工俭学会。1917年李石曾就应蔡元培之邀回国担任北大生物学教授，但在20年代后期北大内部就有法日派和英美派教授之间的矛盾冲突。北伐胜利以后，身为国民党四大元老之一的李石曾担任国民党北平临时政治分会主席，一直力求控制北平，顾颉刚曾说："当年在北平挂李石曾招牌的，不下二三十个之多，有人背后还称李为'北方王'"[1]。由他牵头组建国立北平大学合并北大引起北大学生的强烈抗议，从前与蔡元培的亲密关系也因此出现裂痕。故宫博物院也在其势力范围之内，他一人身兼清室善委会委员长和故宫博物院理事长。因此，1929年当李石曾创立北平研究院时，在明知北大学生屡请拨景山为校址的前提下，仍然力主在景山成立北平研究院下设的自然博物院生物分馆。[2]即便收到北大学生8月22日《致李石曾函》，其中提到"北大为本校唯一之发展地""先生主讲本校热心校务，素所钦仰，今兹别离数载，想必未变初

---

[1] 尚爱松：《我所知道的李石曾》，选自蒋路、刘北汜、尚爱松编《文史踪迹》，上海：上海书店，1994年，第14页。
[2] 《北平将成立自然博物院》，《华北日报》1929年8月18日，第5版。

衷"[1]等言辞恳切的请求，李石曾也无动于衷。更有甚者，1931年3月由北平市筹备自治委员会审查完竣的《繁荣北平计划大纲草案》里直接提出"拟请拨景山全部，为北平大学校址。"[2]由此可以想见，即便蒋梦麟同意学生会请求出面与故宫博物院接洽最终结果还是一样。

第二节 大学周边的文化空间

大学与周边环境共同组成了一个有机体，周边环境或依赖于大学生存为大学服务，或与大学互助共生，在大学周边会逐渐聚集形成一个以大学为中心的社区，或者叫"大学城"。时间久了，大学周边的百业与大学运转所需的衣食住行密不可分。大学可以吸引诸如书店、茶馆、咖啡馆之类与大学师生密切相关的场所，甚至原本一家普通的饭店也可能因为开在大学附近打上大学的烙印，成为文化意义上大学校园的一种延伸。

一、北平图书馆

民国时期，在老北大沙滩校区周边影响最大的应该算是国立北平图书馆。北平图书馆的前身是创办于宣统元年（1909年）的京师图书馆，最初的馆舍在北京什刹海后海北岸广化寺，1917年迁到方家胡同原国子监南学旧址，1928年7月更名为国立北平图书馆，迁址中南海居仁堂。

1924年9月，由美国第二次退还的庚子赔款在北京成立中华教育文化基金董事会（简称"中基会"），资助的重点是科学教育文化事业。1925年10月，中基会与教育部订定合办京师图书馆契约，并开始寻找地址建筑全新的馆舍，几经周折，购得北海公园西南御马圈约40亩及养

---

[1] 《北大代表南下来沪迎蔡返校》，《民国日报》1929年8月27日，第2张第4版。
[2] 《繁荣北平计划大纲筹备自治委员会今日开会讨论》，《华北日报》1931年3月3日，第2版。

图2-8　居仁堂国立北平图书馆大门

蜂夹道西侧旧操场公地约30亩作为建馆用地。经过广泛征集设计方案，最终采纳丹麦建筑师莫律兰（V. Leth Moller）的设计，1929年3月图书馆正式开工，1931年6月落成。

图2-9　新馆落成典礼

新落成的北平图书馆是一座中西合璧、富丽堂皇的建筑，"图书馆以绿瓦红墙围绕，正门为三间琉璃门座式，体量高大，气势宏伟……比例端庄，色调雅致，总体权衡与细部做法基本合乎则例，是此类设计中比较成功的一座。"[1] 在宫殿式外观的笼罩之下，内部建筑则完全采用最新的西式设备，较之美国国会图书馆绝不逊色。馆体墙壁采用钢筋混

---

[1]　张复合：《北京近代建筑史》，北京：清华大学出版社，2004年，第285页。

凝土，方格窗户用的是玻璃，大阅览室地板用了软木栓皮枥并配有暖气，书库及地下室之钢架，除一部分由天津美丰机器厂制造外，余一部分为善本书库及舆图库，则由伦敦 Roneo 钢厂承造。主体建筑文津楼为重檐庑殿顶，绿琉璃瓦屋面，面阔九间，外立面采用绿色圆柱，建筑面积1.3万平方米。整个新馆工程花费240万银圆，堪称巨款。

北平图书馆是当时全国唯一的国立图书馆，是当时中国规模最大、设施最先进的图书馆，也是整个远东地区最为先进的图书馆之一，即便1936年南京中央图书馆开馆以后，馆舍条件也难以望北平图书馆之项背。不仅如此，北平图书馆中外藏书宏富，到1935年时馆藏已达40余万册，其中包含众多珍贵的善本古籍，是当时国内藏书最多的图书馆，同一时期，北大图书馆馆藏24万册，在国内大学图书馆里已经算是名列前茅，但还是不能跟国家级的北平图书馆相比。镇馆之宝文津阁《四库全书》合计3万余册，分装在6000多个书函中，摆放在一百多个高大的书架上，书册内盖有"文津阁宝"的朱印、"纪昀复勘"的黄笺以及端庄典雅的馆阁体楷书，令查阅之人油然而生敬意。

图2-10　北平图书馆外观

图2-11　北海公园内庆霄楼馆舍

北平图书馆与北大有天然的亲缘关系。国民政府任命蔡元培为馆长，袁同礼为副馆长。蔡元培是北大的前校长，当时蔡先生主要精力在负责新成立的南京中央研究院，实际主持馆务的是袁同礼。袁同礼，1913年考入北大预科，与傅斯年、毛子水、沈雁冰等人是同级同学，

1920年9月，经蔡元培介绍，袁同礼获得哥伦比亚大学柯林斯奖学金及北大清华两校津贴的共同资助，先后在哥伦比亚大学和纽约州立图书馆专科学校获得历史学学士学位和图书馆学学士学位，并到美国、英国、法国各地图书馆考察。1925年担任母校北京大学目录学教授兼图书馆馆长，采用西方新式的现代管理方法整顿北大图书馆，为提高北大图书馆的标准不遗余力。此外，袁先生在美国时曾经代为联系请美国国会图书馆赠送全套目录卡片共125万张，经过10年寄送陆续到达，当时是东亚地区唯一一套完整的卡片目录。胡适与北平图书馆有很深的交情，1925年11月，胡适被推举为北平图书馆委员会书记。1930年10月21日，北平图书馆新馆建筑尚未完工时，胡适就与任鸿隽一起查看工程进展。[1]1933年7月，在中华教育文化基金会第九次年会上，胡适被聘为北平图书馆委员会委员长，此后经常到馆主持委员会事务。王重民长期在北平图书馆负责整理古籍和主持编辑大型书目索引，1947年，北大校长胡适请时任北平图书馆参考组主任的王重民在北大文学院开办图书馆专修科（后改本科，王重民任系主任），王重民延聘的第一批图书馆学教授中就有赵万里。这时王重民半天在北大教书，半天在北平图书馆办公。这一年，王重民撰写北大图书馆的善本书提要，同时开始代理北平图书馆馆务，1949年后北平图书馆改称北京图书馆，王重民仍兼任北京图书馆副馆长，1952年辞去北京图书馆的职务，专任北大教授。

北平图书馆与北大两个重要的文化机关长期密切合作。特别是得地利之便，从北大沙滩步行到北平图书馆只有两公里左右，很多北大师生经常到北平图书馆看书借书。北平图书馆赵万里从1929年9月开始在北大兼课，直到1952年因患高血压不适宜讲课止，先后讲授过目录、校勘和版本等多门课程。[2]学生邓云乡说："赵万里斐云先生为国立图书馆买

---

[1] 《胡适日记全集》第六册，1930年10月21日，台北：联经出版事业公司，2005年，第342页。
[2] 虞坤林：《赵万里先生活动简表》，《出版史料》2006年第01期。

图2-12 杂志阅览室

图2-13 图书馆内书架

了一辈子善本书,在沙滩红楼讲目录学时,鼓励学生去善本室看书。"[1] 历史系1931级学生何兹全回忆:

> 我学欧洲中世纪史,知道基督教在欧洲中世纪很有势力。我读了考茨基的《基督教之基础》,又选修了陶希圣的中国政治思想史和中国社会史课,他提到南北朝的佛教寺院之战,也使我很受启发,我便立意要研究这一课题。每天上午或下午,只要没有课,我便去文津街北京图书馆善本室阅读《大藏经》(日本大正新修本)律部和史部有关佛教寺院和寺院经济的书。那时我住在北大东斋,从北大东斋到文津街北京图书馆,都是走来走去。下午回校时,走在北海大桥上一站,南北两海景色一览无余。夕阳斜照,水波荡漾,清风徐来,极为舒畅。[2]

北平图书馆还与北大图书馆开展馆际互借业务。1947年9月,哲学系教授熊十力曾向北大图书馆致函借阅《桐城方氏七代遗书》和《田间

---

[1] 邓云乡:《文化古城旧事》,北京:中华书局,2015年,第171—176页。
[2] 何兹全:《我的大学生活》,《史学理论研究》1997年第03期。

易学》，北大图书馆无藏随即向北平图书馆借阅。哲学系教授汤用彤的学生韩镜清请北大图书馆向北平图书馆商借《大藏经》中195页共一包经文。北平图书馆还拥有先进的影晒复制设备，时任北大图书馆馆长严文郁曾向袁同礼致函请求代为影晒北大新近入藏的马氏戏剧藏书《千金记》等作为收藏副本。[1]

二、周边学术文化机构

老北大所在的沙滩地区，位于北京老城的核心区域，周边分布着众多的政府机关、学校、研究所、博物馆、医院等公共设施，特别是几个重要的学术文化机构离老北大都不远，彼此之间经常开展密切的合作，组成了一个学术社群网络。虽然因为政府迁都南京，北平失去了首都地位，但仍然是首屈一指的文化中心和学术都城。

与北大亲缘关系最近的要数国立中央研究院历史语言研究所（简称"史语所"）和地质调查所。1928年10月，史语所在广州成立，创始所长傅斯年出身北大，是蔡元培的得意门生。该所在广州不到半年时间就迁到北平，傅斯年把迁址的原因归结为三点：首先，虽然在语言学上，两地各有优势，但在历史学上，北平的优势更明显。其次，研究所需要图书馆资助，当时史语所初创，尚无力自办一个适宜的图

图2-14　1932年蔡元培与史语所、心理所同人在北海静心斋合影

---

[1] 张红扬：《袁同礼与北京大学图书馆》，《大学图书馆学报》2011年第5期。

书馆,希望借助北平图书馆参考。第三,研究所应该设在学者聚集、环境闲适的地方,便于交流讨论。1929年6月5日,史语所正式迁入北海静心斋这座拥有四个院落、被誉为"园中之园"的皇家园林办公,而此处距离北大红楼只有2.5公里。傅斯年同时担任北大教授,并成为蒋梦麟校长倚仗的重要参谋。傅斯年作为史学系的幕后实际主持人,按照他的理念重新确定了史学系的发展方向,塑造了新的学风。他打破了史语所人员不得外出工作的规定,让研究人员来北大兼课。李济、梁思永合开考古学人类学导论,董作宾开设甲骨文字研究,徐中舒开设殷周史料考订,陈寅恪开设南北朝高僧传,傅斯年本人讲过史学方法导论、中国上古史单题研究,并与劳榦合开汉魏史择题研究。如此豪华的阵容真可谓"群星闪耀时"。由他草拟的课程指导书得到了充分地贯彻实施,通过从事前沿研究的一流学者进行授课,加上严格科学的学科训练,使得北大史学系在短短几年内井喷式地涌现出胡厚宣、高去寻、何兹全、杨向奎、全汉昇、张政烺、邓广铭、傅乐焕等一大批杰出人才。[1]1935年北大讨论开办研究院时,傅斯年向文学院院长胡适提出"与中央研究院的史语所合作"[2]。

地质调查所位于西四附近的兵马司胡同9号,距离老北大约3公里。如前文所述,1913年丁文江创办地质调查所和地质研究所之初,该机构便附设在北大校内。1916年首批18名学生毕业以后,地质调查所没有再招生,由丁文江商请北大校长蔡元培恢复北大地质系,表示地质调查所将随时吸收北大地质学系毕业生,地质调查所的丁文江、章鸿钊、翁文灏等都在北大地质学系讲课。所校之间形成了由北大负责训练人才,再由地质调查所吸收给予进一步深造和研究机会的分工合作模式。

---

[1] 李丰耀:《史语所迁址北京90周年:选址北海静心斋,推动中国现代考古》,《澎湃新闻·私家历史》,2019年6月18日。

[2] 《胡适日记全集》第七册,1935年5月4日,台北:联经出版事业公司,2004年,第195—196页。

图2-15 北平地质调查所

1916年，该所迁到西城兵马司胡同9号，在面积不大的4亩地上陆续靠募捐建起了三座楼，分别是地质调查所图书馆（南楼）、地质调查所办公楼（西楼）和沁园燃料研究室楼（北楼）。其中，1921年由德国雷虎工程公司修建的图书馆是当时亚洲最好的地质图书馆，拥有图书数万册，各种地形、地质、矿产图数千幅，中国省县志数百种，并与国外260余处机构保持着经常性的期刊、图书的交换关系。丁文江为北大从美国请来的著名学者葛利普教授同时兼任北大地质学系教授和地质调查所古生物研究室主任，丁文江本人和地质调查所的其他地质学家也多在北大地质系兼课，北大师生也广泛参与地质调查所的工作。1931—1934年的四年中，丁文江专任北大地质学系教授，并积极参与校务管理，与胡适、傅斯年一起成为蒋梦麟校长最为倚仗的三位谋士。丁文江在北大讲课时，对于标本、挂图等都全力罗致。除自己采集、绘制外，还托中外朋友帮忙，务求美备。当时地质调查所的同事们曾有这样的笑话："丁先生到北大教书，我们许多人连礼拜天都不得休息了。我们的标本也教丁先生弄破产了。"[1]

史语所迁到北平以后，1929年初夏，傅斯年第一次见到丁文江，两人很快成为莫逆之交。两位同是各自学术领域的领导人，惺惺相惜，丁文江特别关注史语所，傅斯年在工作设计和人事方面常向丁文江请教，

---

[1] 高振西：《做教师的丁文江先生》，原载《独立评论》1936年2月16日第188号，选自《丁文江先生学行录》，北京：中华书局，2008年，第62页。

史语所很快与地质调查所展开了合作。丁文江特别推崇徐霞客的精神，极为重视田野考察，在野外调查时常意外发现史前文化遗址。在丁文江的建议下，1930年秋天，史语所派梁思永前往黑龙江齐齐哈尔调查昂昂溪新石器时代遗址。1931年2月10日，史语所正式聘请丁文江担任特约研究员，他的行政经验和地质学家的眼光对于史语所来说都是相当珍贵的。

协和医学院由美国洛克菲勒基金会在1917年捐资创办，位于东单牌楼石牌坊南，距离老北大2公里。1929年，协和医学院解剖学系主任、加拿大人步达生与地质调查所合作，创办了专门从事古人类研究的新生代研究室，促成了1929年底裴文中在周口店发掘到第一个完整的北京人头盖骨这一震惊世界的发现。裴文中是北大地质学系1927届毕业生，1937年获得法国巴黎大学博士学位后回国后担任地质调查所技正兼周口店办事处主任、新生代研究室主任。1946年，受聘返回母校北大文科研究所古器物整理室招收考古研究生并讲授史前考古学。他的经历把北大地质学系、地质调查所、协和医学院等几家机构的协作串联起来。胡适与协和医学院也多有渊源。1929年4月，胡适被选举为第一任中方董事，经常到协和开会，还多次到协和礼堂做"哲学是什么""治学方法"等演讲，战后胡适还当选为协和医学院校董会主席，协助协和复校。在协和未复校以前，主持复员大局的代理校长傅斯年在创办北大医学院，聘请了大量协和医学院的顶尖专家教授为各科主任。

北平静生生物调查所创办于1928年，由热爱生物学研究的前教育总长范源濂捐资兴建，后来以他的字静生二字命名作为永久纪念。初址设在石驸马大街83号范源濂故居，1931年4月由中基会出资22.6万银圆在国立北平图书馆以西空地建筑三层大楼，由该所与北平社会调查所合用，1934年社会调查所与南京中央研究院社会学研究所合并南迁，这栋大楼全部归生物调查所使用。而北平社会调查所同样与北大渊源颇深，创始人陶孟和也是位老北大，陶孟和、沈性仁夫妇与胡适等交情深厚，

图2-16　1931年春落成的北平静生生物调查所与社会调查所合用的办公大楼

1932年胡适曾推荐北大经济系毕业生千家驹到该所任职，同时兼任北大经济系讲师。[1]静生生物调查所领衔的两位科学家都是北大的前身京师大学堂的毕业生，秉志于1904年入京师大学堂预科，1909年秋考得第一批庚款公费赴美留学，获得康奈尔大学昆虫学博士。就在秉志从北大毕业的同年，胡先骕于1909年考入京师大学堂预科，后留美在加州大学学习植物学。根据学者胡宗刚考证，他们两位没有选择回母校北大服务的原因之一是在对待白话文与文学革命的问题上与胡适持不同立场，选择了在新文化问题上与北大对峙的南京高等师范学校，并于1921年创办了中国大学的第一个生物系。当1921年秉志博士毕业之时，胡适曾代表北大致函邀请他回母校任教，秉志在婉言谢绝以后表示："俟将来有机北上，再图为母校尽力焉"[2]。静生生物调查所由秉志和胡先骕两位分别担任动物和植物两部的主任并先后担任所长，短短几年内就开展了大量调查研究，迅速发展成为中国近代最有成就的生物学研究机构。

秉志的研究很早就涉足了古生物学领域，早在1928年就在地质调查所主办的《中国古生物志》乙种第十三号第一册上发表了论文《中国白

---

[1] 千家驹：《一个中国经济学家的自传》，台北：时报文化出版企业有限公司，1993年，第69—71页。

[2] 胡宗刚：《秉志何以弃北京大学而就南京高等师范学校》，《中国科技史杂志》2015年第2期。

垩纪之昆虫化石》，北平的地质调查所和北大地质学系在古生物学研究方面的实力都处于绝对领先地位，这样的学术氛围与合作对于研究大有好处。1931年11月，静生生物调查所成立通俗博物馆，将所藏动植物标本和照片作为长期陈列向社会开放。北大生物系成立于1925年，中间一度停办，迟至1931年才培养出首届三名毕业生。早期的发展未得其人，比较缓慢，教授人选和仪器设备都不是一流。而秉志又非常欢迎所外人员利用条件从事研究，他说："此研究所为公开机关，国内学者，苟愿从事生物学研究而自信其学力足以赴之者，得请求入所研究，所中且与以种种便利。盖主持者极愿借所内设备之利便以惠益学人，以公诸社会。"[1]这样，当时北大生物系的学生就经常到附近的静生生物调查所，秉志说："国立北京大学及北平师范大学生物系四年级生，其有志于生物学者，常于课余至所研读"[2]。

静生生物调查所研究员沈嘉瑞从事甲壳动物形态学研究，1934年在伦敦大学研究院获得博士学位，1935年回国受聘为北京大学生物系教授，讲授无脊椎动物学，战时随校南迁继续在西南联大任教，1946年返回北平，任北平研究院动物研究所研究员，兼任北京大学动物系教授职务。1946年，北大植物学系还与静生生物调查所合聘张肇骞为教授[3]，共享优秀师资。

这里提到的北平研究院成立于1929年，是和南京中央研究院南北并峙的国家级学术研究机关，汇聚了一批留学法国背景的学者，最初设立了物理、化学、镭学、药物、生理、动物、植物、地质、史学等9个研究所。总办事处和史学研究所在中海怀仁堂西四所。1930年12月在东皇城根42号建成理化大楼，物理、化学、镭学、药物4个研究所在此办

---

[1] 秉志：《国内生物科学近年来之进展》，《东方杂志》1931年第28卷第13号，第102页。
[2] 秉志：《国内生物科学近年来之进展》，《东方杂志》1931年第28卷第13号，第106页。
[3] 《第二十二次会议》，1946年11月18日，北京大学档案馆·全宗号一·案卷号408，选自王学珍、郭建荣主编：《北京大学史料》（第四卷），北京：北京大学出版社，2000年，第30—31页。

图2-17 国立北平研究院理化部正门
（左方为理化楼）

公，距离老北大只有700多米。生物部的生理、动物、植物三个研究所设在北平天然博物院内。

1929年，北大生物学系第一班学生郝景盛还在上学期间就来到植物学研究所接受刚从法国获得博士学位的所长刘慎谔的指导。当年秋天，郝景盛随刘慎谔一起在北平西山、河北东陵一带采集考察。1931年，刘慎谔携郝景盛一起参加了中法联合科学考察，郝景盛后来长期在该所工作。[1]

北平研究院史学研究所（早期称史学研究会）历史组主任顾颉刚、考古组主任徐旭生都是北大出身。1929年11月，北京大学研究所国学门考古学研究室主任马衡、北大历史系1929届毕业生傅振伦与北平研究院干事常惠（北大法文系毕业）调查河北易县燕下都遗址。1930年由北大、北平研究院及古物保管委员会合作组成燕下都考古团，发掘燕下都老姆台遗址。1934年9月12日，胡适还到怀仁堂看徐旭生等人在陕西发掘的古物。[2]

南开大学物理系主任饶毓泰1932年从德国访学回国后，离开了南开，选择进入北平研究院物理研究所任专职研究员一年，同时每周在北大物理系授课三小时。1933年，北大刚从浙大聘请的物理系主任王守竞"觉得必须为国家做点实际的事情"，毅然放弃原有的理论物理专业，受兵工署征调投身国防研制飞机发动机。于是，北大聘请饶毓泰担任物理系主任，同时商请北平研究院副院长李书华同意在北平研究院理化大楼利用他回国时顺带给北平研究院购买的摄谱仪和真空光谱仪等设备条件

---

[1] 胡宗刚：《刘慎谔西北科学考察考》，《中国科技史杂志》2006年第27卷第4期。
[2] 《胡适日记全集》第七册，1934年9月12日，台北：联经出版事业公司，2004年，第143页。

继续从事研究工作。[1]1936年7月，饶毓泰接替张景钺，荣膺理学院院长。

当然，谈到老北大周边最重要的人文地标当属紫禁城。民国时期，故宫博物院院长、北平图书馆馆长和北大校长并称北平文化界三巨头。[2]1912年，根据《清室退位优待条件》第三款规定："大清皇帝辞位之后，暂居宫禁，日后移居颐和园，侍卫人等，照常留用。"末代皇帝溥仪得以继续住在紫禁城里。1924年11月，冯玉祥发动政变，溥仪被逐出紫禁城。1925年10月10日成立故宫博物院，以神武门作为博物院的正门。为什么没有把正门开在南面的天安门或者午门，而是开在了紫禁城的北出口？在一般印象里，紫禁城大约可以和故宫画等号，而实际上，民国时期紫禁城里除了故宫博物院以外，还同时存在另外几个文化机构。

1914年，北洋政府内务部与逊清皇室将奉天（沈阳）故宫、热河（承德）离宫两处所藏文物20余万件运至紫禁城，在外朝武英殿设立古物陈列所开放参观。1915年，在已毁的咸安宫的基础上，建设了近代第一座专门用于文物保藏的大型库房宝蕴楼，此后又改建文华殿辟为陈列室。这样，古物陈列所与溥仪的小朝廷分割紫禁城前后廷空间达10年。1925年正式将外朝的太和、中和、保和三大殿对公众开放，直到1948年并入故宫博物院，与故宫博物院分据南北24年。

1912年7月9日，由教育总长蔡

图2-18 1920年11月，国立历史博物馆正式成立

---

[1] 张剑：《饶毓泰与北京大学物理系》，《科学文化评论》2015年第6期。
[2] 谢兴尧：《红楼一角》，陈平原、夏晓虹编：《北大旧事》，北京：北京大学出版社，2009年，第336页。

元培首倡，教育部在国子监设立国立历史博物馆筹备处。1917年7月，筹备处迁入紫禁城的午门和端门，1926年10月10日定名"国立历史博物馆"正式对外开放，1948年划拨给北京大学代管。新中国成立后更名为中国历史博物馆，发展成为今天的国家博物馆。

1930年，前北洋政府内务部总长、代理国务总理朱启钤发起成立中国营造学社，从事中国古建筑的调查研究，由朱启钤函请故宫博物院拨借故宫废弃的一角、天安门内西庑旧朝房十四间加以修整作为办公地址，战时迁到大后方四川李庄，直到1946年才因财力枯竭难以为继，停止活动。

因此，整个紫禁城从北到南，实则分布着故宫博物院、古物陈列所、历史博物馆和中国营造学社四家文化机构，距离老北大都近在咫尺，多有合作之便，最直接的好处就是文史考古方面的师生可以实地观摩实物。马衡在北大讲"金石学"时就带学生去故宫看商周青铜器。除此以外，还有更深层的合作。1924年冯玉祥逐溥仪出宫以后，北洋政府国务院成立了办理清室善后委员会。"因点查工作繁重，故聘请了北京大学文史系的许多学者为专家顾问，如马裕藻、马衡、袁同礼、徐鸿宝、李宗侗、徐炳昶、黄文弼、容庚、顾颉刚、吴承仁、杨树达等，几乎天天到会入组，从事点查。"[1]实际负责办理点查事项的专职人员庄严、董作宾、魏建功、潘传霖四位是北大研究所国学门的助教，傅振伦、单士元两位是北大学生。据单士元回忆："参与点查文物者，除当日政府所有助理员外，骨干力量，大都为北大教授和助教等。"[2]北大教授陈垣、马衡、沈兼士、袁同礼、俞同奎、李宗侗等主持故宫博物院古物、图书、文献各馆工作。陈垣除了在北大教课以外，就去紫禁城办公，带领北大学生清点文渊阁《四库全书》。[3]蔡元培担任故宫博物院

---

[1] 庄严：《前生造定故宫缘》，北京：紫禁城出版社，2006年，第31—32页。
[2] 单士元：《回忆陈援庵老师》，《纪念陈垣校长诞生110周年学术论文集》，北京：北京师范大学出版社，1990年，第332—333页。
[3] 许凯：《北京大学对故宫博物院早期事业的贡献（1924—1933）——以研究所国学门为中心的探讨》，《故宫学刊》2012年第1期。

理事会理事长期间，推荐北大教授沈兼士担任故宫博物院文献部主任，北京大学早在1922年就先行从事明清内阁档案的整理工作，成立明清史料整理会，沈兼士充分借鉴了北大整理明清史料的经验和教训。当时有北京大学文科研究所、故宫博物院和中央研究院历史语言研究所三家机构共同参加明清内阁档案的整理。

1931年6月，梁思成离开他在沈阳亲手创办的东北大学建筑系，回到北平加入中国营造学社。梁林夫妇起初住在米粮库胡同三号，这条不到三百米长的胡同里还住着胡适、傅斯年、陈垣等名教授，因为嫌住房狭窄，后来搬到北总布胡同三号的一个两进四合院。三四十年代，他们两位与北大有着非常密切的合作，不仅担任北大几座新楼的设计师，而且梁思成本人还长期在北大开设中国建筑史课程。

除此以外，位于金鱼胡同东口的北平基督教青年会礼堂、南河沿大街111号由石鞑子庙改建的欧美同学会也是当时师生们经常集会的场所。战后物价飞涨，同学们生活都很困难，北大学生会组织勤工俭学活动，青年会有一个小型图书馆招募管理员，管理员都是北大学生，每星期去一个下午值班，每月有点补助，供买本、笔墨之用。[1]当时北大教授大多有留学背景，经常在欧美同学会开会或聚餐，成为一个俱乐部式的公共集会空间。

三、京味生活：逛旧书市

书店是大学的标配，像北大这样文史方面突出的大学周边会聚集更多的书店。在北平还有一个得天独厚的优势就是旧书市特别多，从江南地区来北平的钱穆说：

---

[1] 彭和：《峥嵘岁月（彭庆遐校友1946—1948年北大生活）》，清华校友总会网站2013年10月6日，原文载《北京大学校友通讯》。

> 北平如一书海，游其中，诚亦人生一乐事。至少自明清以来，游此书海者，已不知若干人。……余前后五年购书逾五万册，当在二十万卷左右。[1]

旧时代出版业不发达，有名的几家集中上海，印书种类不多，数量不多，售书的处所，尤其在北平，总是由旧书独霸。北平文化空气浓厚，读书人多，因而售书的地方也多，几乎遍布九城，主要有"二寺一厂"（隆福寺、报国寺、琉璃厂）和"东西二场"（东安市场、西单商场）。张中行把这些售书的地方大体分为三个等级：高级的集中在琉璃厂和隆福寺两处，主要售线装书，偶尔有价值连城的善本；中级的在东安市场和西单商场，所售书杂，古今中外，这其中等级高的铺面大，售书偏专如专售外文书，等级低的铺面小，书杂，更低的没有铺面只摆摊；下级的是散布在各热闹处所的书摊，像隆福寺的就是只有庙会期间才有。此外还有一些小市、鼓担和住户卖的旧货。[2]琉璃厂和报国寺距离北大都有些距离，琉璃厂是有名的文化街，附近的厂甸有北平最热闹的春节庙会，胡适是这里的常客，日记中留下了很多跟任鸿隽、毛子水等人逛书摊的记录。[3]离北大比较近的书摊要算东安市场和隆福寺两处。

图2-19　东安市场书肆

---

[1] 钱穆：《八十忆双亲·师友杂忆》，北京：生活·读书·新知三联书店，2005年，第181页。

[2] 张中行：《由旧书想起的》，《张中行作品集》第五卷，北京：中国社会科学出版社，1997年，第96—97页。

[3] 欧阳哲生：《胡适在北京购书与藏书》，《读书》2017年第05期。

东安市场始建于清末1903年，百业俱全，书店多集中在里边的丹桂商场、桂铭商场、中华商场和畅观楼，店店相接摊摊相连，古书、新书、外文书、教科书、报刊、字帖唱本，无所不包。在东安市场西街上，有几十家书摊连成一片书廊，其中有名的有"瑞文斋""多文斋""中源书局"和"新智书局"等旧书摊，胡适、傅斯年、刘半农、朱自清、沈兼士等人都与书商熟稔。20世纪30年代曾在北大历史学系兼课的谭其骧回忆：

> 平常日子隔一阵子要逛的是东安市场内的书铺书摊，逛不一定买，为财力所限，买的不多。所以《二十四史》不买百衲本，只买了竹简斋本；《四部丛刊》不买毛边纸线装景印本，只买了白报纸的缩印本。尽管常常逛而不买，但逛本身就是乐趣。虽不常买，几年下来也就不很少了。[1]

1931—1935年间在北大国文系就读的张中行对东安市场有生动的回忆，当时他住在三院宿舍，出三院大门南行，走到一条东西向的东安门大街，大街的东口外是南北向的王府井大街，东安市场就在王府井大街靠北头路东，南北一个长条，有三个门，因为北大区域在东安市场的西北方向，所以从北大方向去东安市场都是从北门进入。步行只有六七百米，五分钟就能到达。

张中行说在这里淘书有三大兴趣，这里不只店熟，摊熟，人熟，甚至某类书会出现在什么处所，也能估计个八九不离十；书丰富，而且常常会遇见意想不到的。那时候，旧书的来路很多，在进货方面，书商是八仙过海，各显其能。因为，譬如说一星期去一次，总能看到不少新的旧货。有如沿着河岸钓鱼，不知道什么时候就会拽出一条大的来。这种

---

[1] 谭其骧：《一草一木总关情》，《谭其骧全集》，北京：人民出版社，2015年，第581页。

情况也可以用游山玩水的话来形容，是如行山阴道上，应接不暇；常常不空手而回，有时一本，有时两三本，装在书包里，带回家，放在桌上，看着高兴，翻开读读，有所得，更加高兴。他当年在这里就淘过不少宝贝，比如乾隆乙巳年（乾隆五十年，1785年）重刊青柯亭本的《聊斋志异》16册，连布套的蓝布都是当时的，纱粗布厚，使人发思古之幽情，价才5角。也有当代的，比如辜鸿铭所著英文本《春秋大义》并带有中英文双料签名，还有鲁迅原印的《死魂灵一百图》等。[1]新中国成立以后北大学生依然保持逛东安市场的习惯，晚饭后经常来溜达，没钱也可随意抽出书来翻翻，消磨一个来小时。[2]

对于穷学生，东安市场衣、食、用三方面问题都能解决。比如衣，当时人人必穿的蓝布长衫，先试后买，不过一元钱多一点一件。食呢，东来顺的羊肉饺很好，10个不过4分钱，吃20个，8分，加一碗粥，一分，给一角，说明不必找钱，还可以听到全店齐声的"谢"。东安市场里张中行最常逛的是丹桂商场，连带毕业之后，跟这里打交道前后超过20年。[3]

1931年以后，傅斯年一直担任北大图书委员会委员，自他回到北平以后22个月内三次在厂甸和东安市场的小摊上遇到北大图书馆流失的书，极为痛心，买下书后寄给校长蒋梦麟，附信痛批北大图书馆管理不善，指出"以我经年不逛小摊，很少走东安市场，然竟遇到三次，则北大书之流落，当是很普及的事了。朋友们几乎人人都有这个经验。"建议蒋梦麟"先费一下子心，把这个图书馆于最短期间改成北大教员的研究室、北大同学的读书室。"[4]

---

[1] 张中行：《东安市场》，《张中行作品集》第五卷，北京：中国社会科学出版社，1997年，第91—94页。

[2] 周清澍：《沙滩北大二年》，《学史与史学：杂谈和回忆》，上海：上海古籍出版社，2011年，第365页。

[3] 张中行：《东安市场》，《张中行作品集》第五卷，北京：中国社会科学出版社，1997年，第91—94页。

[4] 傅斯年：《傅孟真先生致蒋校长函》，《北京大学日刊》1931年3月4日，第2版。

隆福寺是另一个著名书肆集中地。隆福寺是东城第一大庙,常开庙会,最早是摆摊卖书的流动书贩为多,后来逐渐形成固定铺面的书肆。有的书肆既是刻书

图2-20 南新华街路东厂甸(海王村)的旧书摊

作坊,又是发行单位。清末时隆福寺街的书肆已有30多家。民国以后,北京大学、中法大学都在附近,胡适曾对学生们说:"这儿距隆福寺很近,你们应该常去跑跑,那里书店的老掌柜懂得的,不见得比大学生懂得少。"1930年秋至1937年冬在北平生活了8年的钱穆回忆:

> 先三年生活稍定,后五年乃一意购藏旧籍,琉璃厂隆福寺为余常至地,各书肆老板几无不相识。遇所欲书,两处各择一旧书肆,通一电话,彼肆中无有,即向同街其他书肆代询,何家有此书,即派车送来。北大清华燕京三校图书馆,余转少去。每星期日各书肆派人送书来者,逾十数家,所送皆每部开首一两册。余书斋中特放一大长桌,书估放书桌上即去。下星期日来,余所欲,即下次携全书来,其他每星期相易。[1]

一些书店直接开在北大附近。北新书局刚成立时,新潮社出版的书以及《语丝》周刊都移交书局发行,另代售一些别处出版的文艺书刊。据回忆:

> 开张之日,其时仅买一张书桌几只木箱作为书架,因陋就简

---

[1] 钱穆:《八十忆双亲·师友杂忆》,北京:生活·读书·新知三联书店,2005年,第179页。

地办起来了，寓所就租在北京东城翠花胡同西口，离沙滩北京大学很近。……

后来因为房子实在不够用的，才迁移到皇城根翠花胡同西口南首，到一九二七年春天迁到了东厂胡同西口。[1]

看似兜兜转转，实则一直在北大周围。[2]

四、听戏、看电影

戏曲是老北京文化里的很有代表性的特色，民国时期是戏曲发展的高峰，不少学生在校期间都喜欢听戏。陶希圣回忆："民国初年，北京皮黄与梆子盛极一时。我听戏不少，并不懂戏，却也有些见闻。此时最高地位属于谭鑫培与侯俊山。如杨小楼尚在其次。梅兰芳初露头角。""北京大学的同学，在戏评之中，占很高地位的，有张卿子。我们同年级的捧角家有所谓四霸天，都是小一号的评戏者。"他还说，抗战胜利以后，在南京和台北，很少听平戏（京戏）就是民初的见闻在心目中形成甚高的眼界，因此不大欣赏近年来的戏剧。[3]

一般人听戏就是看个热闹，顾颉刚却能从听戏里得到意外收获。据他说："民国二年，我考进了北京大学的预科。我在南方，常听得北京戏剧的美妙，酷好文艺的圣陶又常向我称道戏剧的功用。我们偶然凑得了几天旅费，到上海去看了几次戏，回来后便要作上几个月的咀嚼。这时我竟有这般福分，得居戏剧渊海的北京，如何忍得住不大看而特看。于是我变成了一个'戏迷'了！别人看戏比有所主，我固然也有几个极

---

[1] 蔡漱六：《北新书局简史》，《出版史料》1991年第2期。
[2] 刘潇雨：《民国书店街：从上海四马路到北京东安西单》，《读书》2016年7月。
[3] 陶希圣：《北京大学预科》，选自陈平原、夏晓虹编：《北大旧事》，北京：北京大学出版社，2009年，第154—155页。

爱看的伶人,但戒不掉的好博的毛病,无论哪一种腔调,哪一个班子,都要去听上几次。全北京的伶人大约都给我见到了。每天上课,到第二堂退堂时,知道东安门外广告版上各戏园的戏报已经贴出,便在休息的十分钟内从译学馆(预科所在)跑去一瞧,选定了下午应看的戏。学校中的功课下午本来较少,就是有课我也不去请假。在这戏迷的生活中二年有余,我个人的荒唐和学校课业的成绩的恶劣自不消说;万想不到我竟会在这荒唐的生活中得到一注学问上的收获(这注收获直到了近数年方因辨论古史而明白承受)。""自从到了北京,成了戏迷,于是只抑住了读书人的高傲去和民众思想接近,戏剧中的许多基本古史也须随时留意了。但一经留意之后,自然地生出许多问题来。"顾先生从中发现古史是会变迁的,"从史书到小说已不知改动了多少,从小说到戏剧又不知改动了多少。一件故事的本来面目如何,或者当时有没有这件事实,我们已不能知道了。我们只能知道在后人想象中的这件古史是如此的分歧的。"这就启发他后来创造性地提出"层累地造成中国古史"理论。[1]

除了听戏,看电影也是一种课余的消遣。30年代的学生张孟休回忆,北大附近的影戏院也不少,有真光、光陆、平安、飞仙……影迷派的学生,每当星期日,都争先恐后地在那里钻动着。[2]40年代的学生王景山回忆他们常步行到东单附近的平安电影院或北洋电影院看电影,到西单游艺场听侯宝林说相声。晚风中、深夜间,月光下,雪地里,数好友,边走边聊,的确别有情趣。[3]

---

[1] 顾颉刚:《〈古史辨〉第一册自序》,选自《顾颉刚古史论文集》,北京:中华书局,2010年,第16—20页。
[2] 张孟休:《北京大学素描》,《中学生》1937年第76号,第6页,选自陈平原、夏晓虹编:《北大旧事》,北京大学出版社,2009年,第447页。
[3] 王景山:《沙滩忆旧》,选自北京大学校友会编:《北大岁月:1946-1949的记忆》,北京:北京大学出版社2013年,第69页。

| 老北大校园简史——现代校园空间的拓建 |

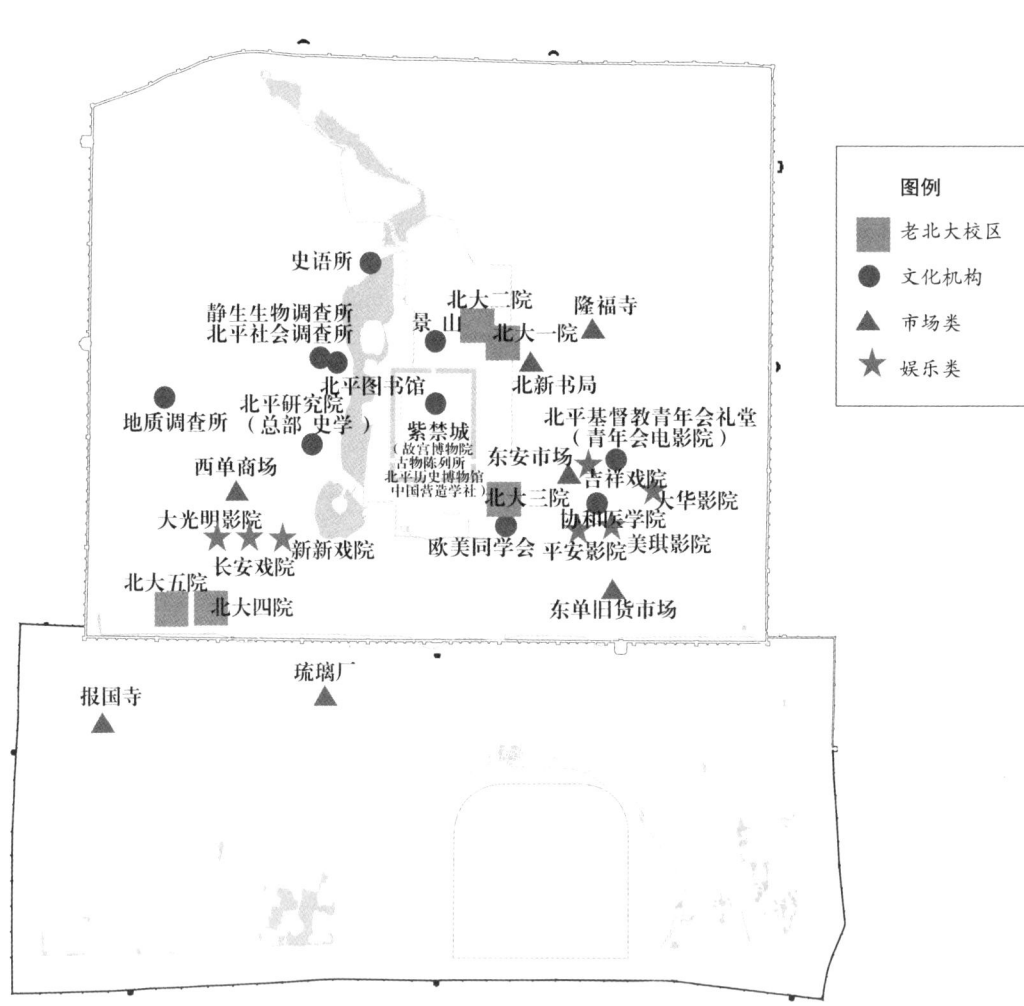

图2-21 老北大及周边文化空间示意图

第三节　校园及周边胡同作为革命空间

　　北大从诞生之日起就肩负着救亡图存、唤醒民众的重任，在中国近代革命历程中扮演了重要角色。老北大校园及周边地区为革命活动提供了空间场所，老北大所在的沙滩地区位于北京老城的核心地带，与政府和几个商业中心的距离都非常接近，而且便于居中联络城内外各校的革命活动，这是老北大地理位置的一个天然优势。

　　北大是中国最早传播马克思主义的阵地，北大校园的很多地方都有革命先驱留下的光辉足迹。1920年10月，李大钊在北大红楼图书馆主任室建立北京中国共产党早期组织——北京共产党小组。1920年11月小组改为共产党北京支部，李大钊任支部书记，支部成员共有15人，其中14人为北大师生校友。"亢慕义斋"，原来是北大第二院西斋的两间宿舍。1920年，李大钊、邓中夏等发起成立"北京大学马克斯学说研究会"，成为中国最早学习、研究和宣传马克思主义的团体。1921年研究会得到了校方支持，蔡元培校长批准由学校拨给两间房屋。据该会发起人之一罗章龙回忆，这两间宽敞的房子既是图书室又是翻译室，还做办公室。室内墙壁正中挂有马克思像，像的两边贴有一副对联："出研究室入监狱，南方兼有北方强。"上句是陈独秀的话，下句是北方生长的李大钊与南方青年学生们在一起吟咏的诗句。还有两个口号："不破不立，不立不破"。四壁还贴有革命诗歌、箴语、格言等。[1]研究会定期在此举行讨论会、演讲会，组织阅读马克思主义书籍。该会搜集关于马克思学说的各种外文及中文资料，建立收藏有关文献图书的图书室——"亢慕义斋"，"亢慕义"是德文"共产主义"的译音。北大第二院的南楼，后称数学系楼，1919年3月，青年毛泽东在该楼第16教室聆听

---

[1] 高红十：《北大西斋天地玄黄》，选自北京大学校友会编：《北大岁月：1946—1949的记忆》，北京：北京大学出版社，2013年，第152页。

李大钊授课。1920年5月，北京大学马克思学说研究会曾在此举办庆祝五一劳动节等革命活动，这里也是北京社会主义青年团等早期组织的重要活动地。北大的操场，位置在红楼北面，五四运动爆发当天，北京大学游行队伍就是从这里出发，以后这个操场就成为爱国青年学生集会、活动的重要场所。

抗战胜利后，国共两党之间的较量更加白热化，校园里争取民主的革命活动风起云涌。华北学联的机关报《北平学生》的几个负责人每星期六到红楼地下室南北社内碰头，确定每期报纸的中心、修改稿件、设计版面。[1]灰楼宿舍每间屋住两人，如果同屋是地下党自己人的话，这间屋子就成为活动的场所，可以开支部会议。梁柯平曾在屋里领一位新党员做入党宣誓。[2]孙小礼回忆，当时还在贝满女中读高二的她被同班同学带来北大灰楼女生宿舍地字楼二层最东头丁化贤的房间参加秘密读书会，每个星期天上午都由法律系三年级学生汪自得带领学习讨论社会发展史和政治经济学。[3]灰楼楼顶平台也经常作为学生活动的场所，袁懿民回忆，1947年夏天，她接到"沙滩合唱团"的通知，到灰楼楼顶集合指挥李绍广对在场的20多位女同学布置散发传单的秘密任务。[4]1947年4月，国民党要逮捕沙滩北大学生自治会理事，黄淼仙和张克俭与灰楼宿舍荒字楼的女工友王妈商量，指给她们通地下暖气管道的门盖，她俩就把自治会的理事们藏到地下管道的通道里，送晚饭到入口处，以击掌为记号，当晚才从沙滩北围墙翻墙脱身。[5]1948年8月中旬，国民党

---

[1] 陈世安：《回忆华北学联机关报〈北平学生〉》，选自北京大学校友会编：《北大岁月：1946—1949的记忆》，北京：北京大学出版社，2013年，第607页。

[2] 梁柯平：《游子的忆思》，选自北京大学校友会编：《北大岁月：1946—1949的记忆》，北京：北京大学出版社，2013年，第89页。

[3] 孙小礼：《我的启蒙老师汪志德》，选自北京大学校友会编：《北大岁月：1946—1949的记忆》，北京：北京大学出版社，2013年，第338页。

[4] 袁懿民：《难忘岁月——在北大参加革命活动的回忆》，选自北京大学校友会编：《北大岁月：1946—1949的记忆》，北京：北京大学出版社，2013年，第381—382页。

[5] 黄淼仙：《顾年的点滴回忆》，选自北京大学校友会编：《北大岁月：1946—1949的记忆》，北京：北京大学出版社，2013年，第495页。

公布了两批"黑名单",进步学生朱真也被列入其中。他本来住在西斋宿舍,每天去沙滩上课必进校门。军警包围了学校,进出都要查学生证,发现上了"黑名单"的学生立即逮捕,于是组织上就让他住在灰楼的一间女生宿舍里,避开军警的检查。不久,传闻敌人要在当夜冲进学校搜捕,形势十分紧张。为防不测,组织上临时决定让他们七八个人当夜躲进灰楼地下安放上下水管道的通道内。[1]1949年2月,北平临解放时组织了东城区迎接解放的指挥部也设在北大灰楼。[2]1949年2月3日,解放军举行入城仪式,中共北大地下党欢迎解放军入城式活动指挥部设在北楼地下,学生们在此领取欢迎仪式的宣传口号和其他宣传品,以及一大摞印有和平解放北平新闻的当日报纸以后,再赶去东交民巷西路口南美国兵营门口会合。[3]北楼前有几排平房,是实学社的社址。社员们自己花钱买了1000多册进步书籍放在这里让大家看。叶剑英率领军事调处执行部中共代表团离开北平时,留下一台5个电子管的收音机,地下组织把它放在理学院的实验室里。他们用这台收音机收听解放区新华广播电台的播音,实学社社员们连夜把重要消息和文告抄成大字报,贴在民主广场的墙上。[4]1947年秋天,中共中央公布了《中国土地法大纲》。一天,清华电机系的陈钧衡匆匆提一大提包东西到西斋刘方的住处说:"放点东西,就来拿。"过了一天,刘方一拉,包口开了,里面都是新翻印的小册子,封面《土地法大纲》几个鲜红的字赫然在目。又过一天,陈钧衡来提走提包,俩人谁也没说什么。[5]1949年,胡维兴接

---

[1] 朱真:《从北平到泊镇的片段回忆》,选自北京大学校友会编:《北大岁月:1946-1949的记忆》,北京:北京大学出版社,2013年,第507—508页。

[2] 项子明:《回忆北大地下党的一段组织史》,选自北京大学校友会编:《北大岁月:1946-1949的记忆》,北京:北京大学出版社,2013年,第362页。

[3] 沈承昌、王希祜:《难忘的1949》,选自北京大学校友会编:《北大岁月:1946—1949的记忆》,北京:北京大学出版社,2013年,第539页。

[4] 穆广仁:《忆北大实学社》,选自北京大学校友会编:《北大岁月:1946—1949的记忆》,北京:北京大学出版社,2013年,第587—588页。

[5] 刘方:《北大二年》,选自北京大学校友会编:《北大岁月:1946—1949的记忆》,北京:北京大学出版社,2013年,第102页。

到通知被批准入党,要他到西斋一间宿舍和物理系地下党一位同志接头。在他的房间里,举起右手低声宣读入党誓词,尤其强调"严守党的机密,永不叛党"的语句,回到自己宿舍后他心潮澎湃,浮想联翩。[1]

战后,北大文科研究所设在翠花胡同的一个大院,从西南联大复员归来的张道一成为1947级英国文学方向的研究生,研究生宿舍就在研究所内,1947年夏天,他被分配到学委秘书处当干事,参加迎接北平解放的准备工作,翠花胡同的研究生宿舍成了地下学委的联络点。就在特务的眼皮底下,地下学委还在翠花胡同召开过几次会。也是在这,从西南联大回来的王汉斌起草了在北平解放时向群众散发的安民告示——《告北平市民书》。随着解放军进军的雄壮威武的行列,在坦克的轰鸣声中散发在北平市的街头。1949年2月4日将要在国会街北大四院的大礼堂召开了地下党员会师大会,部分筹备工作也是在翠花胡同做的。王汉斌在头天带回来一块红布,找来丁化贤,要把它做成党旗。丁化贤把布缝成旗子后,他们再用黄纸剪镰刀斧头贴上去。党旗是什么模样他们当时也没有见过实物,颇费了番心思琢磨。4日清晨,冒着凛冽的寒风,他们带上党旗,蹬着自行车,顶着西北风,直奔会场,把这面党旗布置在主席台。[2]1948年下半年北平解放前夕,地下党工作十分紧张,急需一个联络点。李忠通过熟人租到了东皇城根62号一个独门独院,和地下党员胡秀峻住的63号院隔墙有门相通,成为一个十分理想的联络点。屋里摆了一些旧家具多少显得有些富丽堂皇,很难想象这里的主人会是地下党人。地下党的同志就经常来这里碰头。华北局城工部的崔月犁有段时间几乎每天上午在这里与傅作义女儿傅冬菊见面,了解傅作义的动向。[3]1948年,大四的艾治平认识了地下党员、史学系的岳麟章,他们

---

[1] 胡维兴:《北大——民主的摇篮》,选自北京大学校友会编:《北大岁月:1946—1949的记忆》,北京:北京大学出版社,2013年,第390页。
[2] 张道一:《北平解放前后小忆》,《北京党史》2009年第1期。
[3] 李忠:《黎明前的战斗》,选自北京大学校友会编:《北大岁月:1946—1949的记忆》,北京:北京大学出版社,2013年,第484—485页。

两人经常在景山东街一家不显眼的小茶馆，边吃花生米边谈工作，其实是接受岳麟章带来的指示。[1]

1947年，南京高校地下党根据中共中央上海局的指示，决定在1947年5月20日国民党参政会开会当天，举行反饥饿、反内战示威游行，华北学生坚决支持南京学生的斗争。20日上午，全市各大中学校学生和部分教师集中到北大的大操场。下午1时半，近万人的队伍，浩浩荡荡经东四、长安街、西单、西四等主要街道，举行示威5个多小时，晚7时左右返回北大。由北平、天津、唐山等地各校代表组成的"华北学生反饥饿、反内战联合会"决定把北大广场命名为"民主广场"。6月1日，在北大举行了隆重的"民主广场"命名典礼。北平各院校2000多人前来参加。广场北侧灰楼宿舍的墙上写着"民主广场"四个鲜红的大字，在《团结就是力量》《光明赞》歌声里，外校代表献上写有"民主摇篮"的大旗。在一片欢呼声中，有同学爬上楼顶升起绿底白字的"民主"大旗，自此，这面旗帜便飘扬在北大灰楼宿舍的楼顶上。2日，举行全市总罢课一天，在民主广场举行为争民主反内战牺牲的烈士及内战中死难军民追悼大会，并宣布华北学联的诞生。有一部名为《民主青年进行曲》的影片，是以北平的反饥饿、反内战运动为题材的，有好些镜头是在北大民主广场拍摄的。[2]

图2-22　民主广场命名仪式上，清华大学高声唱歌咏队演出

---

[1] 艾治平：《我在北大的读书生涯》，选自北京大学校友会编：《北大岁月：1946—1949的记忆》，北京：北京大学出版社，2013年，第62页。

[2] 胡维兴：《北大——民主的摇篮》，选自北京大学校友会编：《北大岁月：1946—1949的记忆》，北京：北京大学出版社，2013年，第386—387页。柯在铄：《我在北大的日子里》，第420—421页。

1948年3月28日晚7时左右，在北大民主广场举行了平津大中学师生春季大联欢万人营火晚会。天津南开大学500多同学来到北平，北大、清华、燕京、中法、朝阳等大学，还有一些中学生，从四面八方集中到民主广场，广场上的人群围成一圈一圈的，唱着"团结就是力量"，唱着"兄弟们！向太阳，向自由，向着那光明的路……"广场中央先是由4位身穿运动衣的同学手擎着火把绕场一周，然后点燃堆在场地中央的木柴，熊熊的火焰映红了校园，同学的情绪高涨。当时柯在铄作为北大学生自治会的主席首先致辞，他大声说："火是光明的象征。我们要把光明的火燃遍每一个黑暗的角落。"之后，一队同学打着鼓，举着民主旗，绕场一周，然后将旗交给了天津的同学，全场一片欢呼，暴风雨般的掌声响彻广场。同时，华北院校自治会保卫自治权利联合会宣布成立，宣誓"同甘苦，共生存。一校被迫害，八校来支援，一人被摧残，全体去营救。"会场上万众高呼"平津学生团结万岁！""华北学联万岁！"营火晚会变成了万人誓师大会。柯在铄回忆说："站在台上，抑制不住内心的激动，望着周围密匝匝的人群，身体中的热血一下涌了上来，我用尽了几乎全部的气力。这一夜，校园外布满了军警、特务，同学们表现得非常勇敢。那一晚，我整夜未眠。"[1]

时在贝满女中读高中的孙小礼回忆："民主广场周围的民主墙上和布告栏里贴着大大小小的各种壁报，还有林林总总不断更新的海报，例如：某教授要做某报告的布告，某社团要举行什么活动的通知，某日在民主广场有什么节目的歌舞晚会，某诗社某天要举行新诗朗诵会……总之，内容丰富多彩的民主广场，它像磁石一般地吸引着我，吸引着我们那个时代的年轻人！它的民主精神、革命精神、科学精神，鼓舞着、鞭

---

[1] 柯在铄：《我在北大的日子里》，选自北京大学校友会编：《北大岁月：1946—1949的记忆》，北京：北京大学出版社，2013年，第421—422页。艾丁：《在北大学习的日子》，选自北京大学校友会编：《北大岁月：1946—1949的记忆》，北京：北京大学出版社，2013年，第115页。

策着我们，努力学习，努力锻炼，提高本领以献身于中国的进步和人类的进步。"[1]

近代新式学校的诞生，天然地成为传播新思想、新文化的阵地，饱受欧风美雨熏陶的教授和血气方刚的进步青年在一起朝夕相处，体育场、广场、大礼堂、大教室这类公共集会场所又给他们提供了革命活动空间，大家同气相求、一呼百应。北大以其五四运动策源地的光荣历史，成为这些革命

图2-23　1948年5月，参加五四返校节的师生在民主广场

图2-24　民主广场雪景

活动的大本营，辐射到平津、华北以至全国。尽管时间已经过去了几十年，这种豪气干云、光芒万丈的魅力依旧，我们仍能被当事人的回忆深深打动。

上述机构、场所，或与老北大相伴始终，或存在于某一时期，因着空间上彼此相近的关系，与北大师生产生并维系着更深层次的联系。这些均是老北大学子校园生活中难能可贵的回忆，某种程度上构成了老北大广义的校园空间。

---

[1] 孙小礼：《我的启蒙老师汪志德》，选自北京大学校友会编：《北大岁月：1946—1949的记忆》，北京：北京大学出版社，2013年，第341页。

结　语

老北大校园空间的开拓和发展,从京师大学堂创办开始一直到1952年院系调整,是一个持续的过程。经过50多年的建设,它从清王朝的公主府逐渐发展成为一个现代的大学校园。它历经晚清、北洋、国民政府和新中国四个时期,是那个剧变时代的见证和记录。北京大学与近代中国的命运紧密相连,对国家和民族的影响无远弗届,也是大家心目中关于大学想象的理想典范,层出不穷的名人轶事亦为人们所津津乐道、感怀追慕。老北大校园正是这些历史和传说的舞台和现场,是古老中国向现代转型的最早的尝试,其承载的历史文化价值是独一无二的。

老北大校园空间总的特点是:地处老城,校舍分散。公主府校址只是最初因陋就简的权宜之计,却由于各方面原因的叠加而成为老北大的长期校址。北京老城历经数百年发展,已经房满为患,周边可供北大扩建的空间极为有限。学校层面多次提出另觅广大校址新建校园,但最后都无果而终,只好退而求其次,陆续收购附近汉花园、松公府等地皮,以暂时应对校舍局促的困境。空间尺度小、校园承载力不足奠定了整个校园空间的基调。由于只能根据经费情况陆续偶有增建,而非一次规划成形,老北大校园也就谈不上贯穿的轴线和空间节奏变化。不过如果细看,二院正门和一院新开西门的入口处小广场仍通过轴线和对称来体现空间秩序,李四光设计的荷花池圆形广场成为一处校园景观。老北大从最早的公主府一块校园,发展到30年代"三院五斋"的格局。红楼在建成以后,取代公主府成为新的空间中心,得名第一院。公主府退而改成二院,而北河沿译学馆旧址从法科教室改为三院,充当学生宿舍。三块校园虽然互不连接,但相距不远,可以算一个大学区域。直到战后接收

| 结 语 |

"伪北大"校产,特别是原北平大学医、农、工三处校址,使北大校址的空间分布又呈现出散布全城的新局面。但作为最高学府和文化中心的北大,人文荟萃,常开风气之先,在全城乃至全国的文化空间格局里,始终居于中心地位,与它们构成一种核心—边缘的空间结构关系,"譬如北辰,居其所而众星共之。"(《论语·为政》)

老北大校园的建筑风格中西并存,景观内涵复杂多样。从王朝时代公主府大殿和松公府改建的孑民堂等中国传统建筑,到三院译学馆、二院大洋楼和北大红楼等西洋风格建筑,再到新图书馆、地质馆和灰楼宿舍等现代主义建筑,这些不同时期的景观变化共同构成了一个景观历史序列,是长达半个多世纪时间里建筑思潮发展变化的真实反映,其中不乏中国近代著名建筑师沈理源、梁思成、林徽因和钟森等各位先生的代表作品。在上述诸多建筑景观风格里,最后通过景观竞争取得控制性地位的是现代主义建筑风格,在战时钟森设计的北楼以及战后梁思成为北大设计的孑民纪念堂·博物馆·总办事处组合建筑中都采用了现代主义建筑形式,这也与世界建筑潮流的发展方向一致。值得一提的是,1927年南京国民政府建立政权以后,国内多所大学的校园建筑设计采用了传统复兴式建筑风格,例如武汉大学和规划设计中的中央大学新校舍等都是如此,但北大新建的建筑却无一采用这种传统复兴式建筑风格,联想到北大也没有同时期各大学采用的文言校训和校歌,上述特点或许与北大是新文化运动的大本营有关系。

老北大校园位于北京老城里也有优势,并非全是缺点。大学校园是一个功能文化区,近代很多中国大学校园都有围墙,但老北大恰恰因为校舍分散,就连勉强邻近的一二三院也有街道相隔,因此也可以认为没有围墙,只是约略有一个大致的校园范围。这就造成老北大校园这个功能文化区的外生特色特别突出,校园更加开放,人员和信息的流动性更强,与城市、社会、周边社区和民众的互动关系更加密切(如在校园周边产生了一系列配套服务,附近民房用途多与大学有关,学校周围出现的书店、饭店、出租公寓等新兴业态）。在老北大的校园文化记忆里，旁听生群体是一大特色，这种现象的出现除了北大兼容并包的文化传统以外，地理因素也是一个重要的基础。这样的地利之便同样造就了北大与分布在老城中的诸多学术机构的合作，甚至五四运动的发生、陈独秀、李大钊等人在周边从事革命活动都与老北大校园的地理位置有关系。这种大学对城市产生的正外部性，就是唐晓峰先生指出的："区域的独立性会逐渐减弱，而与其他区的关联性则日益加强。""越来越多地出现互动关系、依赖关系"[1]，从而推动城市和社会的现代化转型进程。

  1952年北大奉命从城里老校址搬迁到西郊燕园，但老校址并未切断和北大的联系。老北大旧址留下了"大学夹道""五四大街"等地名，红楼虽然使用单位屡经变更，但社会上始终用"北大红楼"来称呼，这些地名是一种特殊的文化景观，忠实地记录和再现了相关的历史和地理文化。在北大迁走以后，红楼从一栋实体建筑转化为景观符号，成为老北大的象征，其含义大为延伸，成为整个老北大校园的代名词，以至于一般民众除了红楼以外几乎不了解老北大校园的其他情况。进一步地，北大红楼不仅作为北大的诞生地，更作为五四新文化运动的策源地和中国共产党早期革命活动的大本营，从而表现出作为文化源地的更高的空间价值，成为北大和中国共产党的精神图腾和文化象征。这也是北大红楼能够成为1961年第一批全国重点文物保护单位里唯一一处大学校园建筑的原因。从此，红楼的意义对于建党甚至超过了大学本身，从近代第一所综合性大学到建党纪念地，北大红楼被赋予了新的文化内涵，被创造出新的地方感，事件、地点和意义有了新的结合。在段义孚等地方感知学派看来，讲"地方"的时候，可以不谈景观，只谈含义。一般民众可能没来过北大红楼这个景观，但不影响对其文化含义的理解，都知道

---

[1] 唐晓峰：《文化地理学释义》，北京：学苑出版社，2012年，第154页。

| 结 语 |

这个地方,来到北京甚至来到北大搬迁之后的新校园燕园总要找一找大名鼎鼎的北大红楼在哪。2002年4月,北大红楼腾退全部原有入驻单位,成立北京新文化运动纪念馆面向公众开放,红楼从一栋实用性建筑升级转化为纪念性景观。2009年重新开馆后,依据研究成果,馆方对一层的原北京大学图书馆旧址进行部分复原,实现了景观再现,为参观者营造了具有较强历史现场感的真实体验环境。同时,北大红楼被写进拥有近乎校歌地位的《燕园情》,开头第一句就是"红楼飞雪,一时英杰,先哲曾书写,爱国进步民主科学"。北大校史馆制作了北大老校址缩微模型进行景观复制。一代代北大师生经常返回红楼参观纪念,1952年之前的老校友也时常在回忆文章里追忆北大红楼和老校园,甚至多次上书有关部门要求把红楼管理权归还北大,表现出强烈的人与具体地方的联系,即文化认同意识。

老北大校园的历史文化价值已如前所述。目前,在老北大校园中,一院内,北大红楼于1961年被列为第一批全国重点文物保护单位,地质馆旧址于2013年被列为第七批全国重点文物保护单位,孑民堂于2004年被列为北京市第六批市级文物保护单位。二院内,京师大学堂建筑遗存于1990年被列为北京市第四批市级文物保护单位,清单提到的保护对象有原属于和嘉公主府的正殿、公主院等清式建筑和民国年间建成的数学系楼及西斋14排中式平房等,遗憾的是,原东斋宿舍、生物系楼、荷花池广场等均已被拆除。三院译学馆及法科旧址也早已全部拆除。通过上述梳理可以发现,老北大校园旧址已经有大量的历史建筑被拆除彻底消失。近年来,政府对于包括京师大学堂在内的老北大校园建筑保护的重视程度很大,被列入保护名单的项目越来越多,但是保护工作仍然有巨大的改善提升空间。第一,仍有一些重要建筑没有被列入保护名单,包括图书馆、灰楼宿舍等;第二,现有保护建筑中,西斋宿舍一直是民居大杂院,院内杂乱无章,私搭乱建现象严重,外墙粉刷粗糙劣质;第三,二院京师大学堂旧址院内仅存公主府大殿一间和数学楼一座,院内新建一座宾馆，其高度、体量和尺度严重破坏了这一带的整体风貌，喧宾夺主。

因此，我们建议把老北大校园一院、二院的建筑遗存做整体保护，划定一片老北大校园旧址区域，统一提升保护等级为全国重点文物保护单位。保护范围内对于影响老北大旧址整体风貌的建筑，进行合理规划整理。一些已经消失但有重要历史意义的历史建筑可以酌情考虑恢复重建。中国古代的审美重视美学意境，建筑遗址保护应该重视整体氛围和气质的营造复原，使人进入其中能体验到身临其境的历史代入感和现场感，给人以历史和审美的双重享受。如果只有个别单体建筑作为物质遗存得到保存，但与周边环境不协调，周边环境因为过度开发而失去近代大学校园的气质和韵味，不重视人的文化感受，这样的保护还不能说是合格的和高品质的。老北大校园不论是作为近代中国第一所国立综合性大学，还是作为五四新文化运动的策源地和中国共产党早期革命活动的大本营，都理应得到更高层次、更全面系统、更精细、更高品质的整体保护，尤其是大学区域整体气氛韵味的还原和塑造上，使文化遗产的保护不但得其形，更得其神，做到形神兼备。我们有责任也有能力把这份珍贵的文化遗产保护好并传承给子孙后代。

附　录

老北大校友访谈

殷洪元老师访谈记录

殷洪元，北京大学东语系教授，毕业于南京国立东方语文专科学校，1949年开始在北大任教，主要研究印地语。主要著作为《印地语语法》，翻译了《罗摩的故事》《托钵僧的情史》《贾扎吉》和《有儿女的寡妇》等。

访谈人：鲍宁、李丰耀

录音整理：李辰

被访谈人：殷洪元老师

日期：2018年11月10日上午

地点：北京市海淀区五道口嘉园殷老师家中

（说明：只记录了录音中直接涉及老北大的部分）

Q：殷老师，您好！

A：你好！

Q：今天主要是想了解您印象里的老北大校园生活。咱们就直接从您来北大这段开始聊吧。来之前我简单看过您的资料，据说您是1949年来北大工作的？

A：对，我是1949年7月到的老北大。到北大前我在东方语言专科学校。东方语专的设立，是在抗日战争时期，主要为了培养翻译和外交官。解放以后，东方语专合并到北京大学，我就跟着一起到了北大。

Q：这是您第一次来北京和北大吗？

A：是第一次。

Q：到了北大先去的什么地方？

A：灰楼，那时候大部分老师都住在灰楼。

Q：这些单元是按"天、地……"的顺序那么分的？

A：对，这个很有意思。灰楼本来应该是女生宿舍，不过学校专门把其中的一个单元拨给我们这些男教师住。

Q：您在灰楼住了多久？

A：1949年7月到第二年9月以前，大概一年多。然后我们就搬到红楼住，原来住的那个单元也还给女生了。

Q：这样混住会不会有些不方便？

A：我想想……哦，灰楼的正门刚好对着五四广场。但因为我们是跟女生隔开住的，所以不能从正门进去，得从后门走才能到宿舍。

Q：有点绕路吧？

A：有点绕，但不算太麻烦。

Q：您住在灰楼的时候，那个单元住的都是老师吗？有没有学生？

A：都是老师。其实我刚来北大的时候还没有自己的学生，东语系是后来才开始招生的。

Q：您平时是住在灰楼，在红楼上课？

A：我们到北大的时候就待在灰楼，7月嘛，也没怎么到红楼去。等到9月开学，中央安排了第一批干部过来上课，跟我们东语系的老师学语言，去的次数就多了。

Q：是到红楼去上课吗？

A：对，上课是在红楼二楼。

Q：您来北大看到红楼这个建筑是什么感觉？觉得这个楼很气派，还是很一般？

A：倒没什么特别的感觉。我最早上课也不进红楼，在五四广场上，搬一张桌子、一块黑板，直接就在那给学生讲课。

Q：那还挺有意思的。

A：上课第二年，学生人多了，就到红楼去上课了。我们搬到红楼以后，三楼、四楼是教工宿舍，一楼、二楼是教室。

Q：您住几楼？

A：我们在三楼，房间是303。三楼中间是工会办公室，我们和办公室就隔一个房间。我那时跟袁又礼同住。住三楼的时候，没事也很少到四楼去。

Q：那不错，上课只要下楼就可以，比原来方便了。

A：对，方便了一些。

Q：灰楼是几个人住一间？

A：教员是一个人一间，学生两三个人一间吧。

Q：红楼是两个人一间？

A：是这样的，红楼的房间比灰楼大。

Q：红楼是木头的地板对吧？

A：（地上）是木头地板，地下室是砖。

Q：灰楼呢？

A：灰楼是水泥地。

Q：东方语专的老师从南京过来的时候，北大这边欢迎你们吗？

A：很欢迎……你们都知道季羡林先生吧，他当时是负责人。

Q：东语系一共有多少学生？

A：那时候东语系专业不多，原来的学生有19个，解放以后大概是30个。老师也不多，大概是季羡林、金克木、马坚他们。原来三个专业，东语系来了以后增加了印地语、缅甸语、暹罗语、越南语、朝鲜语、马来语。就这么几种（语言），所以学生也不多。

Q：是不是到1950年招生以后人数多了？

A：是，（中央）也派了一些干部来。1950年招生的时候，招了26个学生，都学印地语，分成甲、乙两个班。我教的是甲班。他们都住在三院。我们东方语专到北大来的有4个助教……

Q：东语系的学生吃饭是在三院还是在红楼这边？

A：可能就是在图书馆对面，离教室不远。

Q：那会儿三院还有人在上课吗？

A：没有了，都是宿舍。上课都不在三院。可能也有临时性的讲课吧……

Q：我去红楼参观的时候看到里面的教室没有课桌，就是摆的椅子，上面带着扶手，学生都在这上面写字记笔记？

A：对，除了讲台，教室里别的地方没有桌子。

Q：上课是敲钟，还是打铃？

A：印象不深了。

Q：胡适校长走了以后，代理校长是汤用彤吗？文学院的院长也是他吗？

A：好像都是他吧。不过我们不太关心这个（人事变迁）。

Q：当时文学院的老师不是都住红楼吧？

A：不是的，有家属的就住在外面教工宿舍，像什么胡同里边……

Q：中老胡同，还有翠花胡同。

A：嗯，对。

Q：我之前看资料的时候知道红楼里头有澡堂，你们洗澡是去红楼吗？

A：没有，洗澡都到校外的澡堂子去。东安市场那儿有公共的澡堂。

Q：通常多久洗一次？

A：夏天经常洗，冲一冲澡，擦一擦身子就好；冬天一般就一个月去一次。

Q：您怎么去东安市场？骑自行车吗？

A：我有个侄子从香港过来，他有自行车。第一年我们一起在灰楼的宿舍里住了一年，一个单人床旁边加了一块木板，挤一挤就行。

Q：学校当时允许这种外校的人住进来的情况吗？

A：不管，这个都无所谓的。

Q：买东西也去东安市场吗？

A：对，我有时候会借侄子的自行车骑。那时候年轻，经常骑车进城逛。到北大以后，才买了进口的自行车，波兰产的，脚刹车，是搬到海淀以后买的。

Q：除了红楼一院，您知道学校的其他地方，二院三院之类在哪儿吗？

A：二院，三院……知道，但都没去过……我们（一院跟二、三院）吃饭都不在一块儿。

Q：您在老北大的时候，学生食堂在哪儿？

A：在五四广场旁边。

Q：具体什么地方您还记得吗？

A：我只记得我们教师是在孑民堂吃饭。

Q：孑民堂当时是食堂吗？

A：嗯，印象中孑民堂有个地下室，我们在那里吃的。不过我们当时经常到学校对面的小饭馆去吃，不是总在食堂。

Q：您对当时常吃的食物还有什么印象吗？

A：小馒头啊，就随便吃的。我跟袁又礼还搞过一个吃馒头比赛，我吃了十几个……

Q：这是在孑民堂吃的吧？

A：对，小饭馆吃这些都要花钱。

Q：那样就不能随便吃了。

A：早上到附近小饭馆去吃，喝豆浆，吃面麻花。我喜欢吃面麻花，是甜的，硬的。

Q：大米能吃到吗？

A：能吃到。

Q：去饭馆吃饭给钱吗？

A：给一点，给得不多。

Q：我看您还喜欢运动，您在老北大的时候经常锻炼吗？

A：老北大那两年没怎么锻炼。

Q：老北大没有体育馆吧，就一个大操场？

A：对，五四广场。一出灰楼正门就是五四广场。

Q：您说的五四广场和民主广场是同一个地方吗？

A：是，我们经常说五四广场，很少说民主广场。

Q：学校当时有没有给单身的老师组织一些联谊活动，比如舞会什么的？

A：后来才有的，老北大的时候在五四广场还是孑民堂开过……我没怎么参加。

Q：孑民堂面积大吗？是个平房吗？

A：是平房，具体细节记不清了。

Q：您从南京过来的时候，看到北大校园是这个样子，会觉得失望吗？

A：那倒没有，我们那时候对北大就是一种崇拜的心理。

Q：当时有没有学生抱怨吃的、住的不好？

A：都没有，挺满足。刚解放都那样，我觉得北大比南京那边条件好多了。

Q：您当时去过松公府的图书馆吗？对图书馆感觉怎么样？

A：图书馆我去过，但没怎么到图书馆去看书或者借书。我们在灰楼的房间里看书就行了。

Q：30年代建成的图书馆、地质馆这些楼您是看到过却没有进去？

A：对，这几座楼看上去跟灰楼都差不多的样子。

Q：都是同一批设计的。

A：图书馆可能比较挤，学生多，所以有的院系有自己的图书馆。

Q：图书馆有印地语的书吗？

A：没有，印地语的书都在东语系的系图。

Q：系图书馆也在红楼？

A：灰楼旁边的那个楼，北楼。

Q：您还记得系图书馆在北楼的几楼吗？

A：好像不在楼上，就在下面吧。

Q：北楼里头还有什么？

A：我们东语系的办公室，都在北楼。季羡林先生的办公室也在北楼。

Q：还有其他院系的办公室吗？

A：这个我不记得了。

Q：我还有一个问题，1952年北大"搬家"的时候，你们是怎么搬的呀？

A：我们自己没怎么出力，当时有工友（帮忙搬）。

Q：我看有人写文章说，很多北大的学生不想搬走，不想离开，您那时候有这种想法吗？

A：学生可能不愿意离开城里，燕大在郊外嘛，所以他们可能不愿意，我们倒没有。我们都是调来这里教书的，没有什么大的意见。

Q：你们是1952年的什么时候知道要搬家的？

A：就是七八月吧。搬家的事情我们都没怎么参与，开学以后陆续还在搬，具体搬了多久我也不清楚。

Q：您搬家的时候用的是马车还是汽车？

A：我们搬家没什么东西，自己带一点行李，坐着卡车从红楼直接就过去了。

Q：1949—1952年那三年您基本都在红楼和灰楼活动？

A：差不多，也没去别的地方。红楼有个地下室，里面有一架钢琴，我就到那里去练钢琴……

Q：哇，您还真是多才多艺。

A：那倒没有（笑），就是自学，随便弹弹。照着那个乐谱练。

Q：那个时候红楼地下还有印刷厂吗？

A：印刷厂好像已经搬到宣武门外了，不在北大校内。

Q：地下室还有别的设施吗？

A：没有了，就是用来堆放东西。

Q：您那时候知道毛主席曾经在红楼工作过吗？

A：知道。

Q：他工作过的房间是正常上课的教室吗？

A：对，跟一般的教室一样，我们知道他在那工作过，但没有什么特殊的标记。

Q：那1949年10月1日开国大典您赶上了吗？

A：（笑）我还真赶上了，而且当天就在现场。北大的队伍站的位置很好，正对着天安门。

Q：在城楼底下能看见毛主席吗？

A：能看得见，看得挺清楚。

Q：您还记得去之前北大师生是在哪儿集合的吗？

A：在五四广场集合的，队伍还挺长的。集合好了排好队一块儿去的。

Q：什么时候集合的？

A：早上就集合了……开会前一个钟头我们就站好了，也没有坐的地方，我们就席地而坐。那时候能去的学校不太多，就北大、清华、中法几个学校。我们就参加了开国大典，没参加后来的群众游行。

Q：到北京之后您去爬过景山吗？

A：去过，还有故宫、天坛，不要票。我们冬天经常去北海公园溜冰。

Q：北海旁边的北京图书馆，您1952年以前去过吗？

A：去过，但没怎么借过书。搬到燕园以后我们倒是去借过书。

Q：东安市场呢，那儿有旧书摊，你们也逛过吗？

A：去看过……我们到北大以后，为什么活动比较少呢，因为"运动"比较多，经常开斗争会什么的，开大会……

Q：大会在哪儿开呢？

A：北楼有个开会的地方。

Q：是比较大的教室那种，还是有个礼堂？

A：有个大的开会的（大会堂）……操场也开会，是清华的教授，解放以后的……来做报告，还带口吃的。

Q：您说的是叶企孙先生吗？

A：哦，对对对，是他……叶先生来民主广场做过两三次报告，所以印象深一些。

Q：北大还在城里的时候，学生怎么看清华？会不会觉得清华校园环境更好？

A：他们的环境比北大好多了……当然，搬到燕园以后，我们的环境也变好了。

Q：您感觉合校以后，北大搬到燕园以后，你们跟原来燕大的学生会不会有什么矛盾？

A：不会，我们跟燕大的同学相处得很好，吃和住都在一起。我们那时候住蔚秀园、承泽园。

Q：北大"搬家"之前，您去过燕京大学校园吗？

A：去过，燕大很漂亮，比北大好。马寅初校长那时候说学校要搬过来，我们老师都很高兴。

Q：非常感谢殷老师今天给我们讲述的老北大故事，祝您身体健康、精神愉快！

A：谢谢谢谢，你们也是在做一件很有意义的记录历史的好事啊。

本书作者与殷洪元老师及夫人在家中合影

李仰松老师访谈记录

李仰松，1932年生，陕西临潼人，1954年毕业于北京大学历史系考古专业，曾任北京大学考古文博学院教授，在史前考古学特别是民族考古学研究方面做出突出贡献，是中国著名的民族考古学家。

访谈时间：2019年1月10日
访谈地点：畅春园李仰松老师家中
采访人：鲍宁、李丰耀
录音整理：鲍宁
被采访人：李仰松老师

Q：李老师您好！
A：你们好，欢迎。
Q：您原来是在老北大几院？回去过那边吗？
A：原来在三院，北河沿。我们那会几百人都住在大礼堂。我们系是1949年建成，我1950年考入北大。后来很少回去了。
Q：我看回忆文章里面历史系周清澍老师也是50级，他回忆说开始住在萧斋，二年级时候搬到工字楼，说1952年博物馆专修科几位同学合过来，一共五间房。
A：对，有工字楼。现在都没了，好像拆了做民政部。
Q：大礼堂怎么住人呢？隔开吗？
A：不是隔开，都是通着的。里面有双人床，同学和同学睡一张床，那会都不讲究。很多个系在一起，一排一排的双人床，一间屋子里有几十张。冬天生煤气炉。

Q：您是从陕西考过来的吗？是建国后第一批高中生？

A：我祖籍是山东寿光的，蔬菜基地。小时候山东土匪很多，我爷爷带着我们下河西，到了河南发大水，再往西就到了陕西。第一次看到黄土高原，那里破窑洞很多，我们就住下了。窑洞前面有小河沟，我们在那种地，山东人都会种地。

Q：您的家乡和考古关系密切，后来您在北大也学了考古。

A：我学考古是因为遇到了好老师，燕京大学音乐系毕业的老师，他告诉我们以后要到北京上学。我毕业的时候燕京大学是很好的大学，司徒雷登办的教会大学，学费很高上不起，我就改考了北大。北大、清华、辅仁、燕京是当时的四大名校。我在临潼上的高中，高三时转到西安华县，华县贤林中学是百年老校，陕西省立高中，是所好学校。

Q：我读《南方考古》上对您的访谈，都是从北大求学时开始的，早期经历很少。

A：少年时代就是和这位叫田思的老师交往好，影响我去北京求学。那时候北大吃饭都不要钱，学费是选择学校的主要原因。那时候我考的是文学院博物馆专业美术组，毕业以后分到历史系。那时候历史系考古专业相当于是北大博物馆专业，还一个是燕京的史前博物馆专业，还有北大的文科研究所（宿白他们那）。毕业后我和郑振香、俞伟超三个人一起留校。当时博物馆专业有历史组、美术组、自然科学三个组。郑振香和俞伟超是历史组，我是美术组。

Q：我看资料说博物馆专业是韩寿萱老师组织起来的，他是陕西神木人。我前一段在云南开会，遇到郑天挺先生的儿子，说郑老的日记被保存在南开大学资料室，现在已经由中华书局出版了。里面有一则材料说1945年3月9日，郑先生给傅斯年写了一封信，讨论从云南返回北平后文学院调整，想增加考古系，但是后来没办起来。后来韩寿萱先生回来办了博物馆专修科，王重民先生办了图书馆专修科。我很好奇当时为什么没有办考古系，而是办了博物馆专修科呢？

A：韩寿萱以前在美国的大都会博物馆工作，是专业人员，可能还是和请回来的人有关。当时图专人比较多，博专少一点。

Q：我看史料里面写1946年时傅斯年表示想办考古系这种理论性更强的系，而不是专修科这种职业化的。1947年时还是先办了专修科，招生简章里面胡适还解释了现在只是试办，未来是要办博物馆学系，王韩二位先生都有很高的理想。您对韩先生有什么印象吗，他是什么样的人？

A：很专业的人。我们都是陕西人，乡党。图专、博专都是两年制的，1952年毕业，赶上院系调整我就调整到了历史系，历史系四年制，我到1954年本科毕业。那时候没有研究生、博士生，我就成了teacher。

Q：韩先生他们当时讲课，是用中文还是英文？在国外多年，上课会有洋派头吗？

A：用中文讲。那时候考古系上课经常用幻灯片，主要是文物的照片，很多片子是从美国带回来的。还有像裴文中先生会从国外带回来标本。那时候我们条件太好了，到故宫都不要票的，库房都能进去看。沈从文在故宫给我们讲皇帝的服饰，他当时研究这些，他的关系在中文系，被请过来给我们上课，这种情况很多，比如陈万里等等，当时就是这些专家。当时一个班里10个学生，文物都可以用手摸，条件是得天独厚的。沈从文跟我们说以后这些文物就被带走了，讲解和研究的任务就落到你们身上了。合并之前历史系和考古系分开上课，合并以后有一些历史系的来学考古。

Q：您那时候上课是在北楼吗？这是一张北楼的照片。

A：对，就是这个楼，我记得那时候裴文中先生经常在北楼的大会堂做从猿到人的学术报告。

Q：我昨天研究了下地图，北楼这个报告厅现在好像被拆了，好像据记载是一个大约200多平方米的小报告厅，是几层的呢？

A：两层吧，被拆了很可惜。红楼保存得还比较好，红楼有个地下室。以前我们宿舍在三院，上课主要在红楼，北楼也有一些。每天背着书包去红楼上课，三院——红楼——食堂，食堂就是大饭厅，就在红楼边上，民主广场那里。大饭厅是平房，没有凳子，大家都站着吃。大操场那还有一个历史系的工会之家，有几间普通的房子，大家下课会在那活动，有人下棋，有人看书，也有人在操场跑步。我们博物馆系还经常在孑民堂活动，在那开会。

Q：民主广场现在被分成了两半，红楼后面又盖了灰楼，梁思成先生设计的。梁从诫和您是一届的吗？

A：梁从诫和我是同学，但他是历史系的。他毕业以后分到云大世界史去了。解放初期，这些教授的孩子有自己交往的圈子，知识分子家庭和我们农民出身的学生还是不同的。

Q：北大和清华很多教授子女也在同一所学校上学。我看回忆录里写梁再冰也考上了北大西语系，林徽因发现女儿在画画方面没有天赋，就让她别学了，去学自己感兴趣的东西。后来女儿埋怨，那一代人把天赋看得太重了。

A：梁思成的课我们都听过。梁先生个子不高，普通话讲得比较好。考古训练班一开始在沙滩上课，后来院系调整就搬到了燕园这边。第一届考古训练班里面有茅盾、郭沫若等人，我们都一起照的相，我在郭沫若的后边。这个背景是公主府大殿，当时的理学院，大殿当时是个大礼堂，能容纳很多人听课，所以选在这上大课。

Q：我们查到资料，第一届考古训练班是1952年8月6日开学的，那已经是1952年的暑假了，当时北大开始往燕大那边搬了吗？

A：好像当时还没有搬。搬个家不容易，要装箱等等很多的事，我们系当时是阎文儒负责这些。

Q：大家刚听到要搬家时是什么反映呢？乐意搬吗？

A：乐意！这里地方太小了，都是马路，都是旧房子，怎么发展嘛。

Q：您从陕西临潼来北大的时候是坐火车来的吗？

A：是啊，坐火车叮叮当当走了一个礼拜才到北京。走走停停，停停走走，不用倒车，就是开得特别慢。

Q：下车是在前门吗？

A：对，正阳门。哎呀，我对北大的印象太好了。当时一到北大，觉得新生了，太荣幸了。不得了了，这么好啊。当时有老同学把我们从前门接到北大，博物馆的老同学，非常热情。他们是1949年第一届的，我是第二届，当时觉得北大有这么好的校风。

Q：也有比如周清澍先生这样，之前住在武汉大学，从前门雇车到了三院，觉得怎么这么破，还问拉车的人，是不是没听懂他的湖南话拉错了地方。后来慢慢进入校园生活，投入课堂和图书馆，才体会到北大的好。

A：人和人的生活经历差别是很大的。我们当时都能理解，学校给我们解释过，你们住在大礼堂，那其实还没有我中学时候住得好。老同学也给我们解释了，刚解放，条件是有限的。

Q：在火车上的一个礼拜有想象过学校什么样子吗？

A：那时候也弄不清楚，就觉得北京大学嘛。现在印象最深的就是大礼堂，建筑不高。我们进校的时候三院已经都是宿舍了，一年级的就住在大礼堂，后面的条件可能慢慢变好了一点。反正那时候都是双人铺，当时大礼堂里面有几十个双人铺，晚上打呼噜、说梦话，乱七八糟的，那没有办法，人家都说你们就艰苦点吧，现在就这个条件。学生们也都没有怨言，我们就是来求学来的嘛。我们是有觉悟的新民主主义青年团员。一个人一个想法，有的人觉得这个破地方，那你看怎么比啦，每个人追求的目标不一样。咱们的校训是爱国、进步、民主、科学，就是这样啊。反正北大给我的印象非常好。

Q：当时从前门到三院是怎么过去的呀？

A：有师兄师姐用车来接我们，什么车弄不清楚。绕着天安门广场一拐就到了，他们把我们安排好。

Q：在那边的好处是城里面，离哪都近，故宫什么的。

A：对。哎呀，故宫就是我们的学校。那么近，从沙滩一转过去就是。我们课堂大部分在那上课，就十几个学生。景山什么的都常去，礼拜天就去了，太近了。后海什么的都是在家门口边上。

Q：北平图书馆呢？

A：那个去的不多，一般活动就在北大图书馆。那时候考古书也很少，我们考古训练班的书都是公家给发的。那时候上课很有意思，我们也确实赶上好机会了，我们的老师没有什么教科书，就是讲自己的研究成果。你像裴文中、沈从文，都是研究什么就讲什么。后来我教书的时候基本也是这种思路，自己做的工作感情最深，我们的老师也是这样教我们的。

Q：裴文中先生给你们讲过北京人头盖骨丢失的事吗？

A：讲过，这一直是个谜。他讲的经过，装箱什么的很清楚，很多工作离不开协和医院。太平洋战争发生以后，是不是扔到海里等等传言，就不清楚了。

Q：裴老是个什么样风采的人呢？

A：很随和，他喜欢钓鱼，那时还会以钓会友。上课时候就是来到会议室，把东西往桌上一摆，侃侃而谈。

Q：考古训练班只有一个半月，知识能消化吗？

A：当时其实就是一些报告，把东西摆在那，学习怎么认。然后实习在田野，先在郑州，上完课秋天去实习。我和邹衡当时是辅导员，学员是各地来的博物馆的人。邹衡是从法学院转来考古的，因为他老乡是向达，就改学考古了。阎文儒也是向达的研究生。

Q：院系合并的时候清华和燕大来的人多吗？

A：也不少。文科的一般都在北大，理工科的有的去清华。

Q：考古训练班搬过来以后在哪呢？一教还是文史楼？

A：主要在文史楼。第一届考古训练班的照片是在一教拍的。

Q：我看网上说1947年时北大想在东厂胡同二号院建博物馆，一号院是史语所，您对建博物馆的事有印象吗？网上记载1949年4月博物馆迁入，里面有铜器、锡器等等，有手工艺展览室，还有一个校史资料室。

A：我是1950年进校，对这段不太熟悉，我们当时的博物馆主要在孑民纪念堂。韩寿萱办的博物馆在院系合并时文物都搬到了北大，搬了好多箱，都搬到了北大。

Q：您对东厂胡同那边的文科研究所有印象吗？

A：文科研究所是宿白、阎文儒他们带起来的。我们在沙滩，和这边没什么交集。

Q：北楼里面什么样呀？

A：北楼里主要是个图书馆，后来也合并到了这边。北楼、灰楼、红楼，是当时沙滩几个主要的建筑。红楼楼上是宿舍，三楼是教室，地下室是杂七杂八的。钢琴呀，什么都有。

Q：那时候有什么娱乐活动吗？广场上会不会放露天电影？

A：好像有吧。广场后面是灰楼，大型报告什么的都在广场上开，马寅初来校时候就是在广场上开的会。灰楼主要是住人，也有上课。

Q：今天打扰您了，谢谢您给我们分享这么多故事，我们觉得特别好。

A：我喜欢和年轻人聊天，马上过年了，祝你们家人都健健康康。

Q：祝您身体健康！

本书作者与李仰松老师在家中合影

邓可因老师访谈记录

邓可因，1931年生，山东省临邑县人，毕业于北京大学法律系。曾任中共北京市委宣传部干事，北京日报文艺部记者、编辑、副主任，市委研究室文教处处长、副局级调研员。1950年开始发表文学作品，1980年加入北京作家协会。著有散文《美的享受，史的熏陶》《雪里送炭人》《石之姿》《树之思》《世事沧桑话东厂》《友情老而弥笃》，中篇传记《李淇传》。

采访时间：2019年3月20日

采访地点：潘家园20号邓可因老师家中

采访人：鲍宁、李丰耀、李辰

整理人：李丰耀

李：邓老师您好，非常感谢您接受我们的访谈。

邓：耳朵有点背。年轻时候打抗生素，链霉素啊、青霉素啊，有的当时就聋了，有的到老了就复发了。所以你们年轻人要注意。

李：我认识一位李静涵老师。你们是中学同学吗？

邓：我跟她是大学同学。她是从西语系转入生物系的。我那时候是法律系，她比我低一班，我是48级，她是49级的。我是1951年毕业，那时候都是抽调出去的。

李：不是应该1952年毕业吗？

邓：我应该1952年毕业，但是1951年市委就把我调走了，那时候好像缺干部。那时候是一切听指挥，没有选择的余地。后来凡是组织上调的都有毕业证书。其实吧，我吧，不是一个政治型的人，但调出来以后把我分在市委宣传部，离政治更近了。后来我就是搞文艺，改革开放以后我在市委研究室采访北京市的文艺作家。

李：您为什么念法律系呢？

邓：这个说来也可笑。我从小啊，我们那时候在北京，我爸到后方去了。北新桥那边发生一个案子，一个律师把他老婆给杀了，现在我也不记得具体情节了。那时候是日本人统治的沦陷时期，尽宣传这些个社会新闻，我就很奇怪这个律师为什么要把他太太给杀了，从此呢我就对刑事案件感兴趣，哈哈。那时候我还在上小学。到了中学就看《福尔摩斯》，就想当侦探。其实我的本性对当侦探不适合，当时就是看这些入了迷了，就想当侦探，当法官也行。而且我考法律系啊，第一次是考着玩的。我是高一啊，在女二中。我是在重庆上南开，上了三年中学，1943年到重庆，1946年我初中毕业。那么南开中学学习条件老师都挺好的。我们那个数学老师张亚丽是张申府的女儿，英文老师是陈布雷的女儿。抗战胜利之后1946年回到北京上了女二中了，我也不怎么用功，学习也好，数学总平均老是100分。现在我脑子不行了，一碰到数字就乱。那么高一的时候，那时候讲究同等学力，就是高二，我就把我那分数单加了一横就报了名了，闹着玩的，结果就考上了，这是1947年考上的，考的是法律系，就想当侦探，法官，那时候还没有侦探，可能是有法官吧。那时候我记得学《六法全书》嘛，国民党的。

李：1947年考上之后念了吗？

邓：没念，保留学籍。因为我只上了一年的高中，他们都觉得就是（基础）太差了，而且我年龄也小。到第二年我又考了个地质系，为什么考地质系呢？我就喜欢名山大川，后来也考上了，这是我高二也报的同等学力考上地质系了。

李：您这是学霸啊。地质系那时候是孙云铸是系主任。

邓：那时候我有个数学老师，姓唐的，说女孩子不要学地质，尽跑到野外不合适。所以呢，我不是有两个学籍吗？法律系我保留学籍了，地质系我考上了。后来呢，我就上了法律系。那时候法律系也没什么可学的。反正解放前有半年，学了半年。

李：就在四院，国会街。

邓：对，在四院。然后到了第二年，1949年就搬到沙滩来了。

李：那时候法律系整个上课都在国会街吗？这帮老师到国会街去？

邓：对对。

李：四院的主任是赵乃抟，是经济系系主任。

邓：对。我们不是还有一个到沙滩去请愿吗？那个报道你看了吗？

李：看了，要申请公费嘛。

邓：对。那个时候就是四院的一些同学。那个时候校长胡适还接见。要是现在的校长我觉得他不会接见的是吧。

李：我有一张四院的平面图，您看看，就是国会众议院是吧。

邓：那时候不分众议院跟那个什么（参议院）。

李：你们女生住宿舍是这个口字楼，工字楼是教室。这两排仁义楼和礼智楼是男生宿舍。

邓：对对，后来我们去参观过。这叫国会，当时已经不分什么众议院参议院这区别了。

李：我查到了，袁世凯的时候这叫众议院。后来的参议院，变成北大五院。

邓：哦，对，五院是印刷厂。当时我有一个叔叔，他住到五院，我爸的弟弟，我去过。大礼堂不就是国会吗？

李：对，现在是新华社礼堂了，在上边加了个五星，原来是有"议场"两个字。

邓：现在那口字楼还在？

李：还在。这里边还有个图书馆是吧？沈尹默题的字。

邓：图书馆我不记得在哪了。我就记得沙滩的图书馆。

李：图书馆在工字楼的后边。

邓：哦，这是个图书馆。哎，你们现在这是要做什么呢？

鲍、李：我们是写本书，关于老北大沙滩校园的，教室啊、食堂啊，各个地方。因为北大搬到燕园了，沙滩这边就没人管了。

邓：等于是写1952年迁校以前。等于我离开北大，北大就迁校了，我是1951年暑假差不多离开的。

李：北楼您有印象吗？这个三层的。

邓：北楼老去上课。

李：我还有一张邓广铭先生在楼前的照片。

邓：那张照片我还跟邓可蕴想法不一样。这是民主广场，这就是灰楼。这张照片有的书里说是北楼，我觉得不对。

李：对，我觉得是灰楼。因为这个转角圆形的这个地方我去过，梁思成先生设计的这个宿舍。

邓：对。那时候多年轻啊，跟你们现在差不多，哈哈。

李：我前几天去了北楼了，跟保安说了一下把我放进去了。现在是中宣部的，叫中研楼，原来是三层的，现在四层。

邓：孑民堂呢？

李：孑民堂还有。我有一张小的照片，还留了一个跨院。这是我从旁边拍的一个屋脊。还有一张从空中拍的照片。

邓：你真做了不少工作。

李：我有一张邓先生照片，印度人来了，跟胡适校长一起。这个照片后边的楼是孑民堂吗？还是东厂胡同胡适校长家？（示意照片）这是胡适先生，这是您父亲，这是郑天挺先生。

邓：对对。郑天挺的书出了一本是吧？

李：我见到他儿子了，最小的那个儿子郑克扬。我前一阵去云南西南联大旧址开会看见他们两口子，还有他们的儿子在新华社当记者，也退休了。

邓：哦哦，我觉得像孑民堂，我觉得是。

李：孑民堂这是校长办公室对吧？

邓：对。

李：说是胡适占一边，郑天挺占一边是吧？

邓：胡适反正在里间，他还有一个秘书，好像打字啊什么的，那是真正的秘书了。我爸也算秘书，我爸帮他处理一些事儿。那个秘书就等于现在的秘书了。

李：有一位章廷谦，之前也是管这方面秘书的。

邓：章廷谦是那个鲁迅的徒弟吧？

李：是。他是后来在中文系当教授了。后来说他在国民党时候也不知当了什么官，"文革"时候受迫害。章廷谦的女儿是陈希同的太太。

李：陈希同也是北大中文系的，48级的。

邓：陈希同跟我是一届的。我们那时候不是组织社团吗？我跟他还是一个社团的，川流社。

李：是合唱吗？还是文学方面的？

邓：不是不是，这社团啊，主要的一些社团带点政治性的，就等于是地下党，目的就是宣传。

李：您那时候是地下党吗？

邓：不是。我一直到现在是退休啊，我不是离休啊。

李：您那时候对政治感兴趣吗？

邓：不感兴趣。

李：您报法律系，您父亲支持吗？他想不想让您也念历史系呢？

邓：他无所谓。他没有动员我学历史，没有。我爸对我挺自由的。我考上法律系他还挖苦我呢，说你看看那些法律条文多枯燥啊。我要是问他的话他不会赞同我考法律系。你看我妹妹邓可蕴。

李：她不是学农机了吗？

邓：对，她学的农。

李：那个农是不是就是后来俞大绂办的北大农学院啊？

邓：邓可蕴上的是农机，农业机械化学院。

李：后来这两个学校合并了，就是现在的中国农业大学。你们上课从国会街搬到沙滩是二年级的时候是吗？

邓：对，1949年搬到沙滩。

李：主要上课就在北楼吗？

邓：北楼、红楼都有。

李：法学院的办公室是在北楼吧？

邓：我想想啊，嗯，可能是。

李：北楼的一楼中间有个大教室，像个小礼堂可以上大课是吧？有印象吗？

邓：不太深了。我后来写了一个《沙滩轶事三则》，这个你看过吗？

李：这个没看过。

邓：那我给你拿来啊。这是一个可能是我让我女儿给打的，后来又修改了，都是小地方。这三则，一个是北京团代会代表怎么产生的，我当过两次代表，北京市代表，刘少奇讲话的，那次我参加了，这是怎么产生的，还有季羡林。

李：季羡林当时就住在红楼的四楼。

邓：那我就不记得了。

李：他从德国回来就进了东语系了，学校安排他在红楼住过一段时间，也在东厂胡同住过一段时间，直到1952年。

邓：哦。你采访过季羡林吗？

李：没有，我看他写的文章了。

邓：季羡林对我挺好的。然后是我和灰楼的缘分，这个是我抱着邓小南去灰楼，哈哈，我还跟她开玩笑呢，我说那个你去北大。

李：抱着小妹妹去找白猫，哈哈。灰楼不是按照《千字文》天地玄黄宇宙洪荒编的吗？

邓：对对对。

李：1952年的五四，您都已经毕业了，还回来学校？这个时候返校还在民主广场，这个时候是不是马上要院系调整要搬家了？

邓：对了。

李：我看您写的在东厂胡同住了18年，邓可蕴老师写说她就住了一年就走了，为什么？她写的回忆跟汤一介先生通信的文章里写的。

邓：绝对不对。

李：你们怎么住了那么长时间啊？邓广铭先生从1952年搬到燕园去了，后来你们还在东厂胡同住啊？

邓：对，就把我们住的房子缩小了。后来我母亲去世之后就把我们赶出来了。那时候我爸就搬到燕京了。

李：是朗润园吗？

邓：对。那时候等于我爸跟我妈就分居了，我妈每个礼拜六礼拜天到北大。

李：搬走以后，东厂胡同胡适的房子给范文澜了，傅斯年的房子给郭沫若了是吗？

邓：胡适的房子给了历史三所，给郭沫若办公用了，不是住。另外还有考古研究所也在那边。（出示新的文章）1949年"五四"，在民主广场，我这里边谈了对何其芳的印象。

李：有许德珩讲话吗？他是五四的老人儿。

邓：他不一定在。

李：有闻家驷、冯至。我去年在北大西南联大校友聚会看见了冯至先生的女儿冯姚平。

邓：冯姚平跟邓可蕴是同学。

李：三院礼堂没做宿舍是吗？

邓：主要还是宿舍。后来成了民政部了。

李：对，三院都给推了，没有了。（读出示的文章）在北楼第八教室开同乐会。

邓：第八教室可能就是你说的比较大的那个教室。

李：南开中学是不是演话剧特别多啊？

邓：对，那时候是话剧多。

李：我查到一个重庆南开中学1935—1952年的大事记。您是1943年9月入学的对吧？

邓：对。

李：这上面说，1943年9月就有个39周年校庆，唱了京戏，还吃了炸酱面，有印象吗？1944年是张伯苓70岁的生日，蒋介石还送了一块匾叫"南极辉光"，当时有个南友剧社演了一个话剧叫"桃李春风"。

邓：对对对。印象不深了，可能我日记里记了能有印象。

李：冰心还来演讲有印象吗？

邓：没有，我倒听过王明的。他在民主广场做过演讲。

李：他叫陈绍禹。

邓：对，就是陈绍禹，那时候他讲的是《婚姻法》。而且呢，我们听了特别感兴趣，会讲，他口才好。

李：美国副总统华莱士当时还去南开中学了。

邓：这是在重庆吧，对，我们学的是Welcome to Mr. Wallace！他不是参观我们吗？我们都是呼这个口号。

李：张伯苓有什么印象吗？

邓：他给我们印象挺多的，他经常在周会上讲话。

李：他特别高，好像1米9多。

邓：高，好像说的天津话。每个礼拜一他都讲话，一口天津话。我觉得南开对我挺好的，那时候我13岁离开家住校很远。

李：南开在沙坪坝。

邓：对，它在沙坪坝。我们家住南岸。

李：您父亲是在下坝，复旦大学？

邓：那是后来了。他开始在南岸，跟臧克家一块也不知干什么。

李：他为什么1939年才从北平离开呢？学校不是1937年就迁校了吗？

邓：因为学校走的时候，他当时是助教啊什么的，不够资格。

李：我看的资料说，1937年的时候他转到北平图书馆了。

邓：那时候他不是写《陈龙川传》吗？

李：嗯，知道，就是陈亮。

邓：对，胡适给他评了95分，而且说这是一本可以看的传记。另外呢，就说好像跟辛弃疾的关系挺好，这样才引起他对辛弃疾进行研究。然后他就申请了。

李：申请了中华教育文化基金会的资助。

邓：对了。

李：我看资料还说他帮钱穆整理《国史大纲》。

邓：哦。

李：您父亲讲过他跟钱穆有什么交情吗？

邓：没有。

李：因为我知道钱穆和傅斯年有些看法不一样，我就好奇您父亲既然是傅斯年的学生，怎么还跟钱穆往来很密切？

邓：胡适这个人啊，他不计较这个，他是思想上非常开通的。他对不同观点也好，不同认识也好，他是非常的宽松的，他不像有些人就跟敌人似的，他不。

李：1943年的时候您父亲为什么选择去重庆了呢？

邓：他是先到昆明，又到李庄，在李庄写的《岳飞传》。

李：待了两年半，他就去重庆了，把你们接过来，有您母亲、表舅、大妹妹。为什么没把你们都接到李庄呢？而是去重庆呢？

邓：我也闹不清他到重庆了以后是不是又去过李庄。

李：去过。

邓：因为那是暑假吧，好像是假期吧。

李：对，《岳飞传》本来是请姚从吾写的，后来姚从吾有别的事了，就让邓广铭先生写了，他在重庆没有资料，暑假就又回李庄待了三个月。

邓：他不是去李庄三个月吗？我就住到他在复旦大学的房间边去了。

李：就是南轩？

邓：对，南轩，住了一个暑假。

李：为什么不回家住呢？

邓：我妈带着邓可蕴吧，也是住到是李广田吗？李什么家了，北京解放时候他还跟共产党和谈。所以我就住到我爸的南轩，南轩里边住的都是教授。

李：只有8平方米。

邓：很小很小。

李：重庆那时候热吗？

邓：热啊。

李：那怎么办啊？

邓：也没有电扇，反正就受罪吧，那时候我小啊，也能适应。

李：那时候有现在这么热吗？

邓：哈哈哈，那我没法比较。

鲍：后来在北大的宿舍有多大啊？

李：在北大您住校吗？还是回家住呢？

邓：住校啊，不是原来先住四院口字楼，四个人一间房。后来搬到沙滩是两个人一间房，就住在灰楼，很小，也很小。在北大那一段也还挺有意思的，但是在四院主要就是社团的生活。社团有好几种，比如剧艺社以演戏为主，但也是地下党在那做工作。另外有诗刊社，写诗的，都有地下党我觉得。

李：我看你们这些四院老同学还出了一本诗集。

邓：对啊，你有吗？

李：我没有，我在旧书网上看到了。

邓：我可以给你找一本，因为我算是组织者之一，《北大四院老同学诗集》。

李：北大跟南开的校风差别大吗？

邓：在南开啊，我小，13岁到16岁吧，挺可怜的。那时候跟同学们可以交流得很好的。到了北大呢，我离家近，特别是到了沙滩儿，我家不就住在东厂胡同嘛。

李：那时候规定都得住校吗？可以回家住吗？

邓：可以回家住，但都给你安排一个房间。但我主要还是住在学校，家里有什么好吃的我都回家吃去。所以，在北大三年吧，家里做了好吃的都叫我回去，那时候骑自行车。所以生活比在南开好多了，有亲情了。在南开呢主要就是靠同学，一个学期才回去一次。

李：南开校歌您会唱吗？

邓：我应该会唱。（一起跟邓老师合唱南开校歌）

李：当时南开的主任是喻传鉴对吧？

邓：对。女生部的主任姓上官，是个女的，她大概是国民党员，她给我们叫洗脑吧，也是挺厉害的。

李：也是争取。

邓：对，原来我们有个班主任叫王什么呀，是个地下党员，后来学校把他辞了。他叫王什么啊，他让我们订《新华日报》，他走了我们也不订了。我们对这个上官什么的印象挺坏的。

李：您跟胡适关系这么近，受影响吗？

邓：我跟胡适，那时候上高中嘛，不到半年他就走了。我受他的影响，就是在学校里读书学习，不要参加学生运动这些。所以我在女二中的时候，同学老去游行，我都没参加，我不是一个政治型的。

李：胡适直接跟您说过别去搞运动吗？

邓：他没说那个，就是说要好好学习。这个对我的影响大。他倒没说过别去游行什么的。

李：地下党的同学对胡适怎么看呢？

邓：没有说过。没有明显的感觉。你看我们到胡适那去请愿，我写了一个同学们的回忆，同学们对胡适的印象都是好的，只有一个同学。你看过我写过这个回忆吗？

李：没有。

邓：只有一个同学回忆说当时对胡适挺横，说国民党弄得都吃不饱了。胡适问他你贵姓啊？这人说姓黄。胡适说，黄先生你不要这么说。意思说我是关心学生的。现在这个黄回忆还是对胡适气愤愤儿的。这是我找的他们的回忆，我给编的，在我们同学中间一个刊。

李：胡适说的安徽普通话能听懂吗？

邓：他老婆是说安徽话。

李：江冬秀。

邓：对，她常到我们家串门去，但是我妈没有跟她打过牌。她不是爱打牌吗？我妈也爱打牌，但我印象里头我妈没有跟她打过牌。她就到我妈那去聊天。她是说的安徽话。胡适可能说的还是普通话吧。

李：他小儿子胡思杜没去台湾，留下了还去你们家串门，我看您写的。

邓：胡思杜当时，说闲话吧，都说他不成器。好像意思是胡适也不愿意留他吧。

李：后来他去唐山交大教马列了嘛。

邓：对。我们住一块的时候我不知道他的政治倾向，但是我知道胡家对他不太喜欢。

李：您见过傅斯年先生吗？

邓：见过啊。

李：在重庆见过吗？

邓：没有，不记得。在北京。我们不是住同院吗？东边一个四合院是傅斯年，西边一个是胡适。那个院里边还住了别的人呢，他住北房。

李：1947年傅斯年先生去美国治病，他那个房子是不是就空下来了？我看您妹妹写当时跟汤一介还去傅斯年那个房间打牌Bridge，一边打桥牌一边还放西洋唱片。

邓：那时候汤一介等于说是孩子头，我已经上北大了。他弟弟汤一玄整天就是追着玩。汤一玄进了那个屋子就把一个椅子堵在门口，邓可蕴不知道一下子扑了，掉了五颗牙。后来还得用金子，那时候我在四院，我爸去了说你快回家看看吧，可蕴好像掉了五颗牙，真可怜。后来去镶了，还得用金子。

李：您对傅斯年有什么印象吗？说山东话吗？

邓：带点山东吧。

李：傅斯年跟您父亲都是山东人，说话口音像吗？

邓：那我很难说了。

李：傅斯年有什么印象吗？

邓：我印象，傅斯年挺厉害的。我爸不是说有三个老师吗？

李：对，说第一是傅斯年，第二是胡适，第三是陈寅恪。

邓：对。第一是傅斯年，第二是胡适，第三是陈寅恪。

李：胡适给您写了一个条，老子那句话。

邓：胡适给我写的，我也不知道什么时候丢了。是不是当年"文革"里头害怕，"文革"里我毁了点东西，但我不记得把胡适的东西毁了，没有了，找不着了。

李：傅斯年对您爸爸真好啊。

邓：真好，真好。

李：毫无保留的好啊，包括让他学宋史，给他买书，包括有补助，副教授资格不够还给他申请了美国奖金。有个问题，邓广铭先生1945年在复旦的时候已经是正教授了，回北大变成副教授了。

邓：这是傅斯年给他说的，你要回北大就是副教授。

李：邓广铭先生是1945年就跟傅斯年回北平了，你们是1946年才回来的？怎么回来的？谁给弄的票呢？

邓：这个不知道，哎哟，热哟，那年回来的时候在重庆住的，夜里睡不着觉。从北京去重庆走了五个月，回来走了五个小时。

李：降在西苑机场还是南苑机场？

邓：不记得了，不是南苑。那时候对北京也挺生疏的了。然后就住到东厂胡同了。

鲍：翠花胡同有北大文科研究所？

邓：翠花胡同我不太熟悉，没怎么去过。

李：说胡适校长办公室墙上有一个小洞能看见外边情况，您知道吗？

邓：不可能吧。而且胡适也不会干这个事。我们到胡适那请愿，胡适在日记里还写了一句，就等于他是同情这个，而且那次请愿之后赵乃抟也想办法把问题解决了。回头我给你找一找我们同学的回忆。

李：好，非常感谢邓老师接受我们的访谈，回头整理出来请您看看，祝您健康长寿。

本书作者与邓可因老师在家中合影

周清澍：沙滩北大二年（节选*）

周清澍，1931年12月生，湖南武冈人。1950年考入北京大学历史系，1957年北京大学历史系亚洲史专业研究生毕业留校，同年国家筹建内蒙古大学并指定由北大具体负责，报名支援建设内大。研究方向为蒙古史，尤其擅长元史。1985年晋升为教授。1988年获得国家级有突出贡献中青年专家。2015年12月，荣获第四届"中国蒙古学奖"。曾任中国蒙古史学会理事、中国中亚文化协会常务理事、中国元史学会副会长、中国民族史学会理事。著有《元蒙史札》（内蒙古大学出版社，2001年）、《学史与史学》（上海古籍出版社，2011年），《周清澍文集》（广西师范大学出版社，2020年）。参与点校《元史》（中华书局，1976年）。自编《元人文集版本目录》（南京大学学报丛刊，1983年）。主编《内蒙古历史地理》（内蒙古大学出版社，1993年）。

三院萧斋

按学校的入学通知，应先到三院的宿舍安顿下来，然后再去学校报到。我带着简单的行李，在前门车站出站后，听从临行前有出门经验的朋友嘱咐，找到一个三轮车夫，让他把我载往三院。北京的路很直，也较别的城市宽，没过几条街，就从柏油路朝北转到东面是河沟的土路

---

* 节选自周清澍：《学史与史学：杂谈和回忆》，上海：上海古籍出版社，2011年，第360—380页。其中文字、标点、数字等都以原貌呈现，未做改动。

上，西面都是有院墙的房子，走不多远，车夫就在一个院落的大门前停下。这个门开在一个门楼的底层，虽设而常关，只在两扇门中的一扇挖了一个窟窿，又在上面装了一个仅容一人出入的小门。武汉大学有一座巍峨的牌坊式大门，从大门外就可遥看琉璃瓦覆盖的雄伟校舍散落在珞珈山上，遍布绿树高墙的秀丽校园，宽广超过我生长的小县城，我想象的大学就应该是这样。我在考取武大后，舍而远就北大，原因是印象中北大比武大名气更高，当然也认为校舍和校门应比武大更雄伟高大，再差也不应像我眼前所见的如此不堪。当时我的反应是车夫听错了我的湖南话，就重申一句："我是要去北京大学。"但车夫立即明确地回应："这就是北大三院。"

明确无误这就是北大三院后，我卸下行李提着钻进了这个院落的小门。门内是这座门楼的小过厅，右旁有一间传达室，我正想前去询问，迎面碰见了中学时的高班同学，早先已在俄语系就读的杜章智。经他导引，进门后靠着左手一座两层楼（后知名工字楼）前往里走，到楼西侧再往南拐，见楼侧对面是一个山坡，沿着两者中间的路走不远，就见山坡上有一条假山石夹峙的坡道，由此踏阶而上向西走，从一个礼堂旁走过，就来到一个小院门前。院内有一栋小平房，当中一间有位午睡刚醒穿着一身汗衫裤的胖小伙子接待了我，互相介绍后得知他就是我们的班长，大名杜经国。他把我安顿在自己的房间里，从此与六位室友度过了初来北京的一年。

萧斋是一座仅够容一家人居住的朝东平房，但房子四周有小小的庭院，院外环以围墙，是一个完整的独门独院。东墙靠南开一小门，门侧钉着一个长约二十公分，宽不过八九公分没油漆的木牌，楷书竖写"萧斋"二字。这两字恐不劳名家书写，但也有模有样，至少还能与大学的文化氛围相称。进去一瞧，小小院落中，仅有稀稀拉拉的几棵梧桐树，我进住时已开始落叶，不久就只剩稀稀拉拉的几片，此外院中别无长物，房舍也朴素无华，同学们一早就到沙滩那边吃饭、上课，院落中悄寂无声,秋风瑟瑟,一片萧肃景象,冠名为"萧",倒也名实相符。这栋平房仅有四间,专供我们史学系大一学生住宿,全班三十二人,除女生和个别复学的老同学外,全部住在萧斋。这是我们下课后自修和安歇的地方,从这里陆续输送出一批批学者和教师,称之为"斋",岂不比那些附庸风雅的人更有资格吗?

萧斋虽是一栋朴素的平房,但它与常见的规整房舍不同,而是一栋房间大小不一、有棱有角、独具风格的平房。我住的中间那间,房号为甲73号,住了七人;左边一间也许是甲72号,住了十二三人;右边甲74号,又只能住四人。从74号房侧往后走,再从74、73号房后一直走到72号后窗南面墙根,又在这里拼接了一小间——甲75号,北京人称之为老虎尾巴,也就是我说的有棱有角,这房间仅容两人。

萧斋的二十几位同学来自四面八方,南腔北调,各有特色,我想稍加具体描述,希望尚存于世已进入耄耋之年的老同学参加共同回忆。

先从我住的甲73号说起吧!我室的七人中,一位在第二年就转了学,一位被调去学马列主义,准备作政治课教师;两年后又有一位也转了学;剩下四位坚持到先后毕业,印象较深。首先是来校最先认识的杜经国,他是同室最富有的人,我说他"富有",是因为其余六人太穷反衬出来的,全室只有他拥有一个暖壶,也只有他买得起牙膏刷牙。虽然那时上大学免费,但吃饭还得自己掏钱,似乎只有他有家庭经济来源,能自力缴纳伙食费,而其余人就只能靠申请助学金。他的书架上摆了两三格的书,这也显得比我们阔气,其中有近年出版的四大本大仲马著《基度山恩仇记》,北大图书馆也没有,来自小地方的我,当然是开了眼,近水楼台借来看了个不亦乐乎。另一个是和他一同从南京考来的徐连城,脸微黑,冬天穿一件格子布长棉袍,戴一顶罗宋帽,有点像南方商店中的伙计,也有点像三家村塾师。与其外表相配,他有志于最古老的先秦史,还因此请教过同学们崇拜的教先秦史的张政烺教授,张先生认为研究先秦史应熟读四书五经,全班也只有他下定决心,在屋里常高声背诵起"子曰"来。还有一位是湖南老乡赵辉杰,沅陵人,同我一样的生活散漫,因此和我颇谈得来。同住不多久,大家发现杜经国是一位桥牌高手,曾代表史学系参加过全校的桥牌比赛。徐、赵和我三人入学前也玩过桥牌,照杜经国的说法,没受过正规训练,所以他就对我们三人开讲,选择一种美国当时流行的叫牌法,教授应如何叫牌、应牌、成局、破局、计分等规则和方法,边学边实践,很快同屋四人课后养成了共同的爱好——玩桥牌。大学时代,我周末、节假日的娱乐,几乎大多耗在玩桥牌中。

住同学最多的房间是甲72号,我班的活跃分子多在这个屋子中,其中数孔庆臻最会耍活宝,年龄最小的张磊玩起来点子最多。我猜想是他俩出的主意,经多数人同意,将全室的同学编了号,排名先后不按齿序,而是以他的姓决定。如宋朝洞庭湖有一起义军首领杨幺,他们就把杨建芳排在第一,叫杨幺;孔庆臻乃孔夫子后代,因此叫他孔老二;张磊和李逸友则按传统习惯分别摊上了张三和李四的称号;王文定姓王,大家寻开心,老八这个美称当然非他莫属;常法揆、姚义山、韩耀宗、彭平阶和龙盛运(后两位也是湖南同乡)等五位因从姓氏做不出什么文章,就将他们分别排为剩下的老五、老六、老七、老九、老十。不知何故,其中只有老二、老六、老七、老八的称号在全系传开了,不只叫到毕业,甚至还流传到后来工作的单位。除这十人外,记得还有一人中途辍学,一人抗美援朝参了军,后来成为考古学家的黄展岳也住在此室,他们何以没有排上号我不得而知。

甲74号住的四位有两人中途辍了学,读到毕业的有吴荣曾和殷治平。吴荣曾在入学后就显示出学业高出我们一筹,很用功。家在北京,爱好买书,包括线装书,一年后他的房中已堆书盈架,颇具规模。殷治平来自上海,家境也较好,记得他也是我班买得起线装书的同学之一。

房背后的小屋只住两人,一位是我的湖南同乡张盛健,入校前已有工作经历,衣冠楚楚。另一位是来自东北的胡永树,善聊,也学会桥牌,直到研究生阶段我们还是牌友。新从湖南大学转学来的马雍,插入三年级,可能与本班同学不熟悉,却喜欢同我们这些湖南老乡来往,久而久之,提出要搬到这小房间来。这房子本来就小,不知他们是怎么设的法,居然塞进了三张床,还有必不可少的小桌和书架。他搬进不久,同小院一样,房门左侧也出现了比"萧斋"更高雅的榜题——"落叶馆"。可惜它的载体比木牌还要寒碜,只是一张纸。但从朝北的房门往前看,通往前面的小路西边院墙下只有一两棵光秃秃的树,这时地上除几片落叶外已看不到什么,命名为"落叶馆"似也相宜。联想起古代文人常喜给自己和住舍起各种美称,虽然穷酸仍能自得其乐,我觉得甲75号主人的做法可以归入此类。二年级还有一位湖南同学王琦,也是此屋的常客,日久这间屋子变成我们几个湖南人聚会的场所。马雍嗓门大而响亮,经久不衰,同学们送他个外号"铁喇叭",常常以他为核心,一批人聚在一起听他高谈阔论。他也是桥牌高手,史学系代表队也有他。作为牌友,我俩三十年后又一次在香山饭店搭档,配合默契,大胜对手,美美地回味起萧斋难忘的日子。有一次我突然联想到四位老乡的姓与《包公案》中包公四员左右手的姓相同,于是我就把他们称为张龙(盛健)、赵虎(辉杰)、王朝(琦)、马汉(雍)。

　　日久大家熟悉了,课余偶尔聚在甲72号大屋子中聊天,互相询问或自我介绍来此以前的情况。有人说,他在中学名列第一,有人说他是中学的学生会主席,吹得来劲了,几乎人人以前都是风云人物。我听了以后,心想他们从许多人中考上北大,当然是人中龙凤。有一次,几个同学谈起已往的成就,具体只记得吴荣曾有一本剪报,贴着报上自己发表的文章,虽是豆腐块,但中学生有此成就,实在惊人。还有张盛健,教过中学,有私著一部,书名《杨玉环年谱》。此前我没读过年谱,甚至没见过年谱,年谱为何物,还是初次听见,真是大开眼界。

　　三院原址是京师大学堂的译学馆,是文、法学院学生的宿舍。除萧斋外,还有几栋可住人较多的楼房,如面对大门的一字楼,进大门左手的工字楼，工字楼以西山坡上的丁字楼。还有萧斋前面的大礼堂，虽不起眼，但后来知道，从五四运动开始，这礼堂曾是全校甚至全市学生集会的地方，是多次酝酿影响全国的爱国运动的发祥地。我们升二年级后就搬到工字楼，由于博物馆专修科并入史学系，又有俞伟超、俞旦初、李仰松、李明晨、刘观民等十来人转入我班，宿舍增至五大间。记得工字楼的东面空地上还竖立着一座三一八死难学生的纪念碑，也向我们这些后来者昭示着过去的光荣历史。但不知今天还存在否？何以从未见有人提起。

史学系高班的同学分散住在其他几个楼里。入学几个月后，我认识了一些高年级同学。三、四年级的同学田昌五、张振鹤、时光曾领我到他们丁字楼的宿舍玩过。好像是田昌五，他将我引进房间时，本来空无一人，但他却煞有介事地摊开右手，做出介绍的姿势，指向每个空荡荡的床铺，一一介绍，"这位是秦汉史专家""这位是西洋史专家"等等。我考大学时才知报名必须选择一个专业，现在进了学历史专业的史学系，才知道历史还要分开学那么多花样。从他们的言谈中，我也逐渐领略到北大学子豪气干云的气概。

值得我感到欣慰和骄傲的是，我高中三年中，三位志在文科，一同办过三种壁报的同班好友，同时考上了北大。周宗伟考入法律系，住丁字楼；钟哲明入中文系，住三院礼堂。我与外系同学的交往主要是他俩。三院礼堂内摆满睡两人的高低铺，除中文系外，其他系的新生也大多住在这里。有一次，我同钟哲明在礼堂南面的广场散步，他告诉我，中文系还要分文学和语言，将来朝什么专业发展还拿不定主意。他读书刻苦，善于钻研，听了魏建功教授的课，对语言学发生兴趣。但听人说：学文学当作家，郭沫若以下可举出十余人，在全国人所周知；学语言最高也难赶上罗常培，不在此学界，又有谁知道他。我认为哲明适宜选择人所生畏的纯学术研究，是少有的可造之才。没想到他后来文学和语言都没能学，被长期卷入政治的旋涡中。周宗伟抗美援朝时参了军，离开了北大，剩下我和哲明一直过渡到西郊的新北大。

从三院出门，对面是河沟（今已覆盖，铺了柏油马路），故路名北河沿。往南不远是东华门大街，由此往东，就是东安市场，离三院不过数百米，晚饭后学生常来此蹓跶。我们没钱买东西，最爱去东安市场的旧书市场闲逛。旧书市场多是两侧开店，中间摆两列书摊，分向左右，顾客可从店铺和书摊间通行，或进书店，或流连于书摊，没钱也可随意抽出书来翻翻，消磨一个来小时。

三院出门往北，就是我们去沙滩上课的必经之路。我们日常运动、吃饭、上课和进图书馆都在那边，所以每人像今天的中小学生一样，必备一个大书包，把一天生活、学习的必用品都带上。当时的大学生有人穿西服，有人穿长衫，有人衣冠楚楚，有人穷酸邋遢，五花八门，背着书包在这条路上匆匆赶着去上学，也是一种奇特的景观。毕业班有两位同学给我印象最深。一位是沙知，每天西服领带整整齐齐，洋气十足，常抱着几函线装书，据说对中国古代史学业早有专攻；另一位是张文淳，长袍大褂，颈系围脖，却胁下常夹一摞洋文书，已有志从杨人楩教授专攻西洋史。

出城到了燕园，几年后又离开了北大，多年来我仍怀念开始体会大学生活的三院，特别是朴素而幽雅的萧斋。70至80年代初，我长期在灯市西口的中华书局和东厂胡同的中国近代史研究所参加协作任务，紧邻我学习生活过的三院和沙滩，我很想再进去看看当年的旧居，但三院已改为有军人警卫的最高法院或民政部，不得其门而入。我还记得，三院东墙北头的胡同叫骑河楼，东墙和北墙的拐角处，墙脚竖着砌入一块朝东的石碑，上刻"译学馆"三字。进胡同往西走，胡同很快就折向南拐，沿着三院西墙走一段再向西可穿出胡同。落叶馆和馆前路旁的树后就是院墙，也就是整个三院与西边胡同隔开的西墙。从西边北池子大街的胡同走进来，到三院西墙拐弯时，正可看到落叶馆的窗户。有几次我还认真专门回到这条老路，试图再看看萧斋的屋顶和邻街的落叶馆，日久天长,人非物也非,我梦中的萧斋和落叶馆始终没有找到。

我们住宿在南河沿的三院,但日常学习、生活都在沙滩(又称一院)校本部。一般在清晨就出门去沙滩,进南门,穿过红楼,就是民主广场,大家在此做早操和运动,早、午、晚三餐都在这边。餐后上课,课后休息,上图书馆,参加文娱、体育、社会政治活动,也都在这边。

北楼

北楼是一座建于40年代较新的三层楼,我们文法学院上课的教室大多在这里,史学系的办公室也设在北楼中。我初入学先到系办公室报到,主任是郑天挺教授,字毅生,原籍福建长乐,生长于北京,故讲一口标准北京话。他不是专职行政干部,是以教授身份兼系主任,还兼任学校的秘书长和文科研究所史料整理室主任。兼这么重的行政职务,他仍与其他教授一样,照常承担教学和科研任务,在今天看来真难以想象。当时中法大学刚合并过来,加起来全系也只有七个教授,加上副教授、讲师、讲员(这是北大在助教之上特有的一级),总共十来个人。人少政简,系主任之下不再设专职行政干部,只有因开学事忙临时请青年教师和研究生帮忙,我到系里报到时除见到郑先生外,也见到当时还年轻的胡钟达先生和研究生兼助教邓锐龄先生。说来我与到校后最先认识的这二位先生有缘。胡先生与我在1957年一道调往内蒙古,同在内蒙古大学工作三十余年;邓先生是二十年后才巧遇于中国近代史研究所,我俩因故皆在那里临时工作,得知都在从事民族史的研究。后来又在翁独健师和他的领导下,于1984年一同列名发起成立中国民族史学会。

我们上课多在北楼。当时大学的教学仍沿用解放前的学分制,功课不多,规定每学期修十七学分(最多增减一学分),即每周上课十七学时,修满一百二十学分即可毕业,按每学期十七学分计算,七个学期就能修完,采取学分逐年递减的办法,这样到第四年课就少了,可以留出时间写毕业论文。课程的性质可分专业、政治和工具课三类，又分必修和选修两种，必修课集中在低年级，高年级逐渐增加选修课。1950秋至1951年夏的第一学年，全部课程必修，本系专业基础课有中国通史和史学文选。中国通史分为四段：（一）先秦史，（二）秦汉魏晋南北朝史，（三）隋唐五代宋史，（四）元明清史，各四学分（每周四节课），共两年四学期学完。另一门专业课是史学文选，两学期各四学分。

解放后加强了政治课的分量，第一年上学期学新民主主义论，下学期学社会发展史，皆每周三节（三学分）；同时还增加一门辩证唯物论和历史唯物论，一年授完，每学期二学分（每周两节）。二年级学政治经济学，每学期三学分。

北大很重视学生掌握语言工具，入学考试时，外语凡英语八十分以上者可以免修，另修俄语，其余人英、俄文可任选一门。我选学了俄语（每周四节）。第二年我没有随班学习，而是选修了俄文系本科二级级的俄文《文艺文选读》。为了提高我们的写作能力，学校规定学生必修一门大一国文（每周四节）。

我们入学这年，学校强调打好基础和学好政治课，相应减轻了专业课，将外国史改在二年级开始。西洋史专业基础课也分为四段，我第二学年在北楼听过部分西洋史的讲授，即（一）上古史、（二）中古史。中国和西洋两门通史加俄文和政治经济学共十五学分，还能选修一门课。我那时已对研究少数民族发生兴趣，因此选修了东语系的西南少数民族礼俗研究。

教室是流动的，换一门课就要另换教室，刚接触大学生活的我们，无不对这种上课形式感觉新奇。北楼一楼当中有一个小礼堂，能容纳百数十人，为全校各系同学开设的公共大课新民主主义论、社会发展史和俄语，教室就选在这里。有时，临时性的政治集会、社会、学术活动也在这里举行，我记得美军兵临鸭绿江之际，教授们在这里发表演讲，主张出兵支援朝鲜抗击美帝；批判《武训传》时，郑天挺教授曾在这里做有关黄马褂的报告，介绍清朝赐黄马褂的制度，论证电影中赏赐武训黄马褂一事纯属虚构；解放军进军昌都时，请来一些专家在此就西藏问题进行介绍，记得其中有班禅办事处的负责人计晋美，清华大学教授李有义等。

红楼

红楼是一座民国初年的建筑物，1918年，北大的校本部迁往新落成的沙滩红楼。我曾在红楼的历史陈列室见到一张与红楼型制一样的楼宇图片，比红楼低几层，据说是日本东京帝国大学的主楼，北大的红楼正是以东京大学此楼为模型并加高两层兴建的。楼全用红砖砌成，故名红楼，共有五层，距南校门和围墙仅两三米，校门面对沙滩（今名五四大街）。红楼的一层是半地下室，从南门进来，会看到楼前有若干级台阶，踏阶而上，就直接到了二楼（实际上是地下室上面的第一层）正中的过道。

由于当时我们每周最多只有十七节课，课余时间甚多，除上图书馆外，学校还给每个系的同学安排可供休息的"系家"。各系的系家大多在红楼，从楼当中过道转向东侧的走廊，首先就是路北史学系的系家，占三间房的面积，西面的两间，犹如一大间通开的教室，是全系同学下课后休息、阅读报刊和集会的场所。系家东侧旁门内还有一个小套间，是史学系同学专用的图书室，每月发购书费二十万元（即新人民币二十元），限购线装和外文以外的近代出版物，由于当时物价便宜，有关史学的出版物不多，早年已积累十来个书柜，这二十元已足够添购新书了。

每个系各有一个系家，所以同系的同学交往较多。各系同学皆自选系会，并以系家为中心展开全系的各种活动。系会主席负责全面工作。

学习干事兼系图书馆长，负责用每月发的二十元采购新书，安排全系同学轮流值班管理图书室借还书。记得二年级时，吴荣曾当选学习干事兼图书馆长，他经常背个书包上街光顾各个书摊，旧书有的每本只要两毛钱，所以二十元还能买不少书，如历史语言研究所集刊和一些学术刊物都被他慢慢配齐。史学系同学多不爱运动，被称为老夫子系，高年级同学戏弄我，提名选我当体育干事，这是一项谁也不愿干的苦差事，除了自己要早早起床跑到沙滩做早操外，还要应付校学生会体育部的检查，吃力不讨好地动员爱睡懒觉的老夫子参加早操和体育锻炼。

红楼的两头都向北伸出一段，故整个大楼呈凹字形，从二楼史学系等系家前走向最东头，折而向北又有一个较短的走廊，走廊的东面有118、119号两个房间门上各挂着一块木牌，上题"李大钊纪念堂""毛主席工作室"，据说这是当年图书馆长李大钊和图书管理员毛泽东办公的地方。记得"李大钊纪念堂"陈列着他就义前的照片，还有他手书"铁肩担道义""妙手著文章"的对联，这都是后来常见的。

室内还陈列着一些有关革命历史的档案，其中一件引起我特别的注意。即一二·九运动前后，国民党特务机关认为有三个大学教授是策动学生运动的后台，因此列出黑名单定为逮捕对象。其中二人是大家熟悉的，一个是本校政治系教授、九三学社主席许德珩，另一个是历史学家侯外庐。还有一个是大家都较生疏而为我熟知的刘侃元。他是湖南醴陵人，日本东京帝国大学毕业，1925年归国，经李大钊介绍，出任广州中山大学教授、黄埔军校政治教官和入伍生部主任政治教官。1927年四一二事变后，改任武汉中山大学教授兼国民革命军第六军十七师政治部主任、江西国民党省党部常务委员兼宣传部长。1930年以后，在北平历任北平、中国和朝阳等大学教授，积极参加了一二·一六爱国学生运动，在前门城楼下几乎遭"大刀队"砍伤，事后被宋哲元部逮捕，入狱七十余日，经冯玉祥、程潜等营救出狱。抗战时随他的朋友、中央军校二分校主任李明灏来到湖南武冈，与李一起倡办洞庭中学，出任首任校长。当时他借居的邓家祠堂就在我家对门,每逢出入都能看到。他长期在地方工作,解放后仅挂着一个教育部参事的闲职,1957年又被打成右派,所以这位曾给革命做出贡献的人物已很少被人提及了。

"毛主席工作室"陈列着一份很有趣的档案,即当年每月工资的造表,上列人名和工资数,其中陈独秀是三百元,李大钊二百元,毛泽东仅八元。后来又展出图书馆长向觉明师从馆藏报刊中发现的《湘江评论》,这是毛泽东等青年时代创办的报刊,而且是留存至今的珍品。

红楼的一层是半地下室,当时校内有许多文学艺术社团,这些房间多是各社团的活动中心,如音乐社团供大家共同练习的钢琴室也在这里。

三楼是教室,除北楼外,有部分课安排在这里讲授。如我在二年级选修的"西南少数民族礼俗研究"课就在其中一间教室里。

四、五楼是宿舍,供单身的青年教师住宿,记得当时胡钟达先生就住在这里。

1951年国庆节,北大制作了一个红楼模型参加游行。回校后马寅初校长在大会上说:当北大游行队伍经过天安门城楼时,我跑到毛主席跟前,叫他看红楼。主席也说:"很像!很像!"

子民堂和图书馆

北大的正式大门是沙滩北街路东的西门,进门不远有一个牌坊,路北就是图书馆和学校的行政办公处所,这一片旧称嵩公府。

从图书馆前往东走,过牌坊就是以子民(蔡元培表字,因纪念他而命名)堂为中心的校行政办公处。平时学生很少同校行政打交道,唯一必去的地方是教务处的注册科。由于每学期学生入校时,都应到那里注册和选课,这样才能证明该生在北大就学并学了什么课程。一年级的课较简单,一律必修。二年级以后,选修课增多,该必修的不能免;选修课能选几个学分，既不能多，也不能少；能选的课，不同的系或年级皆有不同规定和限制。选课时，由学生在卡片填写姓名、系级、课名、学分数等，每门课一张卡。有的同学想少修必修课，多选限选的选修课；或因规则复杂，填表时常常出错。注册科科长陆峻岭精明之极，当学生将卡片呈上，他只看一眼，就能指出你学分选得不够或超过，或违反规定，立即发还重填。非常凑巧，七八年后，我因故到科学院历史研究所临时工作，竟与这位陆科长同在一个研究室相遇并结识，得悉他早年毕业于燕京大学历史系，乃著名史学翻译家冯承钧之婿，现正在本所少数民族史研究室工作，与我成为蒙古史和元史研究领域的同行。

在注册处后面有一个东西过厅，两旁有张贴告示的玻璃栏柜，每学期考试结束，各课老师阅卷后将考试成绩单公布在栏内，因此这里也是我们必到之处。

图书馆是30年代的新式建筑，前面是两层楼，每层东西各有一间大阅览室，一层是中文和西文阅览室，二层是报刊和教师指定参考书阅览室。楼后连结一个厅，中间是借还书柜台，旁边陈列着数十个书目卡片柜。在阅览室和大厅之后，另拼接东西两纵、北边一横三座楼，与前楼衔接成一个口字形，一楼是教授们专用的研究室，一人一间，可以根据需要调用馆藏书留在室内阅览。记得史学系的教授杨人楩和朱庆永先生各有一间，朱先生曾主动让我到他的研究室里，辅导我学习俄文。楼上几层是数十间小书库，每间只能两边各摆一排书架，书库分的这么小，大概是为了防火。

当时借阅书很方便，四年级学生写毕业论文，就可以进书库自己查找。每逢校庆，图书馆常举办展览，宋刻元椠，琳琅满目，可惜我还不懂得欣赏，只记得有木刻版画及几种颜色的套印本。后来影印出版的弘治刻本《西厢记》就是北大的珍藏。其次是开放善本书库，我曾进旧小说的库房参观过，大多我连书名也没听说过，即使是以前读过的小说，就有章回、传奇等各种体裁以及各种插图本，都是从未见过的珍本。

在中小学时代，我常以读课外书较多自诩，如今发现这里的卡片柜比一般藏书家的书橱还要多，何况我只不过读了些少儿读物和新旧小说而已，岂能同大学里的学术著作相比，至于那些连屋叠架的深奥洋文和线装书，更将我震慑住了，才感性地认识到这个大学府和图书馆的深奥和自己的浅薄，即使今后我能勤奋学习，心知一辈子也只能消化馆内藏书的小部分。

下课后，除了去系家外，我们大部时间都在图书馆。图书馆二楼东面的教师指定参考书阅览室是必去的，因为同学们大多买不起书，有些参考书已难买到，所以必须到那里看。进此室必须交出学生证换取出入的铁牌，凭牌借阅参考书。参考书由授课老师拟在一张统一的书单上，图书馆将每位教师开的书单夹成一册，学生可利用它查阅各课应读的参考书。每课参考书又分必读和选读两种，当时并无统一规定，皆随教师的意旨决定。记得张政烺先生不指定参考书，认为如愿深入学习可读《资治通鉴》，战国前可读《史记》，不主张读今人著作。若读古书实有困难，想扩充知识，可读范文澜的《中国通史简编》和郭沫若的几种古代史论文集。邓广铭先生则指定读钱穆的《国史大纲》。世界史古代史胡钟达先生指定海斯（C. J. H. Hayes）和穆恩（P. T. Moon）的《世界通史》（实际是一种中学历史教科书）的古代部分，如不能读原文，可读刘启戈的中译本；选读参考书则指定Welles的专著Ancient World History。雷海宗先生为表示学习苏联，只要求我们读苏联的中学教科书——柯斯铭斯基著、王易今译的《世界中世史》。我们有时也对别系的课好奇，翻阅他们读的是什么参考书，发现法律系的犯罪心理学有一本学生的毕业论文手稿被列为参考书，作者为了写论文曾自动申请入狱半年，与飞贼燕子李三同住并交为好友，论文内容就是他记录了李三口述自己的生平和犯案经过，这是民国年间广泛流传的奇文轶事的真实记载，因此也吸引了与此课无关的同学去"参考"。

图书馆二楼的西面是报刊阅览室，在这里能看到全国主要的报章杂志。一楼的东面是西文阅览室，三面墙摆满了书架，有各种文字的百科全书，地图册、大作家的全集，开架供读者随意阅览。我出于好奇，也偶尔抽出来翻翻，从中见识了《大不列颠百科全书》，经人介绍《百科全书》的无所不包的奇妙功能，还得知有第十四版最佳的说法。我后来喜欢利用、购买和积极参加编修各种辞书与《大百科全书》的工作，多少是因为在这里初次见识《百科全书》时造成的强烈印象促成的。入门处内侧有借书柜台，各种外文字典可以向管理员借阅。

我去得最多的是一楼西面的中文阅览室。这间也是三面墙摆满书架，全部摆放的是线装书，各种大部头的常用书和丛书都摆在这里，开架让读者自由取阅。此室正式来读线装书的甚少，学生们多利用为自修室，全屋常仅有数人，显得特别空阔安静，我喜欢课后来这里自习，经常是一人占一张大桌子、一个大台灯，坐在宽大的靠背椅上，非常舒服。休息时，我就沿着靠墙的书架转，看看书架上摆的书。我家乡有一个小图书馆，只有我表哥一人担任馆员，清书时常请我帮忙，馆中藏书虽不能记住每本书的书名，经过几次翻腾，几部大丛书的名称已牢记在心，发现架上除有我熟悉的《四部备要》《四库全书珍本》《古今图书集成》等书外，大多是我从未见过的书，我有时抽出来翻翻。书虽然多，一部丛书就可占一柜，所以种数并不多，久而久之，室内的丛书名已大体有一个印象，对我后来从学外国史改学中国古代史很有好处。

教授中，我记得常来这阅览室查书的就有季羡林先生，当时就对他的勤奋、朴素留下了深刻的印象。

据介绍，当时北大图书馆藏书近百万册，位居全国第二。从京师大学堂开始，北大先后接收了学部和李盛铎等大藏书家的书，收藏善本相当丰富。借书多了，我也知道图书卡片上书号前有"口"标志的是善本，标有"李"字的是原李盛铎的藏书。我到内蒙古工作后，因研究的元史需要搜罗元人文集，发现张养浩的文集元刊本举世仅有两部，而两部都在北大，标识"口"和"李"的善本卡片中各有一部，由此可见北大藏书之珍贵。管理这间阅览室的马先生跟着我班旁听中国通史，与我结识，他的柜台负责出借善本和工具书。

1951年春，全国掀起抗美援朝运动，有钱的就出钱给国家捐献飞机大炮，大学生没钱，系里发起合编一套"爱国历史小丛书"，以稿费捐献。列出选题贴在系家的公告栏上，认选的只有老师和高年级同学，我入学仅半年多，却冒冒失失地认领了一个"达赖喇嘛和班禅额尔德尼"的选题。历来的运动多是轰轰烈烈一阵后就偃旗息鼓，这次编书计划估计没出版单位承接，很快就没有下文，可我仍投入一学期的业余时间，泡在这间阅览室里读有关西藏的书，原始史料虽看得不多，然而分类卡片柜中有关西藏著作的卡片约占一抽屉，却被我全部借出来翻过一遍，终于写出万来字的书稿，虽欠成熟不敢示人，只少增长了自己的知识并得到锻炼。

同年，《人民日报》报道莫斯科大学新校舍落成，走廊里挂着世界各国科学家的画像，其中有中国的祖冲之。我对他在科技发明方面的事迹发生兴趣，先是看一般介绍初步了解，进一步读《南齐书》《南史》的本传和《隋书·律历志》等常见征引的史料，在中文阅览室的开架书中都能找到。在我常坐的座位旁书架上，有一部《二十五史补编》，从中无意发现章宗源的《隋书经籍志考证》，不只补充了祖冲之本传失收的著作，而且它还摘抄了有关史料。马先生的柜台内主要是陈列着工具书，我也从中借阅学会了利用它们进行自学。例如，有一部收集解放前文史方面文献的《国学论文索引》，当我对某个问题感兴趣时，就能从中找到有关的参考文献。诸如此类，图书馆为我提供了开启知识殿堂的锁钥。我带着祖冲之这个问题，课余在这间阅览室摸索了两年，积累了资料，后来终于写成《我国古代伟大的科学家——祖冲之》一文。

民主广场

红楼后面有一个很大的广场，就是著名的民主广场。1947年5月20日，北京全市各大中学校学生和部分教师集中在北大广场，近万人的队伍由此出发，举行反饥饿反内战示威游行，游行结束仍返回北大，在红楼后的广场召开大会，决定将北大广场命名为"民主广场"。6月1日在北大举行了隆重的"民主广场"命名典礼。这广场呈南北长的长方形，南抵红楼，北面是30年代修建的女生宿舍灰楼（据同班同学梁从诫相告，此楼是其父梁思成早年的设计作品）。从此，绿底白字的"民主"旗便飘扬在北大灰楼（女生宿舍）的楼顶上。在灰楼的大门上面的砖墙上，写上"民主广场"四个一米见方的大字，我每天穿过红楼来到广场，就能远远看到这四个红色大字。红楼、灰楼和民主广场，已成为学生民主运动的象征，从许多电影镜头中都能看到它们，如《民主青年进行曲》《青春之歌》等。我常见有在校园内拍电影，临时拉同学充当群众演员的情况。可惜，民主广场在我们迁走不久就盖起大楼。红楼成为文物出版社的办公楼，"文革"中《文物》杂志复刊时，我因被拉差审稿，还能重返红楼，回味当年的生活。灰楼变成了中宣部的家属宿舍，老同学和朋友陈惠民、丁伟志夫妇就住在楼内，我应他们的邀请而多次造访灰楼，过去设计供两人住的学生宿舍改成住家，显得太狭小，加上改成厨房的房间经烟熏火燎已不是原有模样，但我还是羡慕他们仍能住在我一直怀念的校园中，何况灰楼本是男生的禁区，从而在我们心目中更显得神圣。

平时，民主广场就是北大的体育场。我入学时适逢新中国初建，政治活动甚多，大型集会都在民主广场举行。有时是全校的，有时甚至是全市性的学生集会。每年十一、五一的游行，我们都是在这里集合出发。

民主广场西面有一面围场，那就是解放前命名的"民主墙"，北起灰楼西侧，中断处可通往北楼教室或图书馆。南边一段中间有一个小平台，每逢在广场集会时，主席台或演讲人就在此台上。

学校内的集会，涉及校领导工作范围的，则由校委会主席兼文学院院长汤用彤先生出面。教员和学生的群众活动，则由工会、学生会和团委会出面。党组织开初只有总支，后来才有党委，成员全部由在校党员组成，并不公开出面领导群众活动。建国初期重视政治课，当时缺乏师资，就由全校进步教授组成"政治课教学委员会"，由熟悉有关课程和思想进步的教授分别讲授。另外再邀请校外著名的理论家来校演讲，地点也多选择民主广场。政治系教授许德珩是"政治课教学委员会"主席，令我难忘的事是他闹了一次笑话。可能是艾思奇同志来校较多的缘故，他在主持报告会时，习惯地先向同学介绍："今天请艾思奇同志给同学们做报告，大家鼓掌欢迎！"等他回头去请的时候，才发现今天来的不是艾思奇，连忙更正说："错了！错了！不是艾思奇同志，是何干之同志。"顿时引发全场哄然大笑。

1951年，政府为了加强北大的领导，派知名的经济学家和民主人士马寅初出任北大校长。那次欢迎仪式也非常有趣，代表本校欢迎的是校委会主席汤用彤，代表北京高校致欢迎词的是清华大学校委会主席叶企孙，加上被欢迎的马老，这三位在学术界、教育界备受尊敬的元老级人物，前者似讲湖北方言，后二位说的是纯粹浙江土话，语调各有特色，我们半懂半不懂，印象非常深刻。解放初期，经常有各界名人来校演讲，其中大多在民主广场上。马寅初校长就任后，利用他任政务院财经委员会副主任的便利，常请国家各部门领导做报告。记得有政法委副主任彭真、财经委副主任薄一波。1952年，全校师生经过思想改造或土地改革运动，适逢建国三周年，马校长请来政府各部门负责人分头报告三年来的成就，约有正副部长十来人。其中铁道部长滕代远完全是一副军人姿态，开头就说："今天我奉马老的命令，给你们做报告。"因为铁道部属于财经委员会。建国初期我国与国外的往来主要是苏联等社会主义国家,其中青年和学生团体多来北大访问,活动中心就是民主广场。一次是苏联共青团代表团来访,临行时一位女士在汽车中向同学们散发纪念品,我也向她索取了一枚,原来是苏联少年先锋队的队徽胸章,从报上新闻得知,她原来是苏联共青团中央少年先锋队书记。一次是以意大利人贝林格(1950—1953年间任世界民主青年联合会主席。1972年意共十三大起连任总书记)为首的世界民主青年代表团来北大参观,并在民主广场举行联欢晚会,北大学生还有舞蹈表演,其中滥竽充数扭秧歌者中就有敝人在内。

民主墙是解放前学生们张贴墙报、争民主、自由发表意见的场所,墙对面运动场边还竖起一排木牌可供张贴,同学们饭前饭后常在这里驻足观赏。解放后仍有人在此张贴大字报,内容已转变为以宣传教育为主。当时学生经济困难,有时将书籍或衣物出让,也可随意贴张告示。令人发笑的是,高年级的马雍和邹衡同学,具有湖南人的牛脾气,由于在系家玩桥牌发生争执,居然动了粗。可能体质较弱的马兄吃了亏,居然在布告栏贴出大字报向邹兄声讨。后日马兄成为中亚和中外关系两个学会的创始人之一,邹兄在考古界声名卓著,谁能想能不能二位学界名人年轻时还曾有这段风华韵事,由此也可想见当年北大学生生活之一斑。

食堂

民主墙往南延伸到离红楼约数十米就中断了,墙西有一排充当体育教研室和食堂办公室的平房,与南面的红楼平行,两者之间在广场西南侧留出一块网球场(那里用不起奢侈的网球,以橡皮球代替)。球场的西面就是食堂。

当年北大的食堂与今天大学生的食堂大不相同,值得一提。首先是没有专职的管理干部,完全由学生自己公开选举办伙食的管理人。我记得一次吃饭时，饭厅中突然传出掌声，一张桌子上跳上一人，原来是发表竞选膳食管理人的演说。他的话直截了当，声言如能当选，保证改善伙食，并订出每月多吃几顿肉的具体指标。他当选后，我常在食堂旁的办公室看到他，肯定要耽误不少学习时间。听说他能付出辛苦，大清早就奔往城郊市场向菜贩直接采购，降低了菜价，果然伙食大有起色。

原来北大沙滩的食堂就有好几个，三院还另有食堂，学生可以自由选择入伙。高年级同学曾自豪地对我说，那时史学系的食堂办得最好，原因是史学系富有能干的办事人才，而沙医（医学院学生前几年先在沙滩学基础课，故名）以女同学居多，不愿干这种起早摸黑的采买管理工作，所以乐意同办得好的史学系食堂合办伙食，女同学食量较小，有他们的加入，伙食就办得更好，在我入学的时候，除清真食堂外，普通食堂已合而为一。

解放前物价还不稳定，伙食费定为每月折实六十斤小米，约合旧人民币六万元（新人民币六元）。这些钱在南方湖南、四川等省应该吃得很好，但在北京标准就比较低了。湖南人初到北京，最不能忍受的是菜里没辣椒，对我来说，就如同没搁盐一样。我们住萧斋的几个湖南人，包括前述的张龙（盛健）、赵虎（辉杰）、王朝（琦）、马汉（雍）、彭平阶和我，再加上一个四川人李逸友，一个在抗战时重庆上中、小学的吴荣曾，八个人凑成一桌，从东单菜市场找到最辣的尖辣椒，炒成菜拿到食堂共享。马雍老兄总喜欢别出心裁，戏称我们名"辣椒小组"，加上我们几个人生活行事常与众不同，尤其是衣着别具一格，一律穿蓝布大褂，与时代不太协调，若干年后，得知"辣椒小组"曾被怀疑是另有意图的政治组织。

二院

在嵩公府校门以西是景山东街（今称沙滩后街），位于景山公园东墙外景山东大街的东侧。理学院就在此街路北马神庙夹道西面。远在明朝,属于皇家的国家机构御马监就设在这条街上。正统年间,又在紧邻御马监的北面修建了祭祀马神的马神庙,所以这条街当年就称马神庙街。清乾隆年间,在马神庙旧址建和嘉公主府。公主是乾隆帝第四女,下嫁富察氏福隆安。福隆安之父傅恒,大学士一等忠勇公,在平准噶尔、平回诸役有功,乾隆诏令"写诸功臣像于紫光阁",称傅恒"宜居首功";其弟福康安,后来出任武英殿大学士兼军机大臣,曾参与或统帅平金川、破石峰堡回民起义,平定台湾林爽文及湘黔苗民起义及入藏屈降廓尔喀等役,爵封贝子。傅恒妹即乾隆孝贤皇后,其妻与皇后有姑嫂之亲,故能出入宫禁,民间传说福康安乃乾隆私生子,因此一生受乾隆帝殊宠。金庸借用这个传说故事,将福康安演绎为《书剑恩仇录》《飞狐外传》等书中的重要角色。后者还多次出现其府第的场景,描写向其母禀报时,另有公主嫂嫂在座,即假定福康安与其母及兄嫂同居一府,故事就发生在这个驸马府内。那么排演金庸武侠剧时,理学院的原有旧构,岂不是最合适的取景场所吗?

光绪二十四年(1898年)的戊戌变法,筹建京师大学堂,选定这宽敞的公主府第做校舍。辛亥革命后,更名为北京大学。1918年,沙滩红楼建成,校本部乃从此处迁往沙滩。此后,今五四大街以北、沙滩北街以东称为北京大学一院,沙滩北街以西,景山东街以北原京师大学堂原址称为二院,我们文法学院的学生宿舍原译学馆称为三院。

二院是北京常见的皇亲贵胄府邸,大门临街,前有石狮一对;面阔五间,栋梁檐柱,都经朱漆彩绘,虽已陈旧斑驳,仍能显示当年气派。中间是三开间大红门,"大学堂"或"国立北京大学"的匾额原来就悬在它的门楣上。校本部迁嵩公府后,学校的匾额自然随之迁走,而"大学堂"的匾额则作为历史文物由博物馆珍藏。

大门内是一个较宽敞的庭院,正中有若干株龙爪槐环抱的荷花池。池中心有一个汉白玉日晷,支撑在一块四楞大理石台柱上,柱的四面分别写着《周易·系辞》中的四句话："仰以观于天文，俯以察于地理；远取诸物，近取诸身。"按京师大学堂创办人的理解，自然科学相当于古人所谓的"格物致知"，故理科在前清称为格致科，也就是《周易·系辞》中这四句话的意思。1952年学校迁往城外燕园不久，重视文物的汤副校长，曾专门派人进城运走大门前这对石狮和院中的石晷，被新接收此处的文字改革委员会管理人发现，从地安门将一辆马车连带器物追回，在大门前发生争吵。一方说这是北大的东西理应由北大运走，另一方则说，整片房屋已移交给新单位，当然其附属物也包括在内。我因事进城来到这里，目击这一场纠纷。但不知后事如何，这对石狮和石晷现在何处？

水池北面有一座巍峨的宫殿式建筑，那便是二院著名的大讲堂。它原是府邸内的"公主大殿"，五间三进，上盖琉璃瓦，歇山屋顶。现已改造成容纳约二百人的阶梯教室，所以常用来做集会的礼堂，过去也是延请学者名流演讲的场所。我二年级的公共政治课政治经济学，是由政务院的丁方同志主讲，文法学院的同学都在一起听课，只得安排在理学院这间宽大的教室里。我到北京后，虽曾多次游览故宫及各处皇家园林名胜，见过各种雕梁画栋的建筑杰构，但不懂得欣赏。每当我上政治经济学课时，常坐在此教室后排最后的位置上，抬头就能清楚看到屋顶漂亮的彩绘藻井，发现这种装饰妙不可言。从此我再去故宫、天坛祈年殿等处，或是参观敦煌艺术展览，越发喜欢藻井这种绝美的艺术形式。可惜这个大殿后来还是被教育出版社拆毁建楼了。

致　谢

　　本书的写作过程历时较长，在这个从构思到动笔再到付印的过程中，很多新老北大人给予了我们慷慨而无私的帮助。本书的构思缘起于2018年北京大学文研院"从公主府到红楼：老北大的校园空间"座谈活动，几位作者由此相聚。唐晓峰老师作为本书主编，在几年间给予了我们方方面面的指导。从确定写作任务、召集成员、定期开会讨论全书结构并提出修改意见，到联系受访嘉宾以及出版相关工作，各个环节都倾注了唐老师的关心和支持。邓小南老师与北大文研院为我们提供了诸多支持，如联系老校友、授权相关地图的使用。北京大学首都发展研究院为本书的出版提供了资金帮助，并在研究中给予了大力支持。

　　在本书写作过程中，我们有幸拜访了几位年长的老北大校友：北京大学东语系教授、1949年来校工作的殷洪元老师，北京大学考古文博学院教授、1950级李仰松老师，邓广铭先生的长女、北京大学法律系1948级邓可因老师。几位前辈在访谈过程中待我们亲切而温和，对母校的情感深厚而绵长，提供了很多生动鲜活的素材，访谈的过程至今仍令我们回味和感动。遗憾的是，殷洪元、邓可因两位前辈未能见到本书付印，希望这份迟来的答卷能够寄托他们与老北大不灭的记忆与情结。内蒙古大学蒙古史研究所教授、1950级周清澍老师慷慨授权我们使用其回忆文章，限于篇幅，本书仅保留了与校园密切相关的部分，与校友访谈一并附录于书末。

老校址考察与拍照是本书工作的重要环节之一，持续的疫情为此项工作带来困难，在此要特别感谢有关单位以及老师、同仁给予我们的帮助。中宣部图书馆馆长刘效军，国家文物局机关服务中心基建处处长邓德智，中共早期北京革命活动纪念馆（北大红楼）馆长杨家毅、副馆长黄春锋诸位先生在考察过程中为我们提供便利并进行了细致的讲解。北京市文物局原副局长、北京市人民政府参事室参事于平女士多方协调联络，并陪伴我们进行了相关考察。人民教育出版社吴海涛编审帮助我们协调安排了拍摄公主府沙盘模型的相关事宜。

由于疫情的影响，以及笔者学力、时间的限制，本书在校史资料的利用、照片的拍摄以及写作等方面，仍有诸多不尽人意之处。希望这项工作只是一个起点，关于老北大的故事仍有广阔的书写空间。对于帮助过我们的各位老师和同仁，谨致谢忱。

老北大校址（图书馆）考察

老北大校址（红楼）考察